実務必携Q&Aシリーズ

わかりやすい

出入国在留管理の実務必携 Q&A

―入管法の基礎知識から各種在留資格関係手続まで―

第二東京弁護士会国際委員会〔編〕

発行 🖎 民事法研究会

発刊によせて

　第二東京弁護士会は、東京にある三つの弁護士会のうちで最も新しい弁護士会であり、自由闊達な気風を誇りとしてさまざまな社会的活動に意欲的に取り組んでおります。

　東京で最も新しい弁護士会といっても、その設立年は1926年であり、歴史は古く、先人たちの功労による知識・経験値は次世代に脈々と受け継がれ、弁護士会としての活動は、日々、その領域および内容において進化し続けております。

　また、会員数は、弁護士6083名、弁護士法人152法人および外国特別会員192名（いずれも令和3（2021）年4月1日時点の情報）にものぼり、日本でも指折りの大きな弁護士会になります。

　このような第二東京弁護士会において、時代の急速なグローバル化およびIT技術の発達によるボーダレスな社会の進展を踏まえて、弁護士および法曹の国際化の重要性を認識し、国際委員会を中心に非常に積極的に国際的な活動を行っております。

　具体的には、①各国・地域の弁護士会や国際法曹団体等との国際交流、②国際セミナーの開催、外国法事務弁護士の資格審査への協力、③対日インバウンド投資や対外進出の支援、入管での外国人法律相談の実施等、④国際的な人材交流、若手会員の支援、並びに⑤第二東京弁護士会内外に対する情報発信および広報などの活動を行っております。

　これらの国際的な活動は、日本における弁護士会の中でもかなり精力的に行っているほうだと自負しておりますが、出入国在留管理における外国人への法律相談や人権保護に関する活動も、継続的かつ意欲的に行っております。

　このような活動に関与している国際委員会の委員・幹事のメンバーにおいては、出入国在留管理における法制度・実務の知識・経験が非常に豊富であり日本を代表するような専門性を備えた弁護士もおられます。

　出入国在留管理については、昨今もその実務的取扱いに関して各種報道がなされ、入管法の改正案が国会で審議されるなど、社会的にもとても重要な

関心事であるとともに、現在のグローバル時代において避けては通れない法的課題を多く有する法分野・実務分野でもあります。

第二東京弁護士会においても、当該入管法の改正案に対して、令和3（2021）年5月6日付で会長声明が出されております。

このような出入国在留管理の法制度・実務に関して、第二東京弁護士会国際委員会メンバーの有する豊富な知識・経験を、弁護士会内のみならず、このような書籍の発行により対外的に伝達することは、出入国在留管理にかかわる方々への参考となるのみならず、日本の弁護士による国際的な活動への後押しとなるとともに、グローバル化の進む日本や社会全体への一助となりうるものと確信しております。

本書を発刊するに際しては、第二東京弁護士会国際委員会の中でもさまざまな議論・検討が重ねられ、非常に膨大な時間と労力とともに、第二東京弁護士会の多数の弁護士らの知恵と理解が凝縮されたものになります。

もちろんながら、同委員会での出入国在留管理や入管相談などの外国人の法律問題を担当する副委員長である赤羽根大輝弁護士、そして本書の執筆をご担当いただきました各弁護士の方々の多大なる尽力の賜であり、同委員会委員長として心から御礼申し上げるものであります。

令和3（2021）年8月

第二東京弁護士会国際委員会委員長・弁護士　神　庭　豊　久

はしがき

　わが国には、令和 2 （2020）年末の時点で288万7116人の在留外国人が生活しています（出入国在留管理庁・令和 3 年 3 月31日付報道発表資料）。新型コロナウィルス感染拡大（コロナ禍）に伴う入国制限もあり、290万人を超えていた前年末からは減少したものの、それまでは平成24（2012）年末以来、一貫して増加傾向にありましたので、コロナ禍が収束すれば、再び増加に転じるものと予測されます。

　第二東京弁護士会国際委員会では、こうした在留外国人の方々が日々直面する法律問題について気軽に相談できる場を提供するため、平成22（2010）年より、東京出入国在留管理局館内で年 3 回程度、通訳付きの無料法律相談会を実施してきました。令和 2 年度はコロナ禍のため中止を余儀なくされましたが、それまでの10年間、在留外国人の方々から相談を受ける中で、とりわけ、日本での生活の基礎となる在留資格をはじめとする入管法に関連する多くの悩み・質問に接してきました。

　このように委員会活動として入管法に関する相談実績が蓄積し、何らかの形で社会に還元できないかと考えていた最中、株式会社民事法研究会より入管法実務に関する書籍執筆のご提案をいただき、当委員会所属委員・幹事の有志 9 名で本書を執筆することとなりました。

　入管法その他の外国人が直面する法律問題をテーマとする書籍は、これまでにも数多く発刊されています。しかし、これから入管法実務や在留支援に携わろうとする方々向けの実務入門書籍は、入管法のみならず外国人の雇用や刑事事件といったテーマも含め横断的に解説するためか、各在留資格の説明（在留資格該当性や上陸許可基準の解説）がやや薄くなる傾向がありました。

　そこで、①本書を企画するにあたっては、あえて外国人の雇用・刑事といった分野には踏み込まず入管法のみに特化した実務入門書とすることとし、また、②執筆に際しては各在留資格の在留資格該当性・上陸許可基準適合性について入門書としては比較的詳細な説明を心がけることとし、特に、出入国在留管理庁の策定した審査基準である入国・在留審査要領（審査要領）の内容を踏まえたものとするよう努めました。

　なお、本書執筆に際して参照した審査要領は、令和元（2019）年11月20日時点のものであり、その後の改訂による変更の可能性があること、またその他の記載も本書執筆時点の情報に基づくことをご了承ください。

　新型コロナウィルス感染拡大防止のための入国制限措置やコロナ禍に伴う在留資格変更・在留期間更新の取扱いその他の関連措置については、時々刻々と感染状況に応じて運用が変化する性質上、書籍になじまないこともあり、本書では取り上げていません。これらの措置については、出入国在留管理庁のウェブサイト等で最新の情報を確認してください。

　本書において意見にわたる部分は各執筆者の個人的見解であり、執筆者の所属組織の見解ではないことにご留意ください。

　末筆になりますが、本書の刊行にあたってはさまざまな方のご協力をいただきました。とりわけ、当委員会の副委員長である山脇康嗣弁護士と株式会社民事法研究会の瀬川雄士氏からは、有形無形にわたりさまざまなサポートをいただきましたので、ここに感謝の意を表します。

　　令和3（2021）年8月

執筆者を代表して　弁護士　赤羽根　大輝

『わかりやすい出入国在留管理の実務必携 Q&A』

目　　　次

第1部　基礎知識編

第2部　相談対応編

目 次

凡　例

【法令】

〔入管関係法〕

入管法、法	出入国管理及び難民認定法
入管特例法	日本国との平和条約に基づき日本の国籍を離脱した者等の出入国管理に関する特例法
技能実習法	外国人の技能実習の適正な実施及び技能実習生の保護に関する法律

〔入管関係省令〕

入管法施行規則、規	出入国管理及び難民認定法施行規則
基準省令	出入国管理及び難民認定法第7条第1項第2号の基準を定める省令
高度専門職省令	出入国管理及び難民認定法別表第1の2の表の高度専門職の項の下欄の基準を定める省令
特定技能省令	特定技能雇用契約及び1号特定技能外国人支援計画の基準等を定める省令
特定技能分野等省令	出入国管理及び難民認定法別表第1の2の表の特定技能の項の下欄に規定する産業上の分野等を定める省令
技能実習法施行規則	外国人の技能実習の適正な実施及び技能実習生の保護に関する法律施行規則

〔入管関係告示〕

留学告示	出入国管理及び難民認定法第7条第1項第2号の基準を定める省令の留学の在留資格に係る基準の規定に基づき日本語教育機関等を定める件
定住者告示	出入国管理及び難民認定法第7条第1項第2号の規定に基づき同法別表第2の定住者の項の下欄に掲げる地位を定める件
特定活動告示	出入国管理及び難民認定法第7条第1項第2号の規定に基づき同法別表第1の5の表の下欄に掲げ

	る活動を定める件
自動車整備告示	自動車整備職種の自動車整備作業について外国人の技能実習の適正な実施及び技能実習生の保護に関する法律施行規則に規定する特定の職種及び作業に特有の事情に鑑みて事業所管大臣が告示で定める基準を定める件（平成29年国土交通省告示第386号）
漁船漁業及び養殖業告示	漁船漁業職種及び養殖業職種に属する作業について外国人の技能実習の適正な実施及び技能実習生の保護に関する法律施行規則に規定する特定の職種及び作業に特有の事情に鑑みて事業所管大臣が定める基準等（平成29年農林水産省告示第937号）
建設関係告示	建設関係職種等に属する作業について外国人の技能実習の適正な実施及び技能実習生の保護に関する法律施行規則に規定する特定の職種及び作業に特有の事情に鑑みて事業所管大臣が定める基準等（令和元年国土交通省告示第269号。最終改正：令和2年12月24日国土交通省告示第1574号）
介護告示	介護職種について外国人の技能実習の適正な実施及び技能実習生の保護に関する法律施行規則に規定する特定の職種及び作業に特有の事情に鑑みて事業所管大臣が定める基準等（平成29年厚生労働省告示第320号。最終改正：平成31年3月29日厚生労働省告示第123号）

〔入管関係条約・方針・指針・ガイドライン等〕

難民条約	難民の地位に関する条約
難民議定書	難民の地位に関する1967年の議定書
拷問等禁止条約	拷問及び他の残虐な、非人道的な又は品位を傷つける取り扱い又は刑罰に関する条約
審査要領	入国・在留審査要領
在留資格ガイドライン	在留資格の変更、在留期間の更新許可のガイドライン
永住許可ガイドライン	永住許可に関するガイドライン

高度人材 Q&A	高度人材ポイント制 Q&A
技人国ガイドライン	「技術・人文知識・国際業務」の在留資格の明確化等について
特定活動ガイドライン	留学生の就職支援に係る「特定活動」（本邦大学卒業者）についてのガイドライン
特定技能基本方針	特定技能の在留資格に係る制度の運用に関する基本方針
分野別運用方針	特定技能の在留資格に係る制度の運用に関する方針
特定技能運用要領	特定技能外国人受入れに関する運用要領
日尼 EPA 指針	経済上の連携に関する日本国とインドネシア共和国との間の協定の適用を受けるインドネシア人看護師等の出入国管理上の取扱い
日比 EPA 指針	経済上の連携に関する日本国とフィリピン共和国との間の協定の適用を受けるフィリピン人看護師等の出入国管理上の取扱い
日越 EPA 指針	平成24年4月18日にベトナム社会主義共和国政府との間で交換が完了した看護師及び介護福祉士の入国及び一時的な滞在に関する書簡の適用を受けるベトナム人看護師等の出入国管理上の取扱いに関する指針

〔その他の法令〕

国籍	国籍法
行訴	行政事件訴訟法
行服	行政不服審査法
国家戦略特区法	国家戦略特別区域法
学教	学校教育法
財務規	財務諸表等の用語、様式及び作成方法に関する規則
民	民法
会社	会社法
刑	刑法
労基	労働基準法

凡 例

労基規	労働基準法施行規則
労働施策総合推進法	労働施策の総合的な推進並びに労働者の雇用の安定及び職業生活の充実等に関する法律
憲	憲法

【判例集】

民集	最高裁判所（大審院）民事判例集
行集	行政事件裁判例集
高刑	高等裁判所刑事判例集
判時	判例時報
判タ	判例タイムズ
WLJP	ウエストロー・ジャパン

【文献】

「逐条解説」	坂中英徳＝齋藤利男『出入国管理及び難民認定法逐条解説〔改訂第4版〕』（日本加除出版・2012年）
「入管法大全Ⅰ」	多賀谷一照＝髙宅茂『入管法大全—立法経緯・判例・実務運用—Ⅰ逐条解説』（日本加除出版・2015年）
「入管法大全Ⅱ」	同上『Ⅱ在留資格』
「入管法の実務」	山脇康嗣『詳細　入管法の実務——入管法令・内部審査基準・実務運用・裁判例——〔新版〕』（新日本法規・2017年）
「技能実習法の実務」	山脇康嗣「技能実習法の実務」（日本加除出版・2017年）
「特定技能制度の実務」	山脇康嗣『特定技能制度の実務——入管・労働法令、基本方針、分野別運用方針・要領、上乗せ告示、特定技能運用要領、審査要領——』（日本加除出版・2020年）
「実務六法」	出入国管理法令研究会編『注解・判例　出入国管理実務六法〔令和2年版〕』（日本加除出版・2019年）

※本書掲載の各ウェブサイト（url）は、2021（令和3）年8月現在のもので、その後変更（または削除）されている場合がありますのでご留意ください。

第1部
基礎知識編

Q1　入管法のあらまし・改正の沿革

入管法はどのような法律ですか。

ここがポイント

①　入管法の目的は、すべての人の出入国の公正な管理およびすべての外国人の在留の公正な管理を図ること、並びに難民の認定手続を整備することである。

②　入管法は昭和26年の制定以来、国内外の社会的および政治的な事情を背景として、たび重なる改正を経てきた。

1　目　的

入管法は、①本邦に入国し、または本邦から出国するすべての人の出入国の公正な管理を図ること、②本邦に在留するすべての外国人の在留の公正な管理を図ること、③難民の認定手続を整備することを目的としています（法1条）。①の「すべての人」とは、日本人も含む趣旨です。

入管法の制定当初は、①のみが規定されていましたが、後述する昭和56（1981）年改正により、③が追加されました。また、「出入国の管理」は「在留の管理」も含むものと解釈されてきましたが、近年の在留外国人の増加等により外国人の在留を公正に管理することの重要性が高まってきたことを受けて、外国人の在留を公正に管理することを明確に表現するため、後述する平成30（2018）年改正で、②が追加されました（「実務六法」4頁）。

2　沿　革

入管法は、「出入国管理令」（昭和26年政令第319号）の名称で昭和26（1951）年にいわゆるポツダム政令として制定され、その翌年に法律としての効力を付与されました。法令番号に「政令」と記載されているところにこの経緯の名残があります。

その後、インドシナ難民の発生を背景として、日本は難民条約等に加入します。これに伴い、昭和56（1981）年改正により、難民認定手続の規定が追

加され、名称も現在の「出入国管理及び難民認定法」に改められました。また、同改正により、在留資格について若干の整備が行われました。[1]

平成元（1989）年には、在留資格の大幅な整備、在留資格認定証明書制度（法7条の2。Q7参照）の創設、不法就労助長罪（法73条の2。Q17参照）の新設等がなされました。[2] これらの改正は、日本と近隣アジア諸国との経済格差およびプラザ合意後の円高等を背景とする、外国人の不法就労問題に対処すること等を主要な目的とするものでした。また、この改正に伴い、基準省令、定住者告示および特定活動告示（いずれも平成2（1990）年制定）など、上陸許可基準・在留資格に関する重要な省令・告示が制定されました。[3]

平成16（2004）年には、偽装滞在者対策を主な目的として、在留資格取消制度（法22条の4）が創設されました（Q11参照）。この制度ができる前は、不正の手段により許可を受けたことが発見された場合、当該許可は原始的瑕疵のある行政処分であることから、行政法の一般法理による取消しにより対応がなされていました。しかし、かかる取消しは原則として遡及効を有し、法的安定性の観点から問題があること等から、在留資格取消制度が整備されました（「入管法大全I」306頁）。その後、偽装滞在者対策はさらに強化され、平成28（2016）年改正では在留資格等不正取得罪（法70条1項2号の2。Q17参照）が新設されました。

平成21（2009）年改正では、在留外国人の管理について規定していた外国人登録法が廃止され、在留カードによる在留管理制度（「中長期在留者」制度）（法19条の3）が導入されました。これにより、市区町村により行われていた在留管理が法務省入国管理局（現在の出入国在留管理庁）による管理に一元化されました。また、適法に在留する外国人の利便性を向上させるため、みな

1　「観光客」を「観光、保養、スポーツ、親族の訪問、見学、講習又は会合への参加、業務連絡その他これらに類似する目的をもって、短期間本邦に滞在しようとする者」に変更し、「本邦の公私の機関により受け入れられて産業上の技術又は技能を習得しようとする者」を新設する等の修正がなされました。

2　4条に列挙されていたものが、拡充・見直しのうえ、別表に整理されました。

3　告示とは、行政機関がその所掌事務について、必要な事項を公示することをいいます（国家行政組織法14条1項参照）。本書においては、定住者告示や特定活動告示などの参照が必要になります。

し再入国許可制度（法26条の2。Q10参照）の導入および在留期間（法2条の2第3項、規3条）の上限の延長（3年→5年）が行われています。

その後、在留資格に関して、以下のような改正がなされています。

- 「高度専門職」の新設（Q28からQ30参照）
- 「投資・経営」の「経営・管理」への変更（Q25からQ27参照）
- 「技術」と「人文知識・国際業務」の一本化（Q18からQ21参照）（以上、平成26（2014）年）
- 「介護」の新設（平成28（2016）年）
- 「特定技能1号」および「特定技能2号」の新設（Q34参照）（平成30（2018）年）

行政組織の観点では、平成30（2018）年改正により、それまで法務省の内部部局として入管行政を担っていた入国管理局が、同省の外局として「出入国在留管理庁」に格上げされました。

Q2 在留資格とは

在留資格とは何ですか。

ここがポイント

① 在留資格は、外国人が本邦で一定の活動を行って在留することができる法的地位である。

② 一在留一在留資格の原則がある。

③ 在留資格は、活動類型資格と地位等類型資格に分類され、それぞれさらに細かく分類される。

④ 入管法の観点からは、外国人の活動は、在留資格を維持するために要求される活動、当該在留資格との関係で禁止される活動および要求も禁止もされていない活動に分けられる。

1 在留資格の意義

　制定当初の入管法は、4条において、在留資格を「外国人が本邦に在留するについて本邦において左に掲げる者のいずれか一に該当する者としての活動を行うことができる当該外国人の資格」と定義していました。平成元(1989)年改正において在留資格の定義は削除されましたが、一般的には、在留資格は「外国人が本邦で一定の活動を行って在留することができる法的地位」(「入管法大全Ⅰ」16頁)などと解されています。

　平成元(1989)年改正前の入管法で4条各号において列挙されていた在留資格は、現行法では、別表第1上欄および第2上欄に列挙されています。具体的には【表2-1】のとおりです。

　日本国内に在留する外国人は1つの在留資格と、それに対応する1つの在留期間をもって在留し、同時に複数の在留資格を有したり、終期の異なる数個の在留期間を有したりすることは許容されていないと解されています(一在留一在留資格の原則)。したがって、たとえば日本人と婚姻関係にあるIT

1　名古屋高判平15・8・7裁判所ウェブサイト(下級裁判所裁判例速報)。

5

【表2-1】　法別表

法別表第1　（活動類型資格）
1の表	「外交」「公用」「教授」「芸術」「宗教」「報道」
2の表	「高度専門職」「経営・管理」「法律・会計業務」「医療」「研究」「教育」「技術・人文知識・国際業務」「企業内転勤」「介護」「興行」「技能」「特定技能」「技能実習」
3の表	「文化活動」「短期滞在」
4の表	「留学」「研修」「家族滞在」
5の表	「特定活動」

法別表第2　（地位等類型資格）
「永住者」「日本人の配偶者等」「永住者の配偶者等」「定住者」

エンジニアが本邦に上陸する場合、「技術・人文知識・国際業務」（Q19参照）と「日本人の配偶者等」（Q38参照）の双方の在留資格を取得することはなく、いずれか一方を選択して上陸許可の申請を行うことになります。

2　在留資格の分類

(1)　概　要

　上述のとおり、在留資格は法別表第1上欄および第2上欄に列挙されています。ただし、「高度専門職」については、法別表第1の2の表下欄の1号イ、同号ロ、同号ハおよび2号はそれぞれ別の在留資格です（法2条の2第1項カッコ書。Q28参照）。同様に、「特定技能」については1号および2号が、技能実習については1号イ、同号ロ、2号イ、同号ロ、3号イおよび同号ロがそれぞれ別の在留資格です（法2条の2第1項カッコ書。Q34・Q35参照）。在留資格が別であることから、これらの区分を跨ぐ事実状態の変動があった場合には在留資格の変更（Q9参照）の手続が必要となります。なお、本書では、これらの在留資格を表下欄の活動により区別しない場合には、それぞれ「高度専門職」、「特定技能」、「技能実習」と総称することがあります。

　このような入管法上の在留資格に加え、入管特例法上の特別永住者も在留資格に相当する法的地位であるといえます。

⑵　**活動類型資格と地位等類型資格**

　在留資格は、日本国内における活動を類型化した活動類型資格（法別表第１）と、日本国内における身分または地位を類型化した地位等類型資格（法別表第２）に分類されます。

　活動類型資格はさらに、収入を伴う事業を運営する活動または報酬を受ける活動を類型化したもの（法別表第１の１の表および２の表）とそうでないもの（法別表第１の３の表および４の表）、上陸許可基準（基準省令）の適用があるもの（法別表第１の２の表および４の表）とないもの（法別表第１の１の表および３の表）という観点から分類され、これに法務大臣が個々の外国人について特に指定するもの（法別表第１の５の表）が加わります。

　活動類型資格は、資格外活動許可（Q４参照）を受けた場合を除き、当該在留資格に対応する活動以外の就労活動（本書では、「収入を伴う事業を運営する活動又は報酬（業として行うものではない講演に対する謝金、日常生活に伴う臨時の報酬その他の法務省令で定めるものを除く。）を受ける活動」（法19条１項）を「就労活動」といいます）を行うことが禁じられていますが、地位等類型資格にはかかる制約はありません（同項）。在留資格の全般的な概要についてはQ３をご参照ください。

　地位等類型資格は当該「身分若しくは地位を有する者としての活動」（法２条の２第２項）に基礎づけられるものであることから、かかる身分または地位を有するだけでは十分でなく、当該身分または地位を有する者としての活動を行う者でなければ在留資格は認められません。したがって、たとえば、日本人との間に婚姻関係が法律上存続している外国人であっても、その婚姻関係が社会生活上の実質的基礎を失っている場合には、その者の活動は日本人の配偶者の身分を有する者としての活動に該当するということはできず、そのような外国人は在留資格取得の要件を備えているということができないと解されています（最判平14・10・17民集56巻８号1823頁。Q38参照）。

3　在留資格と「活動」の関係

　各在留資格にはそれぞれ対応する活動または身分（地位）が入管法別表第１下欄および第２下欄に定められています。法文上、在留資格をもって在留

する外国人はかかる活動を「行うことができる」（法2条の2第2項）と規定
されていますが、これは「行わなくてもよい」という趣旨ではなく、そのよ
うな活動を継続して行うことがその在留資格を維持するために必要であると
解されています（「入管法大全Ⅰ」16頁）。むしろ、たとえば活動類型資格で
あれば、かかる活動を3カ月以上行わないと在留資格の取消し（法22条の4
第1項6号）がなされる可能性があるので注意が必要です。なお、在留資格
の取消しについてはQ11をご参照ください。

　在留資格に対応する活動を「行うことができる」ということは、それ以外
の活動が禁止されるということを意味しません。資格外の就労活動（法19条
1項）に該当しない活動（政治活動、慈善活動など）は自由に行うことができ
ます。

　以上から、日本国内に在留する外国人の活動を在留資格との関係で整理す
ると、在留資格を維持するために要求される活動、当該在留資格との関係で
禁止される活動、要求も禁止もされていない活動に分けることができます。

Q3　個別在留資格の概要１（就労可能資格と就労不能資格）

> 　在留資格には具体的にはどのようなものがありますか。また日本で就労したいのですが、そのためにはどのような在留資格が必要ですか。

ここがポイント

① 　在留資格には活動類型資格（別表第１）と地位等類型資格（別表第２）がある。地位等類型資格では制限なく就労が可能である。これに対し、活動類型資格では、就労が許される資格（就労可能資格）と許されない資格（就労不能資格）がある。

② 　活動類型資格の場合、就労可能資格であっても、許される就労活動は別表第１の下欄に掲げる活動のみ（業務限定就労可能資格）であり、それ以外の就労活動を行うためには資格外活動許可が必要である。

③ 　業務限定就労可能資格で就労している者が転職する際には、在留資格の変更が必要とならないか注意を要する。在留資格の変更が不要と思われる場合であっても、就労資格証明書を取得しておくことが望ましい。

1　活動類型資格・地位等類型資格と就労

　入管法上の在留資格は、大きく、活動類型資格（法別表第１の定める在留資格）と地位等類型資格（法別表第２の定める在留資格）に分かれます（Q2参照）。これらのうち、地位等類型資格については、下記2(1)のとおり、いずれも制限なく就労可能な在留資格となります。これに対し、活動類型資格については、下記2(2)のとおり、入管法別表第１の１の表および２の表に定める在留資格の全部、並びに５の表の定める「特定活動」の一部が、一定範囲に限って就労可能である業務限定就労可能資格となっています。

2　就労可能な在留資格と分類

　在留資格には、当該資格を有していること自体により「収入を伴う事業を運営する活動又は報酬を受ける活動」（就労活動。法19条１項）が入管法上認

められている在留資格（就労可能資格）と、資格外活動許可（法19条2項）を得ない限り就労活動が入管法上認められない在留資格（就労不能資格）があります。

　したがって、外国人が日本で就労するためには、①就労可能資格を得るか、または、②資格外活動許可を得るか、のいずれかによる必要があります。これらのうち、②資格外活動許可についてはQ4で説明することとし、本Qでは、①就労可能資格に絞って説明します。

【表3－1】　就労の可否による在留資格の分類

就労可能資格		就労不能資格
無制限就労可能資格	業務限定就労可能資格	
「永住者」「日本人の配偶者等」「永住者の配偶者等」「定住者」 （以上、いずれも別表第2の定める地位等類型資格）	「外交」「公用」「教授」「芸術」「宗教」「報道」（以上、別表第1の1の表）（※1） 　※1　上陸許可基準なし 「高度専門職」「経営・管理」「法律・会計業務」「医療」「研究」「教育」「技術・人文知識・国際業務」「企業内転勤」「介護」「興行」「技能」「特定技能」「技能実習」（以上、別表第1の2の表）（※2） 　※2　「高度専門職2号」を除き上陸許可基準あり 「特定活動」の一部（別表第1の5の表）（※3） 　※3　上陸許可基準なし	「文化活動」「短期滞在」（以上、別表第1の3）「留学」「研修」「家族滞在」（以上、別表第1の4の表） 「特定活動」の一部（別表第1の5の表）

（1）　無制限就労可能資格

　地位等類型資格（入管法別表第2の定める「永住者」、「日本人の配偶者等」、「永住者の配偶者等」および「定住者」）は、いずれも制限なく就労可能な無制限就労可能資格です。

　したがって、たとえば配偶者が日本国籍を有している場合には「日本人の

配偶者等」に基づいて、また配偶者が「永住者」の在留資格を有している場合には「永住者の配偶者等」に基づいて、それぞれ就労することが考えられます（それぞれの地位等類型資格の詳細については、Q38～Q41参照）。

(2)　業務限定就労可能資格

これに対し、活動類型資格については、入管法別表第1の1の表および2の表に定める在留資格の全部、並びに5の表の定める「特定活動」の一部が、一定範囲に限って就労可能である業務限定就労可能資格となっています（該当する個々の在留資格については、上掲の【表3－1】のうち「業務限定就労可能資格」の欄を参照）。これらの業務限定就労可能資格に基づく就労は、別表第1のそれぞれの下欄に掲げる活動に属する就労活動に限って認められます。

3　業務限定就労可能資格により認められる活動の具体例と注意点

上記2(2)の業務限定就労可能資格に基づく就労を予定する場合、行おうとしている就労活動が、いずれの在留資格であれば在留資格該当性を満たすのか検討する必要があります。

たとえば、通訳・翻訳業務の職種での就職を予定しており、それが本邦の公私の機関との契約に基づいて行うものであれば、「技術・人文知識・国際業務」の「国際業務」（外国の文化に基盤を有する思考または感受性を必要とする業務に従事する活動）のカテゴリーにあたりますので、「技術・人文知識・国際業務」の在留資格を得て就労することが考えられます（「技術・人文知識・国際業務」の在留資格該当性についてはQ19を参照）。

また、外国料理の調理師として就労しようとするのであれば「技能」の在留資格の取得、自ら起業し事業の経営を行おうとするのであれば「経営・管理」の在留資格の取得を検討することが、それぞれ考えられます（「技能」の在留資格該当性についてはQ24を、「経営・管理」の在留資格該当性についてはQ25～Q27を、それぞれ参照）。

ただし、上記で例としてあげた「技術・人文知識・国際業務」、「技能」、「経営・管理」は、いずれについても上陸許可基準（基準省令）が定められ

ており、在留資格該当性のみならず上陸許可基準適合性を満たす必要があります。たとえば「技術・人文知識・国際業務」であれば、行おうとしている活動が入管法別表第1の下欄の活動に該当するだけでなく、上陸許可基準の定める学歴または実務経験を有している必要があります。このように、上陸許可基準の定めがある業務限定就労可能資格の場合、単に行おうとしている就労活動が各在留資格に該当するというだけでは、当該在留資格の取得（または当該資格への変更）が現実的な選択肢であるか必ずしも判断できませんので、注意が必要です（上陸許可基準制度についてはQ7を、また「技術・人文知識・国際業務」の上陸許可基準の詳細についてはQ18を、それぞれ参照のこと）。

　さらに、上述のとおり、業務限定就労可能資格に基づく就労は、別表第1の下欄に掲げる活動に属する就労活動に限って認められるため、転職の際には注意が必要です。たとえば、「技術・人文知識・国際業務」の在留資格に基づき通訳・翻訳業務で就労していた者は、同じ在留資格のまま転職し調理師業務に就くことはできず、「技能」への在留資格変更を検討することになります（在留資格変更についてはQ9参照）。他方、通訳・翻訳業務で就労していた者が、別の会社（所属機関）に転職したものの、転職後も引き続き通訳・翻訳業務を行う場合には、在留資格変更は必要ありません。ただし、転職前後を通じて活動に変更がないかについての判断は、微妙な場合もあり、その後の在留期間更新申請の審査において、活動に変更があったと判断された場合、更新許可を得られなくなるリスクもあります。そのような場合に備えて、転職先が同業種であっても、就労資格証明書（法19条の2）の交付申請を行っておくことが望ましいでしょう（就労資格証明書および「技術・人文知識・国際業務」の在留資格に基づき就労する者の転職についてはQ21を参照）。

Q4 資格外活動許可

本来は就労できない在留資格であっても、就労許可を得ることは可能ですか。

ここがポイント

① 就労不能資格において就労活動を行う場合、また業務限定就労可能資格において別表第1の下欄に掲げる活動に属するもの以外の就労活動を行うには、資格外活動許可を得る必要がある。

② 許可を得ない資格外活動を行った場合、刑罰規定の適用があり、また退去強制事由に該当する可能性がある。

③ 資格外活動許可には、活動を行う機関・業務内容等を特定し、個々に活動を指定して許可される個別許可と、機関・業務内容等の特定なく1週28時間以内で就労が可能となる包括許可がある。たとえば「留学」や「家族滞在」の在留資格により在留する者が、単純労働のアルバイトに従事しようとする場合、通常は包括許可を得て行うことになる。

1 資格外活動許可による就労活動

活動類型資格（Q2参照）のうち、就労不能資格（Q3参照）においては、原則として「収入を伴う事業を運営する活動又は報酬を受ける活動」（就労活動）（法19条1項）を行うことはできず（法19条1項2号）、就労活動を行うためには、資格外活動の許可（法19条2項）を得る必要があります。

業務限定就労可能資格（Q3参照）においても、認められる就労活動は、別表第1の下欄に掲げる活動に属するものに限られます（法19条1項1号）。

---

1 「収入を伴う事業を運営する活動又は報酬を受ける活動」とは、「収入を伴う事業を運営する活動」および「報酬を受ける活動」のいずれか、または双方に該当する活動を意味します。「収入を伴う事業を運営する活動」とは、一定の目的をもって行われる同種の行為の反復、継続的遂行である事業であって、収入を伴うものを運営する活動をいいます。「報酬を受ける活動」とは、その活動を行うことによってその対価としての給付を受ける活動を意味し、典型的には雇用契約に基づき労働し賃金を得る活動が含まれますが、これに限られないとされます（以上につき「入管法大全I」194頁〜195頁）。

したがって、それ以外の就労活動を行うためには、資格外活動の許可が必要となります。

　以上に対し、地位等類型資格においては、制限なく就労活動が可能です（Q3参照）。

　なお、就労活動への該当性を判断するにあたっては、以下の①および②の点にも注意が必要です。

①　「収入を伴う事業」に該当するか否かの判断にあたり、当該事業を運営する個人が収入を得るか否かは無関係とされています。事業を運営する者がその運営する活動によって報酬を受ける場合は、「報酬を受ける活動」にも該当します（以上につき「入管法大全Ⅰ」194頁～195頁）。

②　「報酬を受ける活動」における「報酬」とは、「本邦において行われる活動の対価として与えられる反対給付」であり、役務提供が本邦内で行われ、その対価として給付を受けている場合は、対価を支給する機関が本邦内にあるか否か、また、本邦内で支給するか否かにかかわらず「報酬を受ける活動」にあたるとされています（「実務六法」194頁～195頁）。

2　許可を得ない資格外活動を行った場合の制裁

　許可を得ない資格外活動を行った場合、資格外活動罪（法70条1項4号、73条）の刑罰規定の適用を受けます（資格外活動を「専ら」行ったことが「明らか」か否かで刑罰の重さに差があります。詳細はQ17参照）。

　また、資格外活動を「専ら」行っていることが「明らか」な場合には、ただちに退去強制事由に該当します（法24条4号イ）。さらに、資格外活動が「専ら」行っていると「明らか」でない場合でも、入管法73条（非専従資格外活動罪）により禁錮以上の刑に処せられた場合には、退去強制事由に該当します（法24条4号ヘ）。

3　資格外活動許可の一般的要件

　資格外活動許可を受けるためには、①本来の在留目的の活動の遂行を阻害しない範囲内であること、②「相当と認めるとき」であること（相当性）の2つの要件を満たす必要があります（法19条2項）。

　審査要領は、法文の上記①②の要件から、【表4－1】のとおり、より具体的な一般原則を定めています（審査要領）。

【表4－1】　資格外活動許可の一般原則

1　申請人が申請に係る活動に従事することにより現に有する在留資格に係る活動の遂行が妨げられるものではないこと。

（注）単に活動の時間数及び収入・報酬額の多寡によるものではない。ただし、「家族滞在」又は「特定活動」のうち扶養を受ける活動を指定されて在留する者で、扶養者の収入・報酬額を超えるような資格外活動を行おうとすることが明らかな場合は、扶養を受ける者とは言えなくなり、在留資格該当性に疑義が生じることから、原則として資格外活動の許可をしない。

2　現に有する在留資格に係る活動を維持していること。

（注）留学生で学校に行っていない者など本来の活動を行っていないことが明らかな場合は該当しない。

3　申請に係る活動が法別表第1の1の表又は2の表の在留資格の下欄に掲げる活動に該当すること。

4　申請に係る活動が次のいずれの活動にも当たらないこと。

⑴　法令（刑事・民事を問わない）に違反すると認められる活動

⑵　風俗営業等の規制及び業務の適正化等に関する法律（昭和23年法律第122号）第2条第1項に規定する風俗営業、同条6項に規定する店舗型性風俗特殊営業若しくは同条第11項に規定する特定遊興飲食店営業が営まれている営業所において行うもの又は同条第7項に規定する無店舗型性風俗特殊営業、同条第8項に規定する映像送信型性風俗特殊営業、同条第9項に規定する店舗型電話異性紹介営業若しくは同条第10項に規定する無店舗型電話異性紹介営業に従事して行う活動

（注）次の①から③の形態で営まれている店舗での活動及び④から⑦に該当する業務に従事して行う活動は認められない。なお、直接客の接待等を行わない従業員であっても同様である。

　①　風俗営業…客の接待をして飲食をさせるキャバレー・スナックなど、店内の照明が10ルクス以下の喫茶店・バーなど、麻雀屋・パチンコ屋・スロットマシン設置業等

　②　店舗型性風俗特殊営業…ソープランド、ファッションヘルス、ストリップ劇場、ラブホテル、アダルトショップ等

　③　特定遊興飲食店営業…深夜において客に遊興（ダンスを含む。）をさせ、

かつ、客に酒類の提供を伴う飲食をさせるナイトクラブ等

④　無店舗型性風俗特殊営業…出張・派遣型ファッションヘルス、アダルトビデオ通信販売業等

⑤　映像送信型性風俗特殊営業…インターネット上でわいせつな映像を提供する営業等

⑥　店舗型電話異性紹介営業…いわゆるテレホンクラブの営業等

⑦　無店舗型電話異性紹介営業…いわゆるツーショットダイヤル、伝言ダイヤルの営業等

5　収容令書の発付を受けていないこと。

　上記の一般原則のうち1および2は、法19条2項の要件①（本来の在留目的の活動の遂行を阻害しない範囲内であること）から、3ないし5は、入管法19条2項の要件②（相当性）から、それぞれ導かれたものと考えられます（「入管法の実務」168頁）。

4　個別許可と包括許可

　入管法19条2項に基づき「条件を付して新たに許可する活動の内容」として、規19条5項は以下の3類型を定めています。実務上、これらのうち1号は包括許可、3号は個別許可とよばれます。[2]

【表4-2】　条件を付して新たに許可する活動の内容（規19条5項）

1号	1週について28時間以内（留学の在留資格をもつて在留する者については、在籍する教育機関が学則で定める長期休業期間にあるときは、1日について8時間以内）の収入を伴う事業を運営する活動又は報酬を受ける活動（風俗営業等……（筆者注・詳細は【表4-1】の一般原則4(2)参照）を除き、留学の在留資格をもつて在留する者については教育機関に在籍している間に行うものに限る。）
2号	教育、技術・人文知識・国際業務又は技能の在留資格をもつて在留する者（我が国の地方公共団体その他これに準ずるもの（以下「地方公共団体等」という。）と雇用に関する契約を締結しているものに限り、技能の在留資格をもつて在留する者にあつてはスポーツの指導に係る技能を要する業務

　　に従事するものに限る。）が行う1週について28時間以内の法別表第1の
　　2の表の教育の項、技術・人文知識・国際業務の項又は技能の項の下欄に
　　掲げる活動（現に有する在留資格をもつて行うものを除き、当該地方公共
　　団体等との雇用に関する契約に基づいて行うもの又は当該地方公共団体等
　　以外の地方公共団体等との雇用に関する契約（当該契約の内容について現
　　に有する在留資格に係る契約の相手方である地方公共団体等が認めるもの
　　に限る。）に基づいて行うものに限り、技能の項の下欄に掲げる活動にあ
　　つてはスポーツの指導に係る技能を要するものに限る。）

3号　前各号に掲げるもののほか、地方出入国在留管理局長が、資格外活動の許
　　可に係る活動を行う本邦の公私の機関の名称及び所在地、業務内容その他
　　の事項を定めて個々に指定する活動

(1) 包括許可

　上記1号の包括許可においては、一般原則3（【表4−1】参照）が適用さ
れず、単純労働であっても、1週28時間以内であれば、包括的な資格外活動
許可を受けられます（ただし、一般原則1、2、4および5（【表4−1】参照）
のいずれの要件も満たすことが前提）（審査要領）。

　この1号の包括許可は、たとえば「留学」や「家族滞在」の在留資格によ
り在留する者が、単純労働のアルバイトに従事しようとする場合に活用され
ます（詳細は、「留学」についてはQ32を、「家族滞在」についてはQ37を、それ
ぞれご参照ください）。

　包括許可においては、雇用先等が変わっても、その度ごとに資格外活動許
可申請をし直す必要がありません。

(2) 個別許可

　これに対し、上記3号の個別許可は、活動を行う機関・業務内容等を特定
し、個々に活動を指定して許可されるものです。包括許可を受けられない場
合、あるいは包括許可を受けられる外国人であっても、一定の期間に集中し
て行うなどの理由から包括許可によりがたい場合には、この個別許可による
ことになります（「入管法大全Ⅰ」201頁）。

Q5　個別在留資格の概要2（日本人・在留外国人との親族関係と在留資格）

日本人の親族または日本での在留資格をもって在留する親族がいる場合、自らは在留資格が認められますか。認められる場合があるとして、どのような親族関係があれば在留資格が認められるのでしょうか。

ここがポイント

①　日本人の親族のうち、日本人の配偶者または子には「日本人の配偶者等」の在留資格が許可される可能性がある。

②　日本での在留資格をもって在留する外国人の親族のうち、「永住者」または特別永住者の配偶者または子には、「永住者の配偶者等」の在留資格が許可される可能性がある。また一定の活動類型資格をもって在留する外国人の配偶者および子には、「家族滞在」の在留資格が許可される可能性がある。

③　「高度専門職」をもって在留する外国人の親には、一定の要件を満たせば「特定活動」（特定活動告示34号）の在留資格が認められる。

1　日本人または在留資格を有する外国人との親族に許可され得る在留資格

　日本人または日本での在留資格を有する外国人と親族関係がある場合、【表5-1】に掲げる在留資格に該当する可能性があります。ただし、これらの者との親族関係があることのみでは在留資格該当性が認められなかったり、あらかじめ在留資格認定証明書（Q7参照）を取得することができない在留資格もありますので、注意が必要です。

【表5－1】　親族関係と在留資格（告示は定住者告示または特定活動告示）

親族関係	申請者となる外国人と親族関係のある者	
	日本人	在留資格をもって在留する外国人
配偶者	「日本人の配偶者等」 ※離婚・死別後は、「定住者」（告示外）が許可され得る	・永住者または特別永住者の配偶者 「永住者の配偶者等」 ※離婚・死別後は、「定住者」（告示外）が許可され得る ・活動類型資格（下記3(1)に列挙する資格以外）をもって在留する外国人の配偶者 「家族滞在」 ※原則として就労不可 ・「高度専門職」をもって在留する外国人の配偶者 「特定活動」（告示33号） ※一定の要件・範囲で就労可能
子など	・日本人の子 「日本人の配偶者等」 ※日本人の子として出生した者または特別養子。なお6歳未満の養子については「定住者」（告示7号）が許可され得る ・日本人の孫（日系3世） 「定住者」（告示3号・4号） ※素行善良要件あり ※日系4世は、告示6号ハにより「定住者」に該当する余地あり	・永住者または特別永住者の子 「永住者の配偶者等」 ※永住者または特別永住者の子として本邦で出生しその後引き続き本邦に在留している者。なお6歳未満の養子については「定住者（告示7号）が許可され得る ・活動類型資格（下記3(1)に列挙する資格以外）を有する外国人の子 「家族滞在」 ※原則として就労不可
親	・日本人の実子を監護・養育する者としての「定住者」（告示外） ・連れ親についての「特定活動」（告示外）	・「高度専門職」を有する外国人の親 「特定活動」（告示34号） ・連れ親についての「特定活動」（告示外）

2　日本人との間に親族関係を有する場合

(1)　日本人の配偶者

　日本人との間で現に婚姻関係中の者には、「日本人の配偶者等」の在留資格該当性が認められる可能性があります（「日本人の配偶者等」の在留資格該当性についてはQ38参照）。

　ただし、離婚または死別により日本人との婚姻関係が消滅した場合は、「日本人の配偶者等」の在留資格該当性は失われますので、その後もなお日本での在留を希望するのであれば、「定住者」（告示外）への在留資格変更を検討することになります（いわゆる離婚定住および死別定住。ただし、日本において、おおむね3年以上正常な婚姻関係・家庭生活が継続していたことが必要です）。なお、離婚定住・死別定住の詳細についてはQ43をご参照ください。

(2)　日本人の子・孫

　日本人の子として出生した者または特別養子には、「日本人の配偶者等」の在留資格該当性が認められます。ここでいう「日本人の子」には、養子は含まれません（審査要領）。ただし、6歳未満の養子であれば、「定住者」（定住者告示7号）が許可される余地があります（Q42参照）。

　また日本人の孫（日系3世）は、「定住者」（定住者告示3号または4号）の在留資格に該当し得ますが、「素行が善良である」こと（いわゆる素行善良要件）が必要です。この他、日系4世であっても、定住者告示6号ハにより「定住者」の在留資格が許可される可能性があります。

　その他詳細は、「日本人の配偶者等」についてはQ38を、「定住者」については Q42およびQ43を、それぞれご参照ください。

(3)　日本人の親

　日本人の親は、そもそも自身が日本国籍を有している場合も少なくないでしょうが、たとえば外国人の子が帰化により日本国籍を取得したような場合には、外国人である親の在留資格が問題となり得ます。この点、日本に滞在する日本人の高齢（65歳以上）の実親で、本国に同居の配偶者も適当な扶養者もない場合には、「特定活動」（告示外）による在留が認められる可能性があります（いわゆる「連れ親」）。ただし、告示外であるため、あらかじめ在

留資格認定証明書の交付を受けることはできず、まずは「短期滞在」で上陸し、その後に「特定活動」に在留資格を変更することになります。その他詳細については、Q49をご参照ください。

　上記のほか、日本人の親であることを基礎として認められうる在留資格としては、日本人の実子を監護・養育する者としての告示外「定住者」があります。ただし、こちらも告示外であるため在留資格認定証明書（Q7参照）の交付を受けることはできません。その他詳細については、Q43をご参照ください。

3　在留資格をもって在留する外国人との間に親族関係を有する場合

(1)　在留資格をもって在留する外国人の配偶者

　永住者または特別永住者との間で現に婚姻関係中の者には、「永住者の配偶者等」の在留資格該当性が認められる可能性があります（「永住者の配偶者等」の在留資格該当性についてはQ38参照）。ただし、離婚または死別により永住者または特別永住者との婚姻関係が消滅した場合は、「永住者の配偶者等」の在留資格該当性は失われますので、その後もなお日本での在留を希望するのであれば、上記2(1)で述べた離婚定住または死別定住への在留資格変更を検討することになります。

　また、一定の活動類型資格（「外交」、「公用」、「特定技能1号」、「技能実習」、「短期滞在」、「研修」、「家族滞在」および「特定活動」以外の活動類型資格）をもって在留する外国人の配偶者は、「家族滞在」による在留を認められる余地があります。ただし、当該活動類型資格をもって在留する者の扶養を受ける者であることが必要です。在留資格「家族滞在」の在留資格該当性については、Q36をご参照ください。

　なお、「家族滞在」の在留資格では、原則として就労が認められませんが、「高度専門職」の在留資格をもって在留する外国人の配偶者であれば、「特定活動」（特定活動告示33号）の在留資格の許可を得ることも考えられます。この場合、一定の要件・範囲のもと就労が認められます。その他詳細については、Q30をご参照ください。

⑵　在留資格をもって在留する外国人の子

　永住者または特別永住者の子として本邦で出生し、その後引き続き本邦に在留している者には、「永住者の配偶者等」の在留資格該当性が認められます。ここでいう「子」には、養子は含まれません（審査要領）。ただし、6歳未満の養子であれば、「定住者」（定住者告示7号）による在留を認められる余地があります（Q42参照）。

　また、一定の活動類型資格（除外される活動類型資格については上記⑴参照）をもって在留する外国人の子には、「家族滞在」の在留資格が認められ得ますが、当該活動類型資格をもって在留する者の扶養を受ける者であることが必要です。また、上述のとおり「家族滞在」の在留資格では原則として就労が認められません。

　その他詳細は、「永住者の配偶者等」についてはQ38を、「家族滞在」についてはQ36を、それぞれご参照ください。

⑶　在留資格をもって在留する外国人の親

　「高度専門職」をもって在留する外国人の親は、①当該外国人自身またはその配偶者の7歳未満の子を養育する場合、②当該外国人自身またはその配偶者の妊娠中にその介助、家事その他の必要な支援を行う場合、のいずれかの場合には、一定の要件のもと「特定活動」（特定活動告示34号）による入国・在留資格が認められます。その他詳細については、Q30をご参照ください。

　上記以外では、日本に適法に在留する外国人の高齢（65歳以上）の実親で、本国に同居の配偶者も適当な扶養者もない場合には、「特定活動」（告示外）による在留が認められる可能性があります（上記2⑶の「連れ親」と同様）。ただし、告示外であるため在留資格認定証明書（Q7参照）の交付を受けることはできませんので、まずは「短期滞在」で上陸し、その後に「特定活動」に在留資格を変更することになります。その他詳細については、Q49をご参照ください。

Q6　永住と帰化の違い

永住と帰化の違いを教えてください。

ここがポイント

① 　永住と帰化は、異なる制度である。「永住者」は在留資格の１つであり、帰化は国籍を取得することである。
② 　入管法上の在留資格「永住者」（一般永住）と特別永住がある。
③ 　帰化申請では、一定の要件があるが、日本国民や日本国との一定の関係がある場合は、一定程度要件が緩和される（簡易帰化）。

1　在留資格たる「永住者」／国籍を取得する帰化

「永住者」は在留資格の１つです。外国人が「永住者」の在留資格への変更を希望する場合に、永住許可の申請をすることになります（法22条１項）。

他方、帰化とは、その国籍を有しない者の意思表示により、当該国家が許可を与えることで、その国籍、つまり当該国家の構成員たる地位を与えられる制度です。日本では、国籍法４条により定められています。日本国籍を取得することで、選挙権、公務就任権などを取得し、日本の旅券を所持することになります。

「永住者」の在留資格への変更申請や帰化申請は、いずれも、外国人が、今後将来にわたって日本で継続して生活することを考えるときに、その法的地位を安定させるための手段として、検討の対象となりうる選択肢です。しかし、永住と帰化は、国籍を取得するか否か、という点で、本質的に異なります。

本項では、それぞれの制度概要について、説明します。なお、「永住者」の具体的要件などについては、Q40およびQ41を参照してください。

2　在留資格「永住者」（法22条）の概要

「永住者」の在留資格は、永住許可により取得するものです。永住許可は、すでに何らかの在留資格を有する外国人の「永住者」への在留資格の変

更申請に対し、なされます。あくまで、在留資格の変更の申請によるものであり、他の在留資格のように、上陸許可審査の結果、付与されるものではありません。

「永住者」の在留資格は、在留期間が無期限であり、また在留活動にも制限がありません（もっとも、在留カードの有効期限の更新は、別途必要となります（法19条の11））。「永住者」は、他の在留資格に比べ、その管理がいわば緩和されている在留資格といえることから、在留許可の審査には、他の在留資格に比べさらに慎重を期するため、法律上、他の在留資格の変更（法20条）とは別途規定されています（法22条）。

もっとも、「永住者」の在留資格を有する者といえども、日本への再入国を予定しつつ出国する際は、再入国許可を得なければなりません（再入国許可については、Q10を参照してください）。

また、「永住者」であっても、退去強制手続や在留資格取消手続の対象にもなりますので、当該外国人に対し、誤解がないように説明する必要があります。

3　一般永住と特別永住

入管法上の在留資格「永住者」とは別に、その歴史的経緯から入管特例法に基づき、その在留資格が認められる場合、その者は特別永住者として、日本に永住することができます。

特別永住者は、退去強制となる条件が限定されますし（入管特例法22条）、再入国の際の個人識別情報（現在では、顔画像と指紋）の提供が免除される等の違いがあります（法6条3項1号）。

4　帰化制度の概要および要件

帰化とは、外国人からの国籍の取得を希望する旨の意思表示に対して、国家が許可を与えることによって、その国の国籍を与えることをいいます。日本では、帰化は、法務大臣の許可によります（国籍4条2項）。

帰化申請の際（申請先は法務局となります）には、以下の要件を満たす必要があります（普通帰化（国籍5条））。もっとも、日本国民や日本国との一定

の関係がある外国人については、一定程度、要件が緩和されます（簡易帰化（国籍6条～8条））。

帰化の要件は、以下のとおりです。

① 引き続き5年以上、日本に住所を有すること

② 年齢が20歳以上（令和4（2022）年4月1日以降は、18歳以上）であり本国法によって行為能力を有していること

③ 素行が善良であること

④ 生計を営むことができること

⑤ 国籍を有せず、または日本の国籍の取得によってその国籍を失うべきこと

⑥ 憲法遵守要件

特に、要件①について、この住所は適法なものでなければなりません。つまり、正当な在留資格を有している必要があります。この点、一時的に外国に出ていても、それが再入国の許可を得ていたり、みなし再入国による出国である場合で、帰化の申請時に日本に再入国しているのであれば、居住要件を満たすものと考えられます。Q10での説明も参考にしてください。

また、要件⑤について、日本では、重国籍が認められていませんので、帰化申請をする者は、無国籍であるか、帰化によってそれまでの国籍を喪失することが必要とされています。もっとも、本人の意思で原国籍の離脱ができない場合など、一定の条件の下、例外が認められています（国籍5条2項）。

5　その他の国籍取得原因

帰化以外の国籍取得原因について、簡単に説明します。

国籍取得原因としては、帰化（国籍4条～9条）の他に、出生（国籍2条）、届出（準正による国籍の取得（国籍3条）、国籍の再取得（国籍17条））があります。

日本は血統主義を採用していますので、両親のいずれかが日本国籍保持者である場合には、出生により日本国籍を取得します（国籍2条。この場合、「父」または「母」との間には、法律上の父子関係や母子関係が必要となります）。これは、その者の出生地に関わりません。ただ、無国籍者の発生防止の観点

から、日本で生まれ、両親のいずれもが不明（棄子の場合）であったり、または無国籍の場合も出生により日本国籍を取得するとして、限定的に血統主義の例外が定められています（国籍2条3号）。

6　数字でみる「永住者」と帰化

最後に、永住許可申請および帰化申請について、申請件数と許可不許可の件数、審査期間をそれぞれ紹介します。

(1)　許可申請の件数と許可不許可の件数

永住許可について、許可申請の件数と許可不許可の件数は、【表6－1】

【表6－1】　永住許可申請の件数と許可不許可の件数

年	処理件数	許可件数
2016（平成28）年	52,819	35,679（67.5％）
2017（平成29）年	50,907	28,942（56.8％）
2018（平成30）年	61,027	31,526（51.6％）
2019（平成31・令和元）年	56,902	32,213（56.6％）
2020（令和2）年	57,570	29,747（51.6％）

出典：政府統計「出入国管理統計／入国審査・在留資格審査・退去強制手続等」（統計表名「地方入国管理局管内別　在留資格の取得等の受理及び処理人数」中「永住」の項）より抜粋・整理

【表6－2】　帰化申請の件数と許可不許可の件数

年	帰化許可申請者数	帰化許可者数（申請者数における割合）	帰化不許可者数	その他（申請取下げ等と想定される）
2016（平成28）年	11,477	9,554（83.24％）	607（5.28％）	1,316
2017（平成29）年	11,063	10,315（93.23％）	625（5.64％）	123
2018（平成30）年	9,942	9,074（91.26％）	670（6.73％）	198
2019（平成31・令和元）年	10,457	8,453（80.83％）	596（5.69％）	1,408
2020（令和2）年	8,673	9,079（－）	900（－）	－

出典：法務省「帰化許可申請者数、帰化許可者数及び帰化不許可者数の推移」より抜粋・整理

のとおりです。

　許可申請の数自体は、年により増減がありますが、許可率は減少傾向にあるようにみえます。

　もっとも、申請後、年をまたいで許可不認可の結果が出る場合があることを考えると、厳密な意味での許可不許可率が算出されているわけではない点にご留意ください。

　他方、帰化申請については、【表6-2】のとおりです。

　帰化申請について、不許可の件数は、帰化許可申請者数の増減にかかわらず一定程度あるものと考えられます。

　もっとも、後述の通り、帰化申請において許可が下りるまでの処理期間は、長期化すると1年を超えるケースもあり、申請後、年をまたいで許可不許可の結果が出る場合もありますので、厳密な意味での許可不許可率が算出されているわけではない点にご留意願います。

(2)　審査期間

　次に、それぞれの審査期間について、みていきます。

　永住許可申請については、標準処理期間は4カ月とされています（出入国在留管理庁ウェブサイト「永住許可申請」[1]）。他の在留資格の在留審査処理期間と比べてみると、その認定に要する日数において、処理に時間がかかる在留資格であるということができるでしょう（他の在留資格の在留審査処理期間については法務省の資料を参考にしてください（出入国在留管理庁ウェブサイト「在留審査処理期間（日数）」[2]））。また、実際にはそれ以上の時間を要するケースが多く見受けられるようです。

　他方、帰化申請については、標準処理期間はないとされています。実際には、数カ月、長期化するケースだと1年以上かかる場合もあるようです。

1　〈https://www.moj.go.jp/isa/applications/procedures/16-4.html〉。

2　〈https://www.moj.go.jp/isa/publications/materials/nyuukokukanri07_00140.html〉。

Q7　在留資格取得の手続

在留資格を取得するにはどのような手続が必要ですか。

ここがポイント

① 日本に上陸しようとする外国人は、上陸審査を経て在留資格を得ることができる。

② 事前に在留資格認定証明書を取得することにより、上陸審査の手続を迅速に行うことができる。

③ 上陸の手続を経ることなく本邦に在留することとなる外国人は、在留資格の取得の申請を行うことにより在留資格を得ることができる。

④ 退去強制または難民認定の手続において、法務大臣による在留特別許可により在留資格を得ることができる。

1　総　論

　在留資格を取得する手続について、日本に上陸[1]しようとする外国人が在留資格を取得する場合（上陸許可・上陸特別許可）とすでに日本に在留している外国人が在留資格を取得する場合（在留資格の取得・在留特別許可）とに分けて説明します。なお、すでに在留資格をもって日本に在留している外国人が別の在留資格を取得しようとする場合は、在留資格の変更申請によることになりますので、Q9をご参照ください。

2　上陸許可

　本邦に上陸しようとする外国人（乗員を除く）は、上陸しようとする出入国港において、入国審査官に対し上陸の申請をして、上陸のための審査を受けなければなりません（法6条2項）。入国審査官は、審査の結果、外国人が上陸のための条件に適合していると認定したときは、当該外国人の旅券に上

1　「上陸」と類似の入管法上の概念として「入国」があります。「上陸」「入国」それぞれの意義についてはQ12をご参照ください。

陸許可の証印（規7条）をしなければなりません（法9条1項）。上陸許可の証印を受けない外国人は上陸することができません（同条7項）。上陸審査手続の流れについては〈図7－1〉をご参照ください。

　上陸許可に伴い、在留資格および在留期間の決定がなされます（法9条3項）。「在留資格の決定」とは、在留資格という法的地位を取得させる行為で

〈図7－1〉　外国人の上陸審査手続図解（一般上陸）

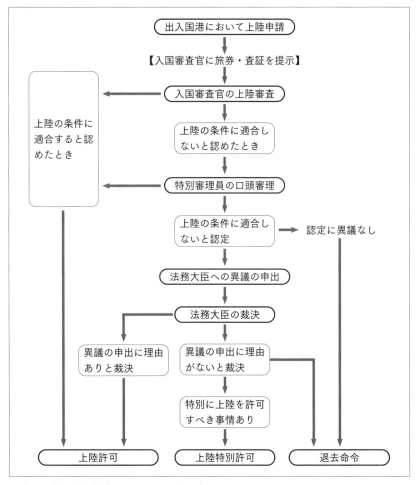

出典：出入国在留管理庁ウェブサイト〈https://www.moj.go.jp/isa/applications/guide/nyukoku_flow.html〉。

あり、これにより外国人が在留資格を取得します（「入管法大全Ⅰ」110頁）。

　上陸のための条件は入管法7条1項1号〜4号に列挙されています。ただし、再入国許可を得た場合などは、1号と4号の条件のみ満たせば上陸が許可されます（同項柱書）。各号の条件について以下で詳しく説明します。

(1)　1号：旅券・査証の有効性

　所持する旅券および、査証が必要とされる場合には、当該旅券に与えられた査証が有効であることが上陸の条件の1つとされています（法7条1項1号）。

　旅券は入管法2条5号に定義されています。査証についてはこれを定義した規定はありませんが、一般的には、その外国人の所持する旅券が権限ある官憲によって適法に発給された有効なものであることを「確認」するとともに、当該外国人のわが国への入国および在留が査証に記載されている条件の下において適当であるとの「推薦」の性質を持つものと説明されています（出入国在留管理庁ウェブサイト）[2]。

　入管法6条1項ただし書は査証が不要な場合を規定しており、これに該当しない場合が「査証を必要とする場合」に該当します。

(2)　2号：在留資格に係る条件

　本号の条件は、(A)活動の真実性、(B)在留資格該当性、(C)上陸許可基準適合性から構成されます。

(A)　活動の真実性

　申請に係る本邦において行おうとする活動が虚偽のものでないことが条件とされています。「虚偽のものでな（いこと）」とは、入国審査官が、本邦に上陸しようとする外国人の陳述、証拠資料等に基づき、かつ、その主観的意図のほか客観的事情を総合的に考慮して判断したとき、外国人の本邦において行おうとする活動が社会通念に照らして偽りのものではないと納得できるものでなければならないことを意味します（「逐条解説」252頁）。

(B)　在留資格該当性

　申請に係る本邦において行おうとする活動が入管法別表第1の下欄に掲げ

2　〈https://www.moj.go.jp/isa/applications/guide/kanri_qa.html〉。

る活動（「高度専門職（2号）」を除き、「特定活動」については法務大臣があらか
じめ告示をもって定める活動に限ります）または別表第2の下欄に掲げる身分
もしくは地位（「永住者」を除き、「定住者」については法務大臣があらかじめ告
示をもって定めるものに限ります）を有する者としての活動のいずれかに該当
すること（在留資格該当性）が上陸のための条件の1つとされています。

　「高度専門職（2号）」が除かれているため、「高度専門職（2号）」の在留
資格で上陸許可がなされることはありません。これは、「高度専門職（1
号）」からの在留資格変更許可によって取得されることが想定される在留資
格だからです（「高度専門職」についてはQ28からQ30をご参照ください）。

　また「永住者」が除かれているため、「永住者」の在留資格で上陸許可が
なされることもありません（「永住者」についてはQ40およびQ41をご参照くだ
さい）。これをもって、日本が移民を受け入れないことを明確にしたもので
あるとされています（「入管法大全Ⅰ」37頁）。

　「特定活動」および「定住者」は、告示に定めるものに該当する場合のみ
在留資格該当性が認められます（「特定活動」の概要についてはQ46を、「定住
者」の概要についてはQ42をご参照ください）。したがって、告示に定められて
いない「特定活動」または「定住者」により在留しようとする場合、「短期
滞在」などの他の在留資格で上陸許可を受けて上陸した後、「特定活動」ま
たは「定住者」への在留資格変更許可の申請を行う必要があります（「短期
滞在」からの在留資格変更許可についてはQ45をご参照ください）。なお、この
ように「短期滞在」でいったん上陸する場合、在留資格変更許可を申請する
ことが予定されていても、「短期滞在」の在留資格該当性が否定されるもの
ではないと考えられます（「入管法の実務」67頁）。

　　(C)　上陸許可基準適合性

　上記に加えて、入管法別表第1の2の表および4の表に掲げる在留資格に
ついては、わが国の産業および国民生活に与える影響その他の事情を勘案し
て法務省令（基準省令）で定める基準（上陸許可基準）に適合することが条件

3　特定活動告示および高度人材告示を指します。
4　定住者告示を指します。

とされています。

(3)　3号：在留期間

申請に係る在留期間が、入管法施行規則3条の規定に適合することが上陸のための条件とされています。

(4)　4号：上陸拒否事由非該当性

外国人が入管法5条1項各号に定める事由（以下、「上陸拒否事由」といいます）のいずれにも該当しないこと（上陸拒否の特例（法5条の2）の適用がある場合には、それのみによっては上陸を拒否しないこととされた事由以外に上陸拒否事由がないこと）が、上陸のための条件とされています。

3　在留資格認定証明書

在留資格認定証明書とは、外国人が入管法7条1項2号に掲げる条件に適合している旨の証明書をいいます（法7条の2）。上陸のための条件に適合していることについては、上陸許可を申請する外国人が立証しなければならないところ（法7条2項）、到着した空港・海港において短時間のうちに立証することは困難です。そこで、事前に在留資格認定証明書を取得することにより、上陸審査の手続を迅速に行うことができます。

在留資格認定証明書の申請は、原則として本人が地方出入国在留管理局に出頭して（いわゆる本人出頭の原則）行う必要があります（規6条の2第1項）。ただし、当該外国人を受け入れようとする機関の職員などが代理人として行うことも可能です（法7条の2第2項、規6条の2第3項）。実際には、外国人本人による出頭が困難であることから、国内にある関係者が代理人として申請することが多いようです。なお、本人・代理人は、自らの出頭に代えて、地方出入国在留管理局長に届け出た弁護士または行政書士等の申請取次者により申請書等を提出することもできます（同条4項）。

時系列としては、国内における代理人が在留資格認定証明書の交付を受けた場合、それを国外にいる外国人に送付し、当該外国人がそれを在外公館に持参して査証の申請をし、査証を受けた後、日本に上陸するという流れになります。

4　在留資格の取得

　日本の国籍を離脱した者または出生その他の事由により上陸の手続を経ることなく本邦に在留することとなる外国人は、日本の国籍を離脱した日または当該事由の発生した日から60日に限り、在留資格がなくても、本邦に在留することができます（法22条の2第1項）。ただし、60日を超えて在留しようとする場合には、在留資格の取得の申請を行うことにより、在留資格を得る必要があります（同条2項）。

5　在留特別許可

　退去強制または難民認定の手続において、法務大臣により在留が特別に許可されることがあり（法50条1項、61条の2の2第2項）、これにより在留資格を取得することができます。退去強制手続についてはQ13を、退去強制手続における在留特別許可についてはQ15を、難民認定手続における在留特別許可についてはQ16を、それぞれご参照ください。

Q8 在留期間の更新

在留期間の更新を行うには、どうしたらよいでしょうか。

ここがポイント

① 　更新の申請は、現に有する在留期間の残余期間がおおむね3カ月以内になる時点以降に受理される。

② 　在留期間更新許可の実体的要件は、①在留資格該当性と、②更新を適当と認めるに足りる狭義の相当性である。

③ 　狭義の相当性の判断における代表的な考慮要素としては、法務省公表の「在留資格の変更、在留期間の更新許可のガイドライン」を参照。

④ 　要件を満たしていることの立証責任は、基本的には、申請人側にあると解されており、原則として、書面審査により判断される。

⑤ 　住居地を管轄する地方出入国在留管理官署に必要書類を提出する。

1　在留期間更新許可申請の意義

　在留資格を有して在留する外国人は、原則、付与された在留期間に限り、日本に在留することが可能です。付与された在留期間では、所期の在留目的を達成できない場合、一度出国のうえ、改めて査証を取得し、入国することになりますが、これは大きな負担です。そこで、入管法は、法務大臣が日本に在留する外国人の在留を引き続き認めることが適当と認めるに足りる相当の理由（法21条3項）がある場合に、在留期間を更新して当該在留の継続が可能となる手続を定めています（法21条）。これを在留期間更新許可申請といいます。本邦に在留する外国人が、付与された在留期限を超えて、現に有する在留資格に属する活動を引き続き行おうとする場合が対象となります。

　なお、在留期間の更新または在留資格の変更に伴う在留期間の変更を受けず在留期間（法20条6項、21条4項の特例期間を含みます）を経過して在留する外国人は、退去強制事由（不法残留）に該当しうる（法24条4号ロ）ほか、不法残留罪として3年以下の懲役または300万円以下の罰金等の規定が適用され得ます（法70条1項5号。Q17参照）。

2　在留期間更新許可申請の時期

申請は、現に有する在留期間の残余期間がおおむね３カ月以内になる時点以降に受理されます。３カ月以内の在留期間を決定されている者の場合、当該在留期間のおおむね２分の１以上経過した時点以降に更新申請が受理されます（審査要領）。

3　在留期間更新許可の要件

「更新を適当と認めるに足りる相当の理由」（広義の相当性。法21条３項）と規定される在留期間更新許可の実体的要件は、①在留資格該当性と、②狭義の相当性の２つです。すなわち、在留期間更新の実体的要件は、①在留資格該当性（申請人が行おうとする活動が、入管法別表第１に掲げる在留資格については同表の下欄に掲げる活動、入管法別表第２に掲げる在留資格については同表の下欄に掲げる身分または地位を有する者としての活動に相当すること）と、②更新を適当と認めるに足りる狭義の相当性となります。

　要件を満たしていることの立証責任は、法務大臣が「外国人が提出した文書により」判断するとしていること（法21条３項）から、基本的には、申請

1　なお、昨今（本稿執筆時点では）、マネー・ローンダリングおよびテロ資金供与対策の実効性を高める流れがあり、外国人が関わる一部の預金口座については、一定のマネー・ローンダリングおよびテロ資金供与リスクがありうるものと考えられ、預金取扱機関は、在留資格および在留期間との関係で慎重な姿勢を示すようになっています。とりわけ、金融庁「マネー・ローンダリング及びテロ資金供与対策の現状と課題（2019年９月）」（8頁）によれば、「わが国に一定期間居住する外国人（留学生や技能実習生等）による口座開設について、在留期間の管理手続を定めていないため、口座開設時に在留期間を確認せず、帰国時にも口座解約手続を促していないなど、帰国時の口座売買等のリスクに応じた低減措置を実施していない」旨が指摘されています。各預金取扱機関は、各外国人の在留資格および在留期限を管理するようになってきており、たとえば、不法在留者、在留期間の満了が間近に迫っている時期の口座開設申込みや、「在留資格」、「就労制限の有無」と取引時確認の際に申告を受ける「職業」、「取引を行う目的」の不一致がある場合には、預金取扱機関のリスクベース・アプローチによるリスク低減措置の結果、預金口座の利用に影響が及ぶ可能性があります。また、在留期限が近づいても、預金取扱機関からの外国人の状況に係る照会等に真摯に対応しないと、預金口座の取引の制限・停止や、場合によっては、預金口座の解約がなされる可能性すらあります。預金口座は、外国人にとっても、生活口座として重要なインフラストラクチャーとなっていることから、この点には、留意が必要です。なお、同様の議論は、今後、預金取扱機関以外の金融機関においても普及していく可能性があります。

人側にあると解されており、原則として、書面審査により判断されます。

　在留期間更新の要件として、①が必要であるのは、「在留期間の更新」（法21条）とは、すでに許可されている在留期間の満了に際し、現に有する在留資格を変更せず、在留期間のみを延長するものであるためです。活動が、形式的に該当するのみならず、わが国において適法に行われるものであることを要するとされています（審査要領）。

　上記②の狭義の相当性は規範的要件です。外国人の在留中の活動状況、行状、在留の必要性・相当性等を根拠付ける事実が、狭義の相当性を基礎付ける具体的事実となります。判例上、法務大臣は、申請者の申請事由の当否の[2]みならず、当該外国人の在留中の一切の行状、国内の政治・経済・社会等の諸事情、国際情勢、外交関係、国際礼譲など諸般の事情を斟酌するものとされています。また、在留中の活動状況の認定には、当該申請人に係る確定していない刑事判決が認定した事実を資料とすることも可能とされています。[3]

　「（狭義の）相当性」の判断における代表的な考慮要素として、「在留資格の変更、在留期間の更新許可のガイドライン」（在留資格ガイドライン。本Q[4]末に掲載）は、以下を挙げています（その他の考慮要素については本Q末の資料をご参照ください）。

(1)　素行が不良でないこと

　素行は、善良であることが前提です。退去強制事由に準ずるような刑事処分を受けた行為、不法就労をあっせんするなど出入国管理行政上看過することのできない行為等は、消極的な要素として評価されます（在留資格ガイドライン）。

(2)　独立の生計を営むに足りる資産または技能を有すること

　生活状況として、世帯単位で日常生活において公共の負担となっておらず、かつ、その有する資産または技能等から将来において安定した生活が見込まれることが必要ですが、仮に公共の負担となっていても、在留を認める

2　最判昭53・10・4民集32巻7号1223頁（マクリーン事件上告審判決）。

3　東京地判平5・9・6判タ864号209頁。

4　出入国在留管理庁のウェブサイトに英語版を含めた外国語版が掲載されています〈https://www.moj.go.jp/isa/publications/materials/nyuukokukanri07_00058.html〉。

べき人道上の理由が認められる場合には、十分勘案されます（在留資格ガイドライン）。

　生活保護を受給している場合でも、経緯、家族状況等から人道上の理由が認められる場合、在留期間短縮等のうえ、許可されることがあります。この点に関し、経緯や受給をやめる見通し等について説明した文書の提出が必要な場合があります。実務上、現に有する在留資格による在留期間更新許可等をすでに1回以上受けている者、「3年」または「5年」の在留期間を決定されて在留する者および日本人実子の監護養育を目的として在留中の者は、生活保護を受給している事実のみをもって不許可とはされない可能性が高いです（「入管法の実務」112頁）。

　なお、所得税または住民税の納付者は、納付額にかかわらず独立生計要件を満たしているものとされます（審査要領）。

(3)　雇用・労働条件が適正であること

　日本で就労している（しようとする）場合には、アルバイトを含めその雇用・労働条件が、労働関係法規に適合していることが必要です（在留資格ガイドライン）。

　なお、労働関係法規違反により労働基準監督機関による勧告等が行われたことが判明した場合は、通常、申請人である外国人に責はないため、この点を十分に勘案して、判断することになります。直ちに不許可とすることなく、雇用・労働条件が改善されたり、別の機関に適正な条件で雇用されたりすること等を確認したうえで許否を決定するとされています（審査要領）。

(4)　納税義務を履行していること

　納税義務がある場合には、当該納税義務を履行していることが必要です。納税義務の不履行により刑を受けている場合や、刑を受けていなくても、高額の未納や長期間の未納等が判明した場合で悪質なものは消極的要素となります（在留資格ガイドライン）。

　市区町村の住民税課税証明書により前年1月1日から12月31日までの所得額（前年の所得額が記載されない場合は前々年のもの）および当該所得額に応じた当該年度の住民税額が確認され、住民税納税証明書により前年度の納税額および滞納の有無が確認されます。また、課税・納税額に大幅な変化がな

いかを確認することにより、安定した収入および納税が見込めることが確認され、就労資格で在留する者の課税・納税額に大幅な変化がみられたときは、勤務先の変更等の届出の有無について届出情報が確認されます。ただし、これらの証明書の記載から未納があることが判明しても、延納や分納が認められている場合でないか確認されます（審査要領）。

⒠　入管法に定める届出等の義務を履行していること

中長期在留者（法19条の3）は、在留カードの記載事項に係る届出、在留カードの有効期間更新申請、紛失等による在留カードの再交付申請、在留カードの返納、所属機関等に関する届出等の義務を履行していることが必要です（在留資格ガイドライン）。

4　在留期間更新許可申請の手続

住居地を管轄する地方出入国在留管理官署に必要書類を提出します。

必要書類は以下のとおりです（法21条2項、規21条4項、20条4項）。

・申請書
・旅券および在留カード（中長期在留者の場合）
・旅券または在留資格証明書（中長期在留者以外の場合）
・資格外活動許可書（資格外活動許可書（規19条4項）の交付を受けている場合）

その他手続の詳細については、出入国在留管理庁のウェブサイト[5]をご参照ください。[6]

5　〈https://www.moj.go.jp/isa/applications/procedures/16-3.html〉。
6　以上は、在留期間の更新についての概要であり、例外もありますので、個々の案件においては、それぞれの事情を考慮して対応する必要があります。また、「第2部　相談対応編」に一部詳細も記載しています。

〔参考資料〕　在留資格の変更、在留期間の更新許可のガイドライン

在留資格の変更、在留期間の更新許可のガイドライン

出入国在留管理庁
平成20年3月策定
令和2年2月改正

　在留資格の変更及び在留期間の更新は、出入国管理及び難民認定法（以下「入管法」という）により、法務大臣が適当と認めるに足りる相当の理由があるときに限り許可することとされており、この相当の理由があるか否かの判断は、専ら法務大臣の自由な裁量に委ねられ、申請者の行おうとする活動、在留の状況、在留の必要性等を総合的に勘案して行っているところ、この判断に当たっては、以下のような事項を考慮します。

　ただし、以下の事項のうち、1の在留資格該当性については、許可する際に必要な要件となります。また、2の上陸許可基準については、原則として適合していることが求められます。3以下の事項については、適当と認める相当の理由があるか否かの判断に当たっての代表的な考慮要素であり、これらの事項にすべて該当する場合であっても、すべての事情を総合的に考慮した結果、変更又は更新を許可しないこともあります。

　なお、社会保険への加入の促進を図るため、平成22（2010）年4月1日から申請時に窓口において保険証の提示を求めています。

　（注）　保険証を提示できないことで在留資格の変更又は在留期間の更新を
　　　　不許可とすることはありません。

　1　行おうとする活動が申請に係る入管法別表に掲げる在留資格に該当すること

　申請人である外国人が行おうとする活動が、入管法別表第1に掲げる在留資格については同表の下欄に掲げる活動、入管法別表第2に掲げる在留資格については同表の下欄に掲げる身分又は地位を有する者としての活動であることが必要となります。

　2　法務省令で定める上陸許可基準等に適合していること

　法務省令で定める上陸許可基準は、外国人が日本に入国する際の上陸審査の基準ですが、入管法別表第1の2の表又は4の表に掲げる在留資格の下欄

に掲げる活動を行おうとする者については、在留資格変更及び在留期間更新に当たっても、原則として上陸許可基準に適合していることが求められます。

　また、在留資格「特定活動」については「出入国管理及び難民認定法第7条第1項第2号の規定に基づき同法別表第1の5の表の下欄に掲げる活動を定める件」（特定活動告示）に該当するとして、在留資格「定住者」については「出入国管理及び難民認定法第7条第1項第2号の規定に基づき同法別表第2の定住者の項の下欄に掲げる地位を定める件」（定住者告示）に該当するとして、上陸を許可され在留している場合は、原則として引き続き同告示に定める要件に該当することを要します。

　ただし、申請人の年齢や扶養を受けていること等の要件については、年齢を重ねたり、扶養を受ける状況が消滅する等、我が国入国後の事情の変更により、適合しなくなることがありますが、このことにより直ちに在留期間更新が不許可となるものではありません。

　3　現に有する在留資格に応じた活動を行っていたこと
　申請人である外国人が、現に有する在留資格に応じた活動を行っていたことが必要です。例えば、失踪した技能実習生や、除籍・退学後も在留を継続していた留学生については、現に有する在留資格に応じた活動を行わないで在留していたことについて正当な理由がある場合を除き、消極的な要素として評価されます。

　4　素行が不良でないこと
　素行については、善良であることが前提となり、良好でない場合には消極的な要素として評価され、具体的には、退去強制事由に準ずるような刑事処分を受けた行為、不法就労をあっせんするなど出入国在留管理行政上看過することのできない行為を行った場合は、素行が不良であると判断されることとなります。

　5　独立の生計を営むに足りる資産又は技能を有すること
　申請人の生活状況として、日常生活において公共の負担となっておらず、かつ、その有する資産又は技能等から見て将来において安定した生活が見込まれること（世帯単位で認められれば足ります。）が求められますが、仮に公共の負担となっている場合であっても、在留を認めるべき人道上の理由が認められる場合には、その理由を十分勘案して判断することとなります。

6　雇用・労働条件が適正であること

我が国で就労している（しようとする）場合には、アルバイトを含めその雇用・労働条件が、労働関係法規に適合していることが必要です。

なお、労働関係法規違反により勧告等が行われたことが判明した場合は、通常、申請人である外国人に責はないため、この点を十分に勘案して判断することとなります。

7　納税義務を履行していること

納税の義務がある場合には、当該納税義務を履行していることが求められ、納税義務を履行していない場合には消極的な要素として評価されます。例えば、納税義務の不履行により刑を受けている場合は、納税義務を履行していないと判断されます。

なお、刑を受けていなくても、高額の未納や長期間の未納などが判明した場合も、悪質なものについては同様に取り扱います。

8　入管法に定める届出等の義務を履行していること

入管法上の在留資格をもって我が国に中長期間在留する外国人の方は、入管法第19条の7から第19条の13まで、第19条の15及び第19条の16に規定する在留カードの記載事項に係る届出、在留カードの有効期間更新申請、紛失等による在留カードの再交付申請、在留カードの返納、所属機関等に関する届出などの義務を履行していることが必要です。

〈中長期在留者の範囲〉

入管法上の在留資格をもって我が国に中長期間在留する外国人で、次の①〜⑤のいずれにも該当しない人

①　「3月」以下の在留期間が決定された人

②　「短期滞在」の在留資格が決定された人

③　「外交」又は「公用」の在留資格が決定された人

④　①〜③の外国人に準じるものとして法務省令で定める人

⑤　特別永住者

Q9 在留資格の変更

在留資格の変更を行うには、どうしたらよいでしょうか。

ここがポイント

① 在留資格変更の実体的要件は、在留資格該当性と、変更を適当と認めるに足りる狭義の相当性である。

② 上陸許可基準との適合性は、狭義の相当性の要件を満たすか否かの判断要素の1つである。

③ 狭義の相当性は規範的要件。外国人の在留中の活動状況、行状、在留の必要性・相当性等を根拠付ける事実が必要である。

④ 在留資格変更許可申請の受付期間は、在留資格の変更事由が確定した時から、在留期間満了日までの間である。

⑤ 住居地を管轄する地方出入国在留管理官署に必要書類を提出する。

1　在留資格変更許可申請

　在留資格の変更（法20条）とは、在留資格（「永住者」を含む）を有する外国人が在留目的を変更して「永住者」を除く別の在留資格に該当する活動を行おうとする場合に、法務大臣に対して在留資格の変更許可申請を行い、従来有していた在留資格を新しい在留資格に変更するために許可を受けるものです。この手続により、日本に在留する外国人が、現に有している在留資格の下では行うことができない他の在留資格に属する活動を行おうとする場合に、日本から出国せずに別の在留資格が得られるよう申請することが可能となります。

　なお、外国人がその有する在留資格に対応する活動以外の就労活動を「専ら」行っていると「明らかに」認められる場合、退去強制事由に該当する（法24条4号イ）ほか、専従資格外活動罪として刑罰規定が適用され得ます（法定刑は3年以下の懲役、禁錮または300万円以下の罰金等。法70条1項4号）。「専ら」行っていると「明らかに」認められなくとも、その外国人が有する在留資格に対応する活動以外の就労活動を行った場合、非専従資格外活動罪

として刑罰規定が適用され得ます（法定刑は1年以下の懲役、禁錮または200万円以下の罰金等。法73条）。また、非専従資格外活動罪により禁錮以上の刑に処せられた場合も退去強制事由に該当します（法24条4号へ）。以上の罰則規定についてはQ17もご参照ください。

　また、現に有する在留資格の在留資格該当性を基礎付ける事実や地位を失った場合も、現に有する在留資格について在留期間の更新許可を受けられないほか、許可されている在留期間中であっても現に有する在留資格に対応する活動を一定期間行わないで在留している場合、正当な理由がない限り、在留資格取消しの対象になるため（法22条の4第1項6号・7号。詳細はQ11参照）、在留資格の変更を検討する必要があります。

2　在留資格変更許可申請の要件

　在留資格変更許可申請は、現に在留資格を有する外国人が行う手続ですので、在留期間更新許可申請と同様に、申請時点における在留資格の保有が形式的要件となります。在留資格変更の実体的要件は、在留期間更新と同様、①（申請に係る在留資格についての）在留資格該当性と、②変更を適当と認めるに足りる狭義の相当性です（法20条3項本文）[1]。ただし、「短期滞在」の在留資格からの変更は、「やむを得ない特別の事情」もなければ許可されません（法20条3項ただし書）（Q45参照）。これらの在留資格変更許可の要件を満たしていることの立証責任は、在留期間更新の場合と同様、基本的には、申請人側にあると解されており、原則として、書面審査により判断されます。実務上、提出された書面のみでは判断資料が十分とはいえない場合、外国人本人または関係者から追加書類提出による説明を求めることや、外国人の活動実態等を実地調査すること等も行われています（法59条の2参照）。

3　在留資格変更手続における上陸許可基準適合性の位置付け

　在留資格変更許可申請は、上陸許可の場面（法7条1項2号）とは異なる

1　東京地判平26・8・28WLJP、東京地判平25・11・27WLJPおよび名古屋地判平17・2・17判タ1209号101頁。

ので、上陸許可基準は直接には適用されず、直接の許可要件とはなりません。しかし、上陸許可基準との適合性は、在留資格変更許可申請に係る審査において、狭義の相当性の要件を満たすか否かの判断要素の1つとして斟酌されます。この点、審査要領および在留資格ガイドライン（Q8参照）のいずれにおいても、原則として上陸許可基準への適合が求められており、審査実務上は、単なる一判断要素という意味を超えて重視されていることがうかがえます。

4　狭義の相当性の判断枠組み

狭義の相当性は規範的要件であり、外国人の在留中の活動状況、行状、在留の必要性・相当性等を根拠付ける事実が、狭義の相当性を基礎付ける具体的事実となります。東京地判平11・11・11（（平10（行ウ）77号）裁判所ウェブサイト）は、在留資格変更許可の要件である「相当の理由が具備されているかどうかについては、外国人に対する出入国の管理及び在留の規制の目的である国内の治安と善良の風俗の維持、保健・衛生の確保、労働市場の安定などの国益の保持の見地に立って、申請者の申請理由の当否のみならず、当該外国人の在留中の一切の行状、国内の政治・経済・社会等の諸事情、国際情勢、外交関係、国際礼譲など諸般の事情を」斟酌して判断されるとし、在留資格変更の許否の判断にあたって、起訴されたとの一事をもって不利益に扱うことが無罪推定の原則に反するとの主張を排斥しています。

なお、特に、「留学」から「技術・人文知識・国際業務」や「経営・管理」等への在留資格変更許可申請の際には、「留学」の在留資格をもって在留していた期間に係る在留状況を審査されます。以下のような事情等があると、狭義の相当性がない（素行不良）、あるいは、在留資格該当性がない（継続的・安定的に申請に係る活動を行うと認められない）として、在留資格変更許可申請が不許可となることがあります（「入管法の実務」142頁）。

- ①　大学や専門学校における成績が著しく不良、欠席率が高い
- ②　資格外活動許可（法19条2項）を得ずに就労
- ③　資格外活動許可の範囲外の風俗業務（規19条5項1号かっこ書）に従事
- ④　資格外活動許可の制限（規19条5項1号、原則週28時間まで）を超えて

就労

5　在留資格変更許可申請を行うべき時期

　在留資格変更許可申請の受付期間は、在留資格の変更事由が確定したときから、在留期間満了日までの間です。もっとも、就労案件については内定通知書等、留学案件については入学許可書等が新たな受入機関から交付されており、雇用契約の始期または入学までの期間がおおむね3カ月以内のときは、申請が受理されます（審査要領）。

　在留資格変更の事由が確定したということは、多くの場合、従前の在留資格該当性が失われたということを意味しますから、特に入管法22条の4第1項6号または7号に基づく在留資格取消制度（一定期間所定の活動を行わないことによる取消し。詳細はQ11参照）の対象となる在留資格である場合には、変更許可の要件を満たすことの立証の準備を整えたうえで、速やかに申請することが肝要となります。どの在留資格についても、在留資格該当性が失われてからの期間が長くなればなるほど、在留状況不良と評価されうるため、次に行う在留資格変更許可申請において、狭義の相当性を否定される可能性が高くなります（「入管法の実務」143頁）。

6　在留資格変更許可申請の手続

　住居地を管轄する地方出入国在留管理官署に必要書類を提出します。
　必要書類は以下のとおりです（法20条2項、規20条4項）。

- ・申請書
- ・旅券および在留カード（中長期在留者の場合）
- ・旅券または在留資格証明書（中長期在留者以外の場合）
- ・資格外活動許可書（資格外活動許可書（規19条4項）の交付を受けている場合）

　その他手続の詳細については、出入国在留管理庁のウェブサイト[2]をご参照ください。

2　〈https://www.moj.go.jp/isa/applications/procedures/16-2〉。

7　在留資格変更許可の効力が生じる時点

　在留資格変更許可を受ける外国人が、引き続き中長期在留者（法19条の3）に該当するときまたは新たに中長期在留者に該当することとなるときは、在留カードが交付され、在留カードが交付された時点で当該在留資格変更許可の効力が生じます（法20条4項1号）。中長期在留者に該当しないときは、旅券に在留資格、在留期間を記載された時点（同項2号）で、旅券を所持していないときは在留資格、在留期間を記載した在留資格証明書（規別記32号様式）が交付された時点またはすでに交付を受けている在留資格証明書への新たな在留資格および在留期間を記載された時点（法20条4項3号）で当該在留資格変更許可の効力が生じます（同条5項）。

Q10 再入国許可制度

日本に在留していますが、一時帰国を予定しています。帰国の際、もう一度在留資格を取得し直さなければならないのでしょうか。再入国許可という制度があると聞きましたが、どのような制度でしょうか。

ここがポイント

① 日本に在留する外国人が、一時的に出国し、再度入国することが予定されている場合、再入国許可を求めたうえで出国すべきである。再入国許可があれば、再度の入国の際、入国・上陸手続が簡略化されるからである。

他方、再入国許可なしで出国した場合や出国後再度の入国前に再入国許可の期限が切れてしまった場合、在留資格・在留期間が消滅するので注意が必要である。

② 再入国がなされれば、従前の在留資格・在留期間が継続しているものとみなされる。

③ 再入国の許否は、諸事情を総合的に勘案したうえで判断される。

④ 通常の再入国の場合、相当な理由がある場合には、再入国の許可延長の許可を求めることができるが、みなし再入国の場合、その有効期間を延長することはできない。

1 再入国の許可

日本に在留する外国人が、日本から出国するものの日本での在留期間が満了する前に、日本に再び入国することを予定している場合、その外国人は、出国前に予め、再入国の許可を求めることができます（法26条1項）。

再入国の許可には、通常の再入国許可（法26条）に加え、平成21（2009）年の入管法改正により導入された、みなし再入国許可（法26条の2）があります。みなし再入国とは、後に説明する通り、一定の要件のもと、再入国許可を受けずとも、再入国の許可を受けたものとみなされる制度です。通常の再入国許可には、1回限り有効なものと有効期間内であれば何回も使用でき

る数次有効なものの2種類があります。

　再入国許可があれば、再度の入国の際、入国・上陸手続が簡略化されます（法6条1項ただし書）。通常の再入国許可の場合、5年を超えない範囲で、許可の期限が定められますので（法26条3項）、その期間内に再入国することになります。この期限は、特別永住者の場合、6年を超えない範囲となります（入管特例法23条1項）。みなし再入国の場合に再入国の許可を受けたとみなされる期間は、出国の日から1年となります（法26条の2第2項）。この期限は、特別永住者の場合、2年となります（入管特例法23条2項）。もっとも、通常の再入国、みなし再入国、いずれの場合でも、在留期間満了日がそれ以前に到来する場合は、当然、在留期間満了日まで、となります（法26条の2第2項）。

　仮に、再入国の許可を受けずに出国してしまった場合や出国後日本への再入国前に、再入国許可の期限が切れてしまった場合には、その外国人が有していた在留資格・在留期間は消滅します。この場合、日本に再び入国するに際して、新たに査証を取得し、上陸申請・上陸審査手続を経て、上陸許可を受けなければならなくなります。これは、「永住者」や特別永住者でも例外ではありません。非常に煩雑ですし、消滅した在留資格と同じ在留資格が認められるとは限りませんので、十分に注意する必要があります。

　なお、再入国許可を受けた外国人が再入国した後は、従前の在留資格・在留期間が継続しているものと擬制されます（「実務六法」108頁）。たとえば、永住許可申請の際、その要件として、一定期間以上、日本での在留が継続している実績が必要となりますので、在留期間が継続する、という再入国許可の効果は、重要なものとなります。

2　通常再入国許可の対象

　通常再入国許可の対象となるのは、在留期間の満了日前に本邦に再び入国する意図をもって出国しようとする場合です。

　まず、そもそも、正規の在留資格がない不法残留者や不法在留者は、当然ながら、再入国許可を求めることはできません。同様に、仮放免中の者も再入国許可を求めることはできません。また、仮上陸の許可（法13条）や上陸

の特例の許可（法14条以下）を受けている者も再上陸許可を求めることはできません（法26条1項本文）。

　また、「短期滞在」の在留資格をもって在留する者や難民認定審査（審査請求を含む）を行っていることを理由として「特定活動」の在留資格をもって在留する者などについては、原則として再入国を許可しないとされています（審査要領）。

　そのうえで、在留期間の満了日以前に日本に再び入国する意思をもって出国する場合が許可申請の対象となります。

　許可の判断基準について、法令上は、明確に規定されていませんが、申請人の在留状況、渡航目的、渡航の必要性、渡航先国とわが国との関係、内外の諸情勢等を総合的に勘案したうえ、再入国の許否を判断する、とされています（最判平10・4・10判時1638号63頁）。単純な内心の意図だけではなく、客観的事情、たとえば、渡航目的、渡航先、残存在留期間等の関係で期間内に再入国することが客観的に不可能な場合には、許可されないことがあり得ると考えられます（児玉晃一ほか編『コンメンタール出入国管理及び難民認定法2012』（現代人文社・2012年）273頁）。

3　数次の再入国許可と再入国の延長

　数次再入国許可は、当該外国人の申請に基づき、法務大臣が「相当と認めるとき」に付与されます（法26条1項後段）。「相当と認めるとき」とは、申請人の在留活動の状況、数次再入国許可の必要性、その他諸般の事情を総合的に考慮して相当と認めるとき、とされています（「逐条解説」593頁〜594頁）。

　また、再入国許可の期間延長について、再入国許可を受けて出国した者が、何かしらの事情でその許可の期間内に再入国することができなくなったことに「相当な理由」がある場合、1年を超えず、なおかつ、許可の期間が6年（特別永住者の場合は7年（入管特例法23条1項））を超えない範囲で、許可の期間延長の許可を求めることができます（法26条5項）。もっとも、みなし再入国により出国した場合は、その有効期間を延長することはできない（法26条の2第3項）ので注意してください。

4　再入国許可の取消し

　再入国の許可を受けている者に対し、再入国の許可を与えておくのが適当でないと認められる場合には、その者が日本国内にいる間に限り、当該許可が取り消されることがあります。「適当でないと認める場合」とは、再入国を許可した外国人の出入国の状況、在留の状況、海外における行動等に照らしその者に引き続き再入国の許可を与えておくことが適当でないと認める場合となります（「逐条解説」598頁）。

　再入国許可の取消しは、「その者が本邦にある間において」のみ可能であり（法26条7項）、その者が出国している場合には、再入国許可を取り消すことはできません。出国中に再入国許可が取り消すことができるとすれば、その者が日本に再入国できなくなり、なおかつその結果、その在留資格・在留期間も消失してしまうこととなり、その者に多大な不利益を負わせることになってしまうからです（同趣旨について、「実務六法」109頁）。

5　みなし再入国許可

　前述の通り、平成21（2009）年入管法改正により新たに導入された制度です。有効な旅券および在留カードを所持する外国人（中長期在留者の場合）[1・2]が、出国後1年以内（特別永住者の場合は2年以内）に再入国する場合は、原則として、再入国許可を受けずとも、再入国の許可を受けたものとみなされます（法26条の2第1項・2項、入管特例法23条2項）。再入国の許可を受けたとみなされる期間より前に在留期間満了日が到来する場合は、在留期間満了日まで、となります（法26条の2第2項）。前述の通り、この期間は、通常の

　1　中長期在留者とは、本邦に在留資格をもって在留する外国人のうち、次に掲げる者以外の者をいいます。中長期在留者には在留カードが交付されます（法19条の3）。
　①　3カ月以下の在留期間が決定された者
　②　短期滞在の在留資格が決定された者
　③　外交または公用の在留資格が決定された者
　④　上記に準ずる者として法務省令で定めるもの（規19条の5参照）
　2　みなし再入国許可の対象は、必ずしも中長期在留者に限られません（たとえば外交または公用の在留資格が決定された者。19条の3第3号・4号、26条の3第1項参照）。

再入国許可とは異なり、延長することができないので注意が必要です（同3項）。

　在留資格取消手続中の者、出国確認の留保対象者、収容令書の発付を受けている者、難民認定申請中の「特定活動」の在留資格をもって在留する者などは、みなし再入国許可の対象にはなりませんので、通常再入国許可を受ける必要があります（法26条の2第1項、規29条の4第1項）。

6　申請に必要な書類等

　通常の再入国許可の申請についての必要書類等は、法務省のウェブサイトで確認できます[3]。

　みなし再入国により出国しようとする場合は、出国時、入国審査官に対して、みなし再入国許可による出国を希望する旨意思表明して出国します。具体的には、再入国出国記録（再入国EDカード）の「一時的な出国であり、再入国する予定である」旨の欄にチェックしたうえで、入国審査官に提示するとともに、みなし再入国許可による出国を希望する旨伝えます（規29条の2）。

3　〈http://www.moj.go.jp/isa/applications/procedures/16-5.html〉

Q11　在留資格の取消し

> どのような場合に在留資格が取り消されることがありますか。

ここがポイント

① 不正手段で在留資格を取得した場合、在留資格が取り消されうる。

② 正規に在留資格を取得していても、当該在留資格に係る活動を行っていない場合には、在留資格が取り消されうる。

③ 中長期在留者が、住居地の届出をしない場合や虚偽の届出をした場合にも、在留資格が取り消されうる。

④ 在留資格が取り消された場合には、原則として退去強制手続に付されることになる。

⑤ 出国猶予期間が付与された場合、その期間内に出国した場合には、退去強制処分を受けたことにはならない。

1　在留資格取消制度（法22条の4）の概要

　法務大臣は、本邦に在留する外国人の在留資格を一定の場合に取り消すことができます（法22条の4）。この在留資格取消制度は、非正規滞在者（Q12参照）対策のために平成16（2004）年の法改正において定められました。たとえば、過去の退去強制の経歴をないものと偽って上陸許可を受けた場合（法22条の4第1項1号、5条9号ロ・ハおよび10号）、法務大臣はその者が「現に有する在留資格[1]」を取り消すことができます[2]。

2　在留資格取消事由

　入管法は、【表11－1】のような取消事由を規定しています（法22条の4第1項1号～10号）。取消事由①、②の「偽りその他不正の手段」とは、偽造文

1　在留中に在留資格の変更許可を受けていた場合、取消しの対象は「変更後の在留資格」となります。

2　法文上「できる」とされていることから、取消事由が存在したとしても、法務大臣の裁量で在留資格が取り消されないこともあり得ます。

【表11-1】　在留資格取消事由

(1)　偽りその他不正な手段等により許可を受けた場合	①　偽りその他不正の手段により、上陸拒否事由（法5条1項各号）に該当しないものとして上陸許可の証印等を受けたこと
	②　①以外の場合で、偽りその他不正の手段により、上陸許可の証印等を受けたこと[3]
	③　①②以外の場合で、不実記載文書等を提示して上陸許可の証印等を受けたこと
	④　偽りその他不正の手段により、在留特別許可を受けたこと[4]
(2)　本来の在留資格に基づく活動を行っておらず、かつ、他の活動を行い、または行おうとしている場合	⑤　法別表第1の上覧の在留資格で在留する者が現に有する在留資格に係る活動をしておらず、かつ、他の活動を行い、または行おうとしていること。ただし、正当な理由がある場合を除く。[5]
(3)　本来の在留資格に基づく活動を継続して一定期間行っていない場合	⑥　法別表第1の上覧の在留資格で在留する者が、現に有する在留資格に係る活動を継続して3カ月（「高度専門職2号」の場合には6カ月）以上行っていないこと。ただし、正当な理由がある場合を除く[6][7]
	⑦　「日本人の配偶者等」（日本人の子および特別養子を除く）または「永住者の配偶者等」（永住者の子として本邦で出生した子を除く）の在留資格をもって在留している外国人が、その配偶者としての活動を継続して6カ月以上行っていないこと。ただし、正当な理由がある場合を除く。[8][9]

3　たとえば、単純労働を行おうとする者が「技術・人文知識・国際業務」に該当する活動をする旨申告した場合など（「実務六法」90頁）。

4　たとえば、退去強制手続において虚偽の文書を提出するなどして、在留特別許可を受けた場合など。

5　たとえば、在留資格に沿った活動に係る再就職先を探すための活動を行っていると認められる場合など（「実務六法」90頁）。

6　たとえば、会社の経営を行っている者（「経営・管理」）の会社が破産してしまい長期間にわたり再建のめどが全く立っていない場合など。

7　たとえば、失職したため現時点では在留資格に係る活動を行っていないが、再就職先を探す等しており、当該在留資格に該当する活動を再開する具体的な見込みがある場合など（「実務六法」90頁）。

8　たとえば、離婚・死別や、いわゆる「偽装結婚」の場合など（「実務六法」91頁）。

9　たとえば、離婚調停中や離婚裁判中の場合など。

(4) 中長期在留者が住居地の届出を行わない場合または虚偽の届出をした場合	⑧　中長期在留者が、上陸許可等を受けた日から90日以内に、出入国在留管理庁長官に、住居地の届出をしない場合。ただし、届出をしないことにつき正当な理由がある場合を除く。
	⑨　中長期在留者が、出入国在留管理庁長官に届け出た住居地から退去した日から90日以内に、出入国在留管理庁長官に新住居地の届出をしないこと。ただし、届出をしないことにつき正当な理由がある場合を除く。
	⑩　中長期在留者が、出入国在留管理庁長官に、虚偽の住居地を届け出たこと。

出典：出入国在留管理庁ウェブサイト〈http://www.moj.go.jp/isa/applications/guide/torikeshi.html〉〈http://www.moj.go.jp/isa/publications/materials/newimmiact_1_info_120703_02.html〉〈http://www.moj.go.jp/isa/publications/materials/newimmiact_1_info_120703_01.html〉を参照して作成

書の提出や虚偽の申立てなどを含む、故意をもって行う不正の作為・不作為の一切をいいます（「実務六法」90頁）。そして、取消事由③については、「偽りその他不正の手段により」との要件がないため、申請者に故意があることを要しない点がポイントになります（「実務六法」90頁）。

次に、取消事由①については、偽造・変造旅券を使って上陸許可を受けた者は、そもそも不法入国者に該当するので（Q12参照）、在留資格の取消しではなく、直接退去強制手続（Q13参照）に付されることになるので注意が必要です（「実務六法」90頁）。

また、取消事由⑤、⑥、⑦、⑧、⑨では、「正当な理由がある場合」には除外されている点に留意する必要があります（どのような場合に「正当な理由がある」とされるかについては、それぞれの脚注参照）。

そして、取消事由⑦について、本号に該当するとして在留資格を取り消そうとする場合には、在留資格を取り消される外国人に対し、在留資格変更申請または永住許可申請の機会を与えるよう配慮しなければならない（法22の5）とされています。

10　たとえば、勤務先が急に倒産し住居を失った場合、DV被害者が加害者に住居を秘匿するために住居地の変更を届け出なかった場合など（「実務六法」91頁）。

3　在留資格取消制度の手続

　当該外国人に在留資格取消事由に該当する疑いがあるとされた場合、入国審査官が当該外国人を呼び出し、「意見聴取」を行います。意見聴取の結果、在留資格を取り消すことになった場合、取消事由によってその後の扱いが変わります（【図11−1】参照）。なお、意見聴取には、弁護士などの代理人（法22条の4第4項）や、あらかじめ許可を受けた利害関係人（親族や雇用主など）（規25条の5）の参加が認められています。事件を受任した弁護士は、意見聴取に先立ち、資料の閲覧を請求し、意見書を作成して事前に入管（出入国在留管理庁、各地方出入国在留管理局等の出入国在留管理官署を総称していう。以下、同じ）に提出するとともに、意見聴取に同席して積極的に意見を述べる必要があります（法22条の4第4項）。

〈図11−1〉　在留資格取消手続の流れ

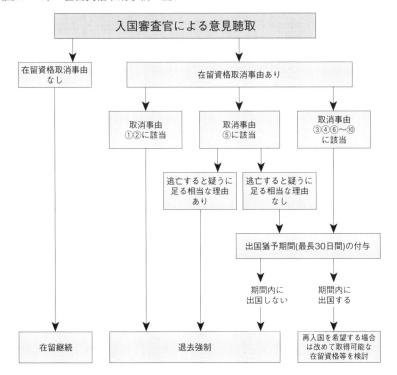

4　在留資格を取り消されるとどうなるか

⑴　退去強制手続に付される場合

まず、【表11−1】の取消事由①と②により在留資格が取り消された場合、当該外国人は、在留資格を取り消された後、直ちに退去強制手続に付されることになります（法24条2号の2）。また、取消事由⑤による場合でも、逃亡すると疑うに足る相当な理由があるとされた場合には、後述の出国猶予期間は付与されず、退去強制手続に付されることになります（法24条2号の3）。さらに、後述の「出国猶予期間」が付与されても、その期間内に出国しない場合には、やはり退去強制手続に付されることになります（法24条2号の4）。

⑵　出国猶予期間内の自主出国を求められる場合

【表11−1】の取消事由③、④、⑥〜⑩、および⑤で逃亡すると疑うに足る相当な理由があるとされない場合には、在留資格が取り消される際に30日以内の出国するために必要な準備期間（「出国猶予期間」）が付与され、この間に自主出国することになります（法22条の4第7項）。この場合は、在留期間内に出国する場合と同様に取り扱われ、退去強制処分を受けたことにはなりません。

⑶　まとめ

このように、在留資格を取り消された場合には、原則として自主的にしろ、強制的にしろ、本邦を出国しなければなりません。したがって、在留資格を取り消されても引き続き本邦に在留したい場合には、不法残留（オーバーステイ）（Q12参照）になることを覚悟して、退去強制手続の中で、在留特別許可の取得をめざさなければなりませんので注意が必要です。

Q12　非正規滞在とは

> 「非正規滞在」とは何ですか。非正規滞在するとどのような不利益が生
> じますか。

ここがポイント

① 　非正規滞在には、不法入国・不法残留・不法在留の３つの態様があ
る。
② 　いずれの場合も、懲役・禁固・罰金といった罰則が科せられる。
③ 　いずれの場合も、退去強制事由に該当し、退去強制させられる。
④ 　不法残留の場合のみ、出国命令制度の対象となる。

1　正規滞在と非正規滞在

　外国人が日本に適法に在留するためには、１個の在留資格とそれに対応す
る１個の在留期間が必要です。これを「一在留一在留資格の原則」といいま
す。この原則に従い、在留資格を有して日本に在留している場合を「正規在
留」といいます。これに対し、さまざまな事情から在留資格を有しないで日
本に在留している場合を「非正規在留」または「非正規滞在」といいます
（「入管法の実務」15頁）。なお、非正規滞在を「不法滞在」などということも
ありますが、「不法」という言葉は、さまざまな事情から在留資格をもたな
い外国人に対する差別や偏見を生みだし、外国人に対する人権侵害を招くお
それがあります。以下に解説するような専門用語の場合は仕方ありません
が、「不法」という言葉を安易に使うことのないよう意識すべきです。

2　非正規滞在の３つの態様

　非正規滞在には次の３つの態様があります。
(1) 「不法入国」
　「不法入国」とは、有効な旅券等を所持しない外国人が入国した場合（法
３条１項１号）および、上陸許可等を受けずに日本に上陸する目的を有する
外国人が入国した場合（法３条１項２号）をいいます（法24条１号）。なお、

入管法は、「入国」（日本の領空・領海に入ること）と「上陸」（日本の領土に足を踏み入れること）の2つの概念を使い分けており、上陸許可等を受けずに上陸した場合を「不法上陸」（同条2号）といいますが、不法入国者が上陸した場合には、その上陸は不法入国行為の中で評価され、不法上陸には該当しないとされてます（「逐条解説」526頁）。

(2)　「不法残留」

「不法残留」とは、在留期間の更新または変更を受けないで在留期間を経過して日本に残留することをいいます（法24条4号ロ）。たとえば、観光などの「短期滞在」の在留資格で日本に在留した外国人が、在留期間が経過した後も帰国せずそのまま日本に在留して就労する場合（いわゆる「オーバーステイ」）がこれにあたります。

(3)　「不法在留」

「不法在留」とは、不法入国者または不法上陸者が、日本に上陸した後も引き続き不法に在留することをいいます（法70条2項）。不法残留が、入国時には正規の在留資格を有していたのに対し、不法在留は、入国時または上陸時に正規の在留資格を有していない点で違いがあります。

3　非正規滞在による不利益

まず、不法入国、不法残留、不法在留とも、入管法上「3年以下の懲役若しくは禁固若しくは300万円以下の罰金」に処せられます（それぞれにつき、法70条1項1号・5号・2項。Q17参照）。

また、それぞれ退去強制事由に該当し、強制的に出身国等に帰国させられてしまいます（法24条1号・4号ロ）。なお、不法入国および不法在留は、入国当初は在留資格を有し正規滞在であった不法残留と比べて、入国当初から旅券や在留資格を有していないなど出入国在留管理秩序を侵害する悪質性が高いとされています。そこで、不法残留した者は退去強制手続における「出国命令制度」の対象となりますが（Q13参照）、不法入国・不法在留した者は「出国命令制度」の対象となりません（法24条の3）。また、「在留特別許可」（Q15参照）の判断にあたって、不法入国した事実は、消極的事情として不利益に斟酌されます。

　さらに、非正規滞在の場合、本邦で就労することはできず、生活費を配偶者の収入や本国からの仕送りなどに頼らざるを得なくなります。また、国民健康保険に加入することもできないため、病気になった場合に高額な医療費を支払わねばならないといった社会生活上の困難に直面することにもなります。

　以上のように、非正規滞在になると、刑罰を受けるとともに、強制的に日本から帰国させられてしまう、就業できず生活上の困難が生じるなど、大きな不利益を被ることになりますので、注意が必要です。

　非正規滞在している外国人から相談を受けた場合の対応については、Q13、Q14、Q15を参照してください。

Q13　退去強制手続の概要

「退去強制」とはどのような手続ですか。どのような場合に退去強制させられるのですか。

ここがポイント

①　退去強制手続に付されると原則として収容施設に収容されることになる。

②　退去強制手続は、「違反審査」・「口頭審理」・「異議の申出」の三審制がとられている。

③　退去強制された場合、その理由により、5年間、10年間、または無期限に日本への上陸を拒否されることになる。

④　一定の要件を満たす場合には、出国命令の対象となり、上陸拒否期間が1年に短縮される。

⑤　どうしても日本に残りたい場合には、口頭審理および異議の申出を経て、在留特別許可を取得する必要がある。

⑥　被退去強制者から事件を受任した弁護士は、入管に対して「通知希望申出書」を提出することを忘れずに。

1　「退去強制」とは

「退去強制」とは、「国家が好ましくないと認める外国人を行政手続によりその領域外に強制的に退去せしめること」です（「実務六法」96頁）。入管法24条は退去強制事由を列挙しており、これらに該当する外国人は原則として日本から強制退去させられます。

2　退去強制対象者

退去強制の対象者は、【表13−1】のとおり多岐にわたります（法24条1号〜10号）。

【表13－1】　**退去強制事由対象者**（（　）内は法24条の該当号数）

不法入国者（1号）
不法上陸者（2号）
在留資格を取り消された者（2号の2、2号の3）
不法残留者（2号の4、4号ロ、6号、6号の3、6号の4、7号、8号）
偽変造文書を作成・提供した者（3号）
外国人テロリスト等（3号の2、3号の3）
不法就労助長者（3号の4）
在留カード等を偽変造等した者（3号の5）
資格外活動者（4号イ）
人身取引の加害者（4号ハ）
刑罰法令違反者（4号ニ・ホ・ヘ・ト・チ・リ、4号の2、4号の4）
売春関係業務従事者（4号ヌ）
不法入国・不法上陸・不正上陸等幇助者（4号ル）
暴力主義的破壊活動者（4号オ・ワ・カ）
利益公安条項該当者（4号ヨ）
国際競技会等に関連して暴行等を行った者（4号の3）
仮上陸条件違反者（5号）
退去命令違反者（5号の2）
出航前帰船条件に違反して逃亡した者（6号の2）
出国命令を取り消された者（9号）
難民認定を取り消された者（10号）

出典：「実務六法」96頁～102頁

　なお、退去強制は行政処分であり刑罰ではないことから、退去強制事由該当性の判断にあたっては、退去強制事由についての故意・過失は要件とされていないことに注意が必要です（「実務六法」96頁）。

3　退去強制手続

　退去強制は行政処分であり、大きく、①入国警備官による違反調査、②収容令書に基づく収容、③入国審査官による違反審査、④特別審理官による口頭審理、⑤異議申立てに対する法務大臣による裁決、⑥送還、の6つのステップからなります。また、退去強制事由該当性の判断については、入国審査官の違反審査、特別審理官の口頭審理、異議の申出に対する法務大臣の裁

〈図13－1〉　退去強制手続の流れ

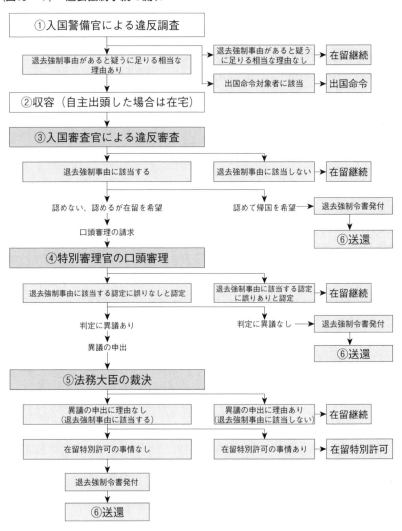

決、といういわば「三審制」が取られています。

　以下、それぞれの手続について、概説します。

⑴　入国警備官による違反調査（法27条～38条）

　違反調査とは、入国警備官（法61条の3の2）が行う外国人の入国、上陸
または在留に関する違反事件の調査のことです（法2条14号）。入国警備官

は、退去強制事由に該当すると疑われる外国人を取り調べ、証拠を捜索押収する等の調査活動を行います。この違反調査のインタビューの際に、弁護士や行政書士が立ち会うことは認められていません。違反調査の結果、当該外国人に退去強制事由があると疑うに足りる相当な理由があると判断された場合、当該外国人は収容令書により収容されることになります（法39条1項）。

(2)　収容令書による収容（法39条〜44条）

収容令書による収容は30日以内（やむを得ない事由があると認められる場合は最大60日以内）と定められており（法41条1項）、入管当局はこの期間内に退去強制令書の発付をするか否かを決めなければなりません（ただし、仮放免（Q14参照）を受けた場合には、仮放免された期間は収容期間としては計算されません）。一方、被収容者である外国人側も、最短で30日以内に、身柄解放のための仮放免申請や在留特別許可取得（Q15参照）のための立証活動を行わねばならないことになり、スケジュール的にはとてもタイトになるので注意が必要です（「入管法の実務」646頁）。

なお、不法残留をした外国人が自ら入管に出頭して当該事実を入管当局に告知するといった個別事情により、「在宅事件」として扱われ、収容されることなく退去強制手続が行われることもあります。収容の詳細についてはQ14を参照してください。

(3)　入国審査官による違反審査（法45条〜47条）

入国警備官から外国人の引渡し（法44条）を受けた入国審査官（法61条の3）は、当該外国人に退去強制事由があるか否かを審査します。

当該外国人に対する取調べ（インタビュー）等の結果、入国審査官が当該外国人は退去強制対象者であると認定し、当該外国人もそれを認めて帰国を希望する場合には、退去強制令書が主任審査官（法2条11号）によって発付され、当該外国人は退去強制に付されます（法47条5項）。

一方、当該外国人が、退去強制事由があることを認めたうえで、日本に在

1　入国警備官は、出入国在留管理庁による試験を経て採用される、不法入国者の調査・摘発等を行う「公安職」の国家公務員です。一方、後述の入国審査官は国家公務員採用一般職試験の最終合格者の中から出入国在留管理庁職員として採用され、出入国管理や在留審査等を行う「行政職」の国家公務員です。

留することを希望する場合（具体的には、在留特別許可を求める場合）には、次の口頭審理、そして法務大臣に対する異議の申出を経る必要があります。なお、入国審査官は、当該外国人が退去強制対象になっていることを通知する際、当該外国人に対し、口頭審理を請求することができる旨を通知しなければなりませんが（法47条4項）、手続上、口頭審理を経なければ法務大臣による在留特別許可付与の判断がなされません。日本に在留することを希望している場合には、決して口頭審理を放棄してはいけません。依頼者には、その旨を注意するようにしてください。

(4)　特別審理官による口頭審理（法48条）

外国人が、入国審査官による違反審査の認定を争い、または認定結果は争わないが在留特別許可を求める場合には、違反審査の認定通知を受けた日から3日以内に口頭で、特別審理官（法2条12号[2]）に対し、口頭審理を請求することができます（法48条1項）。

口頭審理では、違反調査や違反審査と異なり、弁護士は外国人の代理人として審理に出頭し、証拠提出や本人質問等を行うことができます（法48条5項、10条3項）。事件を受任した弁護士は口頭審理に立ち会い、当該外国人にとって有利な情状事実を積極的に本人質問するなどして記録（調書）に残すようにしてください。

(5)　異議の申出に対する法務大臣による裁決（法49条〜50条）

外国人が、退去強制事由に該当する旨の口頭審理の判定を争い、または判定結果は争わないが在留特別許可を求める場合には、当該外国人は判定通知を受けた日から3日以内に不服事由を記載した書面を主任審査官に提出して法務大臣に対し異議の申出をすることができます（法49条1項）。主任審査官は法務大臣に対して、違反調査、違反審査、口頭審理で作成された事件の記録等を提出し（同条2項）、法務大臣は異議申立てに理由があるかを裁決します（同条3項）。

法務大臣が、当該外国人が退去強制事由に該当し、かつ在留特別許可も認

2　一定の職務級以上の入国審査官の中から出入国在留管理庁長官が指定した、口頭審理を行うための入国審査官です。

めないと判断した場合、「異議の申出に理由がない」との裁決が出され、主任審査官が退去強制令書を発付することになります（法49条6項）。その場合、当該外国人は「被退去強制者」として、日本から退去強制させられることになります。これに対する不服申立て手段は、「再審情願」と「行政訴訟（取消訴訟）」になります（Q15参照）。

　一方、退去強制事由に該当しても、在留特別許可を付与すると判断された場合、当該外国人は、たとえば「日本人の配偶者等」、「定住者」といった在留資格を付与され、正規在留者として引き続き日本に在留できることになります（法50条1項。Q15参照）。

(6)　送還（法51条〜53条）

(A)　手　続

　退去強制令書が発付されると、入国警備官は被退去強制者を速やかに送還しなければなりません（法52条3項）。しかし、被退去強制者を直ちに送還できない場合には、送還可能な時まで収容することができるとされています（退去強制令書による収容。同条5項）。この場合、収容令書による収容と異なり、収容できる期間の制限が定められていないことから、被退去強制者を無期限に収容できることになりますが、この点については、司法審査を経ないで長期間にわたる身柄拘束が可能となるとして、強い批判がされているところです（Q14参照）。このような退去強制令書による収容から身柄を解放される手段としては、行政手続である「仮放免申請」（Q14参照）と司法手続である「退去強制令書発布処分の取消訴訟」およびそれに伴う「執行停止申立て」があります（Q15参照）。

(B)　送還先

　送還先は、原則として国籍国または市民権の属する国とされていますが（法53条1項）、それらの国に送還できない場合は、本人の希望により、日本に入国する直前に居住していた国などに送還されることになります（同条2

3　たとえば、日本政府の第2回政府報告書に対する拷問等禁止条約委員会の2013年総括意見（https://www.mofa.go.jp/mofaj/files/000020880.pdf）、2020年8月28日付国連人権理事会恣意的拘禁作業部会による見解（https://www.ohchr.org/Documents/Issues/Detention/Opinions/Session88/A_HRC_WGAD_2020_58_Advance_Edited_Version.pdf）など。

項）。もっとも、それらの送還先には、難民条約33条1項等に規定された「ノン・ルフールマンの原則[4]」により送還が禁止された国（送還された場合に当該外国人が政治的意見等を理由に迫害を受けるおそれのある国等）は含まれません（法53条3項）。

(C) 送還方法

送還方法としては、自費出国、運送業者の負担による送還、国費送還があります。これらのうち、自費出国が可能な被退去強制者については極力自費出国を促し、帰国費用の工面ができない者等に対しては国費送還が行われています。もっとも、時に入管当局がチャーター便を利用して、被退去強制者を退去強制令書発布後直ちに国費で送還してしまう場合もあり（これを「集団送還」といいます）、退去強制令書発付処分取消訴訟などの行政訴訟を提起することを考えている場合には注意が必要です。なお、退去強制令書発付後直ちにチャーター便で送還してしまうことは、被退去強制者の退去強制令書発付処分取消訴訟といった裁判を受ける権利を侵害するものとして、強く批判されています。

(D) 退去強制の効果

退去強制された者が、過去において退去強制処分や出国命令を受けて出国したことがない場合には、5年間、本邦への上陸を拒否されます（法5条1項9号ロ）。また、過去において退去強制処分や出国命令を受けて出国したことがある場合には、10年間、本邦への上陸を拒否されます（同号ハ）。なお、暴力主義的破壊活動者（法24条4号オ・ワ・カ）や利益公安条項該当者（法24条4号ヨ）が退去強制処分を受けた場合には、無期限の上陸拒否となります（法5条1項10号）。

4　外国人を迫害や拷問等が予想される国や地域に追放したり強制送還したりすることを禁止する国際法上の原則。たとえば、難民条約33条1項は、「締約国は、難民を、いかなる方法によっても、人種、宗教、国籍若しくは特定の社会的集団の構成員であること又は政治的意見のためにその生命又は自由が脅威にさらされるおそれのある領域の国境へ追放又は送還してはならない」と規定し、拷問等禁止条約3条1項は「締約国は、いずれの者をも、その者に対する拷問が行われるおそれがあると信ずるに足りる実質的な根拠がある他の国へ追放し、送還し又は引き渡してはならない」と規定しています。

4　出国命令制度

⑴　趣　旨

　出国命令制度は、不法残留者の自主出頭を促し、速やかに送還することにより、不法残留者の大幅な削減を図ろうとするための制度です。すなわち、一定の要件を満たす不法残留者について、全件収容主義（Q14参照）の例外として、身柄を収容しないまま簡易な手続により審査を行い（法55条の2第1項）、出国させ（法24条の3）、後述の通り、上陸拒否期間を5年から1年に短縮する（法5条1項9号ニ）などのメリットを与えるものです。

⑵　出国命令対象者

　出国命令対象者は、不法残留者であり、不法入国者や不法在留者は含まれません（Q12参照）。そして、以下のすべての要件を満たしていることが必要です（法24条の3第1号～5号）。

①　出国の意思をもって自ら入国管理官署に出頭したものであること

②　不法残留以外の退去強制事由に該当しないこと

③　窃盗罪等の一定の罪により懲役または禁錮に処せられたものでないこと

④　過去に退去強制処分や出国命令を受けて出国したことがないこと

⑤　速やかに本邦から出国することが確実と見込まれること

⑶　出国命令とその効果

　入国警備官は、外国人が出国命令対象者に該当すると認めるに足りる相当の理由があるときは、当該外国人を収容することなく、入国審査官に引き継がねばなりません（法55条の2第1項）。入国審査官は、当該外国人が出国命令対象者に該当するかどうかを速やかに審査しなければならず（同条2項）、審査の結果、当該外国人が出国命令対象者に該当すると認定したときは、速やかに主任審査官にその旨を通知しなければなりません（同条3項）。

　主任審査官は、速やかに15日を超えない範囲内で出国期限を定め、外国人に出国命令書を交付して、本邦からの出国を命じなければなりません（法55条の3）。出国命令により日本から出国した者は、原則として出国した日から1年間は日本に入国できませんが（法5条1項9号ニ）、退去強制令書によ

り退去させられた場合には、原則として、退去した日から5年間または10年間日本に入国できない（同号ロハ）ことに比べ、入国拒否期間が短縮されています。

　なお、出国命令に係る出国期限を経過して本邦に残留する者は退去強制の対象となる（法24条8号）ほか、罰則の対象にもなります（法70条1項8の2号）ので注意してください。

5　通知希望申出書

　2010年9月9日に日本弁護士連合会と法務省入国管理局（当時）との間で成立した合意により、弁護士が被退去強制者の身元保証人となり、または、出頭義務の履行に対する協力を表明した場合で、弁護士が入国管理局の処分、民事事件、家事事件、労災申請事件等に関して被退去強制者の代理人となっている場合には、当該弁護士が「通知希望申出書」を入管当局に提出することによって、被退去強制者の送還予定時期について、そのおおむね2カ月前に通知されることになっています。

　ただし、「通知希望申出書」を提出後、申出書の関係欄記載の手続を6カ月実行しなかった場合には、申出の効力が失効し、送還予定時期の通知がなされなくなるため、送還時期の通知を希望する場合には、再度通知希望申出書を提出する必要があります。[5] 退去送還予定時期がわかることで、依頼者も帰国するのか、訴訟などで退去強制処分を争うのか等を事前に落ち着いて検討できることになりますので、退去強制令書発付を受けた依頼者から事件を受任した弁護士は、必ず「通知希望申出書」を入管当局に提出するようにしてください。

　5　この通知制度の詳細については、日本弁護士連合会会員専用ウェブサイト内の「書式・マニュアル」の「外国人事件関係」に記載されていますので、弁護士の方は一度目を通してください。

[書式13－1]　通知希望申出書（ひな形）

通知希望申出書

法務省

長　殿

　私は、平成22年９月９日付け、入国管理行政に関する日本弁護士連合会と
法務省（入国管理局）の合意に基づき、下記被退去強制者の送還予定時期に
ついての通知を希望します。なお、送還予定時期の通知を受けたときは、被
退去強制者の逃亡等に悪用されないよう配慮します。

記

被退去強制者身分事項

国　　籍　＿＿＿＿＿＿＿＿＿＿＿＿＿＿＿＿＿＿＿＿＿＿＿＿＿＿＿＿

氏　　名　＿＿＿＿＿＿＿＿＿＿＿＿＿＿＿＿＿＿＿＿＿＿（男・女）

生年月日　＿＿＿＿＿＿＿＿＿＿＿＿＿＿＿＿＿＿＿＿＿＿＿＿＿＿＿＿

関　　係　＿＿＿＿＿＿＿＿＿＿＿＿＿＿＿＿＿＿＿＿＿＿＿＿＿＿＿＿

（注）　「関係」欄には、何の手続に関する代理人か又は代理人になろうとする
　　のか具体的に記入願います。

　　　なお、委任契約書写しを添付する場合は「添付のとおり」と記載願いま
　　す。

平成　　　年　　　月　　　日

事　務　所　名　＿＿＿＿＿＿＿＿＿＿＿＿＿＿＿＿＿＿＿＿＿＿＿＿

事務所所在地　＿＿＿＿＿＿＿＿＿＿＿＿＿＿＿＿＿＿＿＿＿＿＿＿

弁　護　士　氏　名　＿＿＿＿＿＿＿＿＿＿＿＿＿＿＿＿＿＿＿＿　印

連絡先電話番号　＿＿＿＿＿＿＿＿＿＿＿＿＿＿＿＿＿＿＿＿＿＿＿

※　申出書提出後６か月以内に、上記関係欄に記載した手続を実行しな
　かった場合、本申出書は失効します。

※　上記関係欄に記載した手続（民事事件、家事事件、労災申請事件その
　他当局において把握することが困難な事件に係る手続に限る。）の開始及
　び終結並びに当該手続の進捗状況については、電話、書面の郵送その他
　適宜の方法により通知願います。最終的に被退去強制者との間で委任契
　約の締結（受任）に至らなかった場合、又は一度受任したものの受任事
　件終結前に委任契約を解消した場合も、同様に通知願います。

出典：日本弁護士連合会会員用ウェブサイト

Q14　収容に対する仮放免制度

> 　知り合いの外国人が入管の収容施設に収容されてしまいました。収容から解放されるためにはどうすればよいでしょうか。

ここがポイント

① 　退去強制手続にかかる外国人はすべて収容施設に収容されるのが原則である（全件収容主義）。
② 　収容には収容令書による収容（最大60日）と退去強制令書による収容（無期限）がある。
③ 　収容から身柄解放される制度として仮放免制度がある。
④ 　司法審査を経ない無期限の長期収容に対しては、国際人権法違反との強い批判がある。

1　2つの収容

　退去強制手続においては2つの収容が規定されています。すなわち、収容令書による収容と、退去強制令書による収容です。

(1)　収容令書による収容

　入国警備官による違反調査で、退去強制事由に該当すると疑うに足りる相当の理由があると認定された場合、当該外国人は原則として、主任審査官の発付する収容令書により各地方出入国在留管理局の収容場や入国者収容所等[1]に収容されます（法39条1項、41条2項）。収容の目的は、退去強制の執行を確保することにあり、明文規定はないものの収容や審査についての法の建付けから、退去強制手続にかかる外国人はすべて収容されるとの建前がとられています[2]（全件収容主義）。

　しかし、この全件収容主義に対しては、司法審査を経ない身体拘束を行政機関の判断だけで容易に認めているとして、国内外の人権擁護団体等から強

1　令和3（2021）年現在、入国者収容所は茨城県牛久市の「東日本入国管理センター」と長崎県大村市の「大村入国管理センター」の2カ所にあります。
2　「実務六法」117頁など。

い批判がなされています[3]。なお、実務上、たとえば、日本人配偶者がいる不法残留者が入管に自主出頭したなどの個別事情により、「在宅事件」として当該外国人を収容することなしに、退去強制手続が進行していくケースもあります。

　収容令書による収容期間は、原則30日で最大60日です（法41条1項）。入管は、この最大60日間以内に、退去強制令書を発付するのか、在留特別許可を付与するのか、後述の仮放免許可を与えて在宅事件として処理するのかを決めることになります。

(2)　退去強制令書による収容

　退去強制手続の結果、退去強制令書が発付されると、入管当局は被退去強制者を送還可能な時まで入管の収容施設等に収容することができます（法52条5項）。この収容の目的も退去強制の執行確保ですが、法律上、逃亡のおそれなどの要件は定められておらず、また無期限の収容も認められています。このため、入国者収容所等には1年以上の長期間にわたり収容されている外国人が多数存在し、いつ収容から解放されるのかがみえない不安や不自由な収容所生活のため、被収容者が体調を崩し、精神を病み、自傷を図るといった痛ましい事件が後を絶ちません。長期収容問題は、被収容者の人権を侵害するものとして国内外から強く批判されています[4]。また、このような長期間にわたる身柄拘束が司法審査を経ることなく行政のみの判断で認められていることについても、強い批判がなされています。

2　仮放免制度

(1)　概　説

　入国者収容所等に収容された外国人の収容を解く方法として、法律上、仮放免制度が規定されています（法54条）。仮放免とは、収容令書・退去強制

3　たとえば、日本政府の第2回政府報告書に対する拷問等禁止条約委員会の2013年総括意見〈https://www.mofa.go.jp/mofaj/files/000020880.pdf〉、2020年8月28日付国連人権理事会恣意的拘禁作業部会による見解〈https://www.ohchr.org/Documents/Issues/Detention/Opinions/Session88/A_HRC_WGAD_2020_58_Advance_Edited_Version.pdf〉など。

4　前掲脚注3参照。

令書により収容施設等に収容されている外国人について病気その他やむを得ない事情がある場合に、本人やその代理人、配偶者、親族等の請求や職権により、一時的に収容を停止する措置をいいます。[5]　なお、収容令書の発付を受けている外国人に対する仮放免を「収令仮放免」、退去強制令書の発付を受けている外国人に対する仮放免を「退令仮放免」といいます。

(2)　仮放免の許否基準

　仮放免が認められるかどうかは、「個別の事案ごとに諸般の事情を総合的に勘案して判断される」とされていますが、出入国在留管理庁のウェブサイトによると、入管法54条 2 項および仮放免取扱要領[6]において【表14 - 1】のような考慮事項があげられています。

【表14 - 1】　仮放免における考慮事項

- ・被収容者の容疑事実又は退去強制事由
- ・仮放免請求の理由及びその証拠
- ・被収容者の性格、年齢、資産、素行及び健康状態
- ・被収容者の家族状況
- ・被収容者の収容期間及び収容中の行状
- ・出入国在留管理関係の処分等に関する行政訴訟が係属しているときは、その状況
- ・難民認定申請中のときは、その状況
- ・出身国・地域の政府又は大使館・領事館等との間の送還手続に係る調整の状況
- ・有効な旅券を所持していないときは、その正当な理由の有無
- ・身元保証人となるべき者の年齢、職業、収入、資産、素行、被収容者との関係及び引受け熱意
- ・逃亡し、又は仮放免に付す条件に違反するおそれの有無
- ・日本国の利益又は公安に及ぼす影響
- ・人身取引等の被害の有無
- ・その他特別の事情

　出典：出入国在留管理庁ウェブサイト〈https://www.moj.go.jp/isa/applications/guide/tetuduki_taikyo_khm_kouryo.html〉

5　「入管法大全 I 」514頁。
6　仮放免について定めた入管当局の内部規定です。

　一方、【表14-2】の者は仮放免を許可することが適当とは認められない者として、収容に耐え難い傷病者でない限り、原則、送還が可能となるまで収容を継続し送還に努めるとされています。特に、①から④に該当する者については、重度の傷病等、よほどの事情がない限り収容を継続するとされています。

【表14-2】　仮放免が適当と認められない者

①　殺人、強盗、人身取引加害、わいせつ、薬物事犯等、社会に不安を与えるような反社会的で重大な罪により罰せられた者
②　犯罪の常習性が認められる者や再犯のおそれが払拭できない者
③　社会生活適応困難者
④　出入国管理行政の根幹を揺るがす偽装滞在・不法入国等の関与者で悪質と認められる者
⑤　仮放免中の条件違反により、同許可を取り消し再収容された者
⑥　難民認定制度の悪質な濫用事案として在留が認められなかった者
⑦　退去強制令書の発付を受けているにもかかわらず、明らかに難民とは認められない理由で難民認定申請を繰り返す者
⑧　仮放免の条件違反のおそれ又は仮放免事由の消滅により、仮放免許可期間が延長不許可となり再収容された者

　出典：出入国在留管理庁ウェブサイト〈https://www.moj.go.jp/isa/applications/guide/tetu
　　　duki_taikyo_khm_kouryo.html〉

　なお、仮放免が認められなかった場合、認められない理由は開示されないのが現状ですが、判断の透明性確保のためにも判断理由の開示が望まれます。

3　仮放免の手続

(1)　請求権者

「収容されている本人又はその代理人、保佐人、配偶者、直系の親族若しくは兄弟姉妹」とされています（法54条1項）。

(2)　請求先

　入国者収容所長（たとえば、東日本入国管理センター長）または収容場を所管する地方出入国在留管理局の主任審査官（たとえば、東京出入国在留管理局

主任審査官）に請求することになります（法54条1項）。

(3)　請求手続

　仮放免許可申請書のほか、申請理由書、身元保証書、誓約書、納税証明書、仮放免後の予定住居、関係者の連絡先等の提出が求められます。また、多くの場合、10万円から数十万円程度[7]の保証金の納付を求められます（法54条2項）。

　なお、法務省と日本弁護士連合会の合意に基づき、弁護士が仮放免の身元保証人となる場合には、仮放免の許否にあたって積極的事由として適正に評価すること、保証金の決定にあたってもこれを評価することになっています。また、弁護士が入国者収容所長等に対して被仮放免者の「出頭協力申出書」（［書式14-1］）を提出した場合もこれに準じた配慮がなされることになっています[8]。

4　仮放免が許可された場合の制限

　仮放免が許可されたとしても、以下のような条件が付されるのが通常です。これらの条件に違反した場合には、仮放免が取り消される場合もあるので注意が必要です（法55条1項）。

(1)　仮放免の期間

　収令仮放免の場合は、退去強制手続の結果が確定するまで、退令仮放免の場合は、原則として1カ月以内（病気治療などの事情がある場合には3カ月以内）とされています（仮放免取扱要領）。しかし、仮放免期間は延長することができ（仮放免取扱要領）、退令仮放免の場合、1カ月または3カ月ごとの入管による呼出し・出頭の際に仮放免延長許可申請をするのが通常です。

(2)　住居・行動範囲の制限

　被仮放免者は、仮放免許可申請の際に申告した住居に住むことが指定され

7　あくまで目安であり個別の事案によってはこの範囲を超える可能性もあります。法文上は「300万円を超えない範囲内で法務省令で定める額」と規定されています（法54条2項、規49条5項）。

8　この制度の詳細については、日本弁護士連合会会員専用ウェブサイト内の「書式・マニュアル」の「外国人事件関係」に記載されていますので、弁護士の方は一度目を通してください。

るとともに（指定住所）、その行動範囲が、当該住居の属する都道府県と入管に出頭する際の経路に制限されます。また、転居などで指定住所を変更するときは、あらかじめ入管当局の許可を受ける必要があります。

⑶　出頭義務

　入管から出頭を命じられたときは、指定された日時・場所に出頭しなければなりません（仮放免取扱要領）。

5　仮放免が不許可になった場合の不服申立て

　仮放免不許可処分に対しては、入管法上の不服申立制度はなく、行政訴訟（仮放免許可申請不許可処分に対する取消訴訟）で争うしかありません。もっとも、仮放免申請の回数制限はなく、実務上、一度不許可処分となっても、その後の複数回の申請により仮放免が許可されるケースも少なくありません。被収容者の身上や健康状態の変化などに応じ、粘り強く申請し続けることが大切です。

［書式14－1］　協力申出書（ひな形）

年　月　日

協　力　申　出　書

法務省
（例：○○入国管理局　主任審査官）殿

下記の者の出頭等に協力することを申し出ます。

1　氏名・性別　　　⋯⋯⋯⋯⋯⋯⋯⋯⋯⋯⋯⋯⋯⋯⋯⋯⋯⋯⋯

2　生 年 月 日　　　⋯⋯⋯⋯⋯⋯⋯⋯⋯⋯⋯⋯⋯⋯⋯⋯⋯⋯⋯

3　国　　　籍　　　⋯⋯⋯⋯⋯⋯⋯⋯⋯⋯⋯⋯⋯⋯⋯⋯⋯⋯⋯

連絡先住所　　　⋯⋯⋯⋯⋯⋯⋯⋯⋯⋯⋯⋯⋯⋯⋯⋯⋯⋯⋯

氏　　　名　　　_____

出典：日本弁護士連合会会員用ウェブサイト

Q15　在留特別許可・再審情願

在留資格のない外国人が日本に留まる方法はありますか。

―― ここがポイント ――

① 　在留資格がない外国人は退去強制手続において在留特別許可（いわゆ
る「在特」）の取得をめざす必要がある。

② 　「在留特別許可」取得のためには「在留特別許可に係るガイドライ
ン」に従って、有利な事情を主張立証することが重要である。

③ 　在留特別許可が得られなかった場合には、再審情願または行政訴訟に
よるしかないが、その間常に収容や退去強制させられる可能性があり、
また国民健康保険に加入できないなど社会生活上大きな不利益があるこ
とに留意すべきである。

1　在留資格がない場合とは

　在留資格がない場合には、密入国のように元々在留資格がなかった場合
と、オーバーステイのように元々在留資格はあったものの、その期限が切れ
てしまった場合や（Q12参照）、在留資格が取り消されてしまった場合（Q11
参照）などがあります。いずれの場合でも、在留資格がなければ退去強制手
続（Q13参照）に付されることになりますので、ここでは退去強制手続に付
された場合を想定していきます。

2　在留特別許可

(1)　「在留特別許可」とは

　在留特別許可は、退去強制事由に該当する外国人に対し、特別に在留する
ことを許可し、非正規滞在を正規滞在化する制度です（法50条1項）。退去強
制手続の最終段階である、異議の申出に対する裁決において、当該外国人に
日本に在留すべき特別の事情がある場合に、法務大臣はその裁量で在留を特
別に許可することができます。なお、在留特別許可は実務では「在特（ザイ
トク）」と略称されることがあります。

(2)　在留特別許可が認められる場合

　どのような場合に在留特別許可が認められるのかについては、法はたとえば、「永住許可を受けているとき」など規定しています（法50条1項1号～4号）。しかし、多くの場合、在留特別許可は「その他法務大臣が特別に在留を許可すべき事情があると認める時」（同項4号）に基づき付与されています。そして、どのような場合に「在留を許可すべき事情がある」といえるかについては、法務省入国管理局が「在留特別許可に係るガイドライン」（以下、「在特ガイドライン」といいます。本Q末尾掲載）をウェブサイトで公表しています[1]。

(3)　在特ガイドラインの考慮要素

　在特ガイドラインでは、在留特別許可の判断にあたって、「特に考慮する積極要素」（日本人の配偶者であること等）、「その他の積極要素」（自主出頭したこと等）、「特に考慮する消極要素」（重大犯罪で処罰された経歴等）、「その他の消極要素」（過去に退去強制を受けた経歴等）の4つの事情を総合的に勘案することが規定されています。したがって、事件を受任した弁護士は在特ガイドラインに該当する事実を依頼者から聞き出したうえで、在留特別許可が付与される可能性があるかを判断し、付与される可能性があると判断した場合には、当該事情を立証する資料・証拠を収集して、異議の申出に対する法務大臣の裁決が出される前に入管当局に提出し、在留特別許可の付与を積極的に働きかける必要があります。具体的にどのようなケースで在留特別許可が付与されるかについても、法務省のウェブサイトに事例が掲載されていますのでぜひ参照してください[2]。

3　再審情願

(1)　再審情願とは

退去強制手続において、異議の申出に理由がなく、在留特別許可も付与し

1　出入国在留管理庁ウェブサイト〈https://www.moj.go.jp/isa/publications/materials/nyukan_nyukan85.html〉。

2　出入国在留管理庁ウェブサイト〈https://www.moj.go.jp/isa/publications/materials/nyuukokukukanri01_00008.html〉。

ないとの法務大臣の裁決が出された場合、退去強制令書が発付され、当該外国人は日本から退去強制させられることになります。しかし、入管当局自身が自らの裁決を見直し、職権で取消しまたは撤回をするとともに在留特別許可を付与することを求めることは実務上可能です。これを「再審情願」といいます。

⑵　再審情願の法的根拠

　再審情願についての入管法上の規定はなく、あくまでも入管当局に職権発動を促す「請願」に過ぎません（この点につき、「入管法の実務」749頁は、再審情願の法的根拠を日本国憲法16条および請願法にあるとしています）。そのため入管当局には再審情願に応答する義務はないとされています。もっとも、実務上、多くの場合入管当局は、再審を行うかどうかなどの判断を行った場合には、申立人本人に対してその通知を行っています。

⑶　再審情願が認められる場合

　これまでは、たとえば、日本人の配偶者と婚姻した、重病にかかり緊急に手術が必要である、といった退去強制令書発付後の事情の変更がある場合に再審が認められていました。この場合、上記のような事情を裏付ける資料（たとえば、婚姻届受理証明書や診断書）に退去強制令書発付前の申立人に有利な事情を裏付ける資料等を添えて、再審申立書を管轄の地方出入国在留管理局に提出します。しかし、2020年現在、再審情願が認められるケースは極めて珍しくなっているのが実情です。

　なお、再審情願を申し立てていても、退去強制令書の執行は停止されないため、当該外国人が収容され、本国に送還されてしまう可能性がある点に留意する必要があります。また、再審情願の申立てをしている間、当該外国人はオーバーステイ状態でいるため、収容されているか、仮放免を受けて身柄を解放されていても、就労することができず、また健康保険に加入することもできない等、社会生活をしていくうえで非常に困難な状況を伴います。再審情願を事件受任する場合には、依頼者に対し、再審開始の見込みや再審の結果が出るまでの社会生活上の不利益等について丁寧に説明しておくことが大切です。

4　行政訴訟

　異議の申出に理由がない旨の裁決および退去強制令書の発付に対しては、裁判所に対し、退去強制令書発付処分に対する取消訴訟などの行政訴訟を提起することができます。取消訴訟の出訴期間は「処分又は裁決があつたことを知つた日から6箇月」（行訴14条1項）ですので、この出訴期間を徒過しないよう注意が必要です。この出訴期間をすでに経過している場合には、無効確認訴訟を提起することになります。また、取消訴訟を提起しても退去強制令書の執行停止はされないので（行訴25条1項）、本案たる取消訴訟提起と同時に退去強制令書発付処分の執行停止の申立て（同条2項）を行うことが必要です。

　さらに、退去強制令書の収容に関する部分については執行停止が認められないことがあるため、[3]収容から身柄解放を図るため、仮放免申請（Q14参照）を行うことも検討すべきです。提起すべき行政事件の類型としては、退去強制令書発付に対する取消訴訟・無効確認訴訟のほか、裁決に対する取消訴訟・無効確認訴訟、さらには裁決の撤回の義務付け訴訟、在留特別許可の義務付け訴訟等が考えられますが、行政訴訟を提起する場合の要件や手続などについては、巻末参考資料1の参考文献を参照してください。

3　実務では、退去強制令書の効力を送還部分と収容部分に分けて執行停止が判断される傾向があります。

〔参考資料〕　在留特別許可に係るガイドライン

在留特別許可に係るガイドライン

平成18年10月
平成21年7月改訂
法務省入国管理局

第1　在留特別許可に係る基本的な考え方及び許否判断に係る考慮事項
　　　在留特別許可の許否の判断に当たっては、個々の事案ごとに、在留を希望する理由、家族状況、素行、内外の諸情勢、人道的な配慮の必要性、更には我が国における不法滞在者に与える影響等、諸般の事情を総合的に勘案して行うこととしており、その際、考慮する事項は次のとおりである。

積極要素

　積極要素については、入管法第50条第1項第1号から第3号（注参照）に掲げる事由のほか、次のとおりとする。
1　特に考慮する積極要素
　⑴　当該外国人が、日本人の子又は特別永住者の子であること
　⑵　当該外国人が、日本人又は特別永住者との間に出生した実子（嫡出子又は父から認知を受けた非嫡出子）を扶養している場合であって、次のいずれにも該当すること
　　ア　当該実子が未成年かつ未婚であること
　　イ　当該外国人が当該実子の親権を現に有していること
　　ウ　当該外国人が当該実子を現に本邦において相当期間同居の上、監護及び養育していること
　⑶　当該外国人が、日本人又は特別永住者と婚姻が法的に成立している場合（退去強制を免れるために、婚姻を仮装し、又は形式的な婚姻届を提出した場合を除く。）であって、次のいずれにも該当すること
　　ア　夫婦として相当期間共同生活をし、相互に協力して扶助していること
　　イ　夫婦の間に子がいるなど、婚姻が安定かつ成熟していること
　⑷　当該外国人が、本邦の初等・中等教育機関（母国語による教育を行っ

ている教育機関を除く。）に在学し相当期間本邦に在住している実子と同居し、当該実子を監護及び養育していること

　(5)　当該外国人が、難病等により本邦での治療を必要としていること、又はこのような治療を要する親族を看護することが必要と認められる者であること

2　その他の積極要素

　(1)　当該外国人が、不法滞在者であることを申告するため、自ら地方入国管理官署に出頭したこと

　(2)　当該外国人が、別表第2に掲げる在留資格（注参照）で在留している者と婚姻が法的に成立している場合であって、前記1の(3)のア及びイに該当すること

　(3)　当該外国人が、別表第2に掲げる在留資格で在留している実子（嫡出子又は父から認知を受けた非嫡出子）を扶養している場合であって、前記1の(2)のアないしウのいずれにも該当すること

　(4)　当該外国人が、別表第2に掲げる在留資格で在留している者の扶養を受けている未成年・未婚の実子であること

　(5)　当該外国人が、本邦での滞在期間が長期間に及び、本邦への定着性が認められること

　(6)　その他人道的配慮を必要とするなど特別な事情があること

消極要素

消極要素については、次のとおりである。

1　特に考慮する消極要素

　(1)　重大犯罪等により刑に処せられたことがあること

　＜例＞

　　・凶悪・重大犯罪により実刑に処せられたことがあること

　　・違法薬物及びけん銃等、いわゆる社会悪物品の密輸入・売買により刑に処せられたことがあること

　(2)　出入国管理行政の根幹にかかわる違反又は反社会性の高い違反をしていること

　＜例＞

　　・不法就労助長罪、集団密航に係る罪、旅券等の不正受交付等の罪などにより刑に処せられたことがあること

　・不法・偽装滞在の助長に関する罪により刑に処せられたことがあること

　・自ら売春を行い、あるいは他人に売春を行わせる等、本邦の社会秩序
　　を著しく乱す行為を行ったことがあること

　・人身取引等、人権を著しく侵害する行為を行ったことがあること

2　その他の消極要素

　(1)　船舶による密航、若しくは偽造旅券等又は在留資格を偽装して不正に
　　　入国したこと

　(2)　過去に退去強制手続を受けたことがあること

　(3)　その他の刑罰法令違反又はこれに準ずる素行不良が認められること

　(4)　その他在留状況に問題があること

　＜例＞

　・犯罪組織の構成員であること

第2　在留特別許可の許否判断

　　　在留特別許可の許否判断は、上記の積極要素及び消極要素として掲げ
　　ている各事項について、それぞれ個別に評価し、考慮すべき程度を勘案
　　した上、積極要素として考慮すべき事情が明らかに消極要素として考慮
　　すべき事情を上回る場合には、在留特別許可の方向で検討することとな
　　る。したがって、単に、積極要素が一つ存在するからといって在留特別
　　許可の方向で検討されるというものではなく、また、逆に、消極要素が
　　一つ存在するから一切在留特別許可が検討されないというものでもない。

　主な例は次のとおり。

＜「在留特別許可方向」で検討する例＞

　・当該外国人が、日本人又は特別永住者の子で、他の法令違反がないな
　　ど在留の状況に特段の問題がないと認められること

　・当該外国人が、日本人又は特別永住者と婚姻し、他の法令違反がない
　　など在留の状況に特段の問題がないと認められること

　・当該外国人が、本邦に長期間在住していて、退去強制事由に該当する
　　旨を地方入国管理官署に自ら申告し、かつ、他の法令違反がないなど
　　在留の状況に特段の問題がないと認められること

　・当該外国人が、本邦で出生し10年以上にわたって本邦に在住している
　　小中学校に在学している実子を同居した上で監護及び養育していて、
　　不法残留である旨を地方入国管理官署に自ら申告し、かつ当該外国人

親子が他の法令違反がないなどの在留の状況に特段の問題がないと認められること

＜「退去方向」で検討する例＞

・当該外国人が、本邦で20年以上在住し定着性が認められるものの、不法就労助長罪、集団密航に係る罪、旅券等の不正受交付等の罪等で刑に処せられるなど、出入国管理行政の根幹にかかわる違反又は反社会性の高い違反をしていること

・当該外国人が、日本人と婚姻しているものの、他人に売春を行わせる等、本邦の社会秩序を著しく乱す行為を行っていること

(注)　出入国管理及び難民認定法（抄）

（法務大臣の裁決の特例）

第50条　法務大臣は、前条第3項の裁決に当たって、異議の申出が理由がないと認める場合でも、当該容疑者が次の各号のいずれかに該当するときは、その者の在留を特別に許可することができる。

一　永住許可を受けているとき。

二　かつて日本国民として本邦に本籍を有したことがあるとき。

三　人身取引等により他人の支配下に置かれて本邦に在留するものであるとき。

四　その他法務大臣が特別に在留を許可すべき事情があると認めるとき。

2、3（略）

別表第2

在留資格	本邦において有する身分又は地位
永　住　者	法務大臣が永住を認める者
日本人の配偶者等	日本人の配偶者若しくは民法（明治29年法律第89号）第817条の2の規定による特別養子又は日本人の子として出生した者
永住者の配偶者等	永住者の在留資格をもって在留する者若しくは特別永住者（以下「永住者等」と総称する。）の配偶者又は永住者等の子として本邦で出生しその後引き続き本邦に在留している者
定　住　者	法務大臣が特別な理由を考慮し一定の在留期間を指定して居住を認める者

出典：出入国在留管理庁ウェブサイト〈http://www.moj.go.jp/content/000007321.pdf〉

Q16　難民認定申請制度

母国で反政府運動を行っていた外国人が日本に逃れてきました。どのようにすれば難民として保護されますか。

ここがポイント

① 難民認定手続には、「1次手続」と「審査請求手続」の2段階がある。
② 日本の難民認定率は1％にも満たず、欧米諸国と比べて著しく低い。
③ 難民認定申請した者に対する在留特別許可付与の判断は、難民認定手続の中で行われ、退去強制手続の中では行われない。

1 「難民」とは

1951年に採択された難民条約では、「難民」とは「人種、宗教、国籍若しくは特定の社会的集団の構成員であること又は政治的意見を理由に迫害を受けるおそれがあるという十分に理由のある恐怖を有するために、国籍国の外にいる者であって、その国籍国の保護を受けることができないもの又はそのような恐怖を有するためにその国籍国の保護を受けることを望まないもの及びこれらの事件の結果として常居所を有していた国の外にいる無国籍者であって、当該常居所を有していた国に帰ることができないもの又はそのような恐怖を有するために当該常居所を有していた国に帰ることを望まないもの」と定義されています（難民条約1条A(2)、難民議定書）。

2 日本の難民認定制度

(1) 難民条約と入管法

日本は昭和56（1981）年に難民条約に加入し、それを受けてそれまでの「出入国管理令」が「出入国管理法及び難民認定法」（入管法）に改正され、難民認定手続は入管法で規定されることとなりました（Q1参照））。

(2) 難民認定手続

難民認定手続は、「難民認定申請手続」（法61条の2。「難民1次手続」ともよばれています）とその不服申立手続である「審査請求手続」（法61条の2の

85

9）の2段階に分かれています。手続の主な流れは、〈図16－1〉のとおりです。

(3)　案件の「振り分け」制度

　難民認定申請者は、申請時に入管法上の何らかの在留資格を有していること等一定の条件を満たす場合には、告示外の「特定活動」（難民認定申請者）の在留資格を与えられます（審査要領）。平成22（2010）年からは、難民認定申請者の生活の安定を図るという目的から、正規滞在者が難民認定申請した場合、申請から6カ月経過後、難民認定申請が完了するまで就労することが認められていました。しかし、その後、日本で就労するために、「短期滞在」の在留資格で入国した後に難民認定申請するケースが急増し、難民認定にかかる期間が長期化するなどの弊害が発生しました。そこで、難民認定申請の迅速化のため、平成27（2015）年からは、難民認定申請を、①難民条約上の難民である可能性が高い案件（A案件）、②難民条約上の迫害事由に明らかに該当しない事情を主張している案件（B案件）、③正当な理由なく前回と同様の主張を繰り返して再申請している案件（C案件）、④それ以外の案件（D案件）、の4つのカテゴリーに振り分け、それぞれのカテゴリーに応じて審査を行うとともに、在留制限や就労制限が課されるようになりました（Q50参照）。

(4)　日本の著しく低い認定率

　日本の難民認定は、欧米各国と比して著しく厳しいと難民支援団体などから批判されています。具体的には、令和元（2019）年の難民認定申請者は1万375人だったのに対して、難民として認定されたのはわずか44人で、単純に計算すると0.4％に過ぎません[2]。このような日本の難民認定の現状については、そもそも出入国在留の「管理」を行う入管当局が難民認定という「保護」機関の役割を果たすのは無理がある、日本の入管当局は難民の定義にある「迫害のおそれ」を著しく狭く解釈している、難民認定申請者に求められる立証の程度が高すぎる、などの問題点が指摘されています。

1　2014年の行政不服審査法改正以前は「異議申立手続」により不服申立てされていました。
2　出入国在留管理庁ウェブサイト「令和元年における難民認定者数等について」〈https://www.moj.go.jp/isa/publications/press/nyuukokukanri03_00004.html〉。

〈図16-1〉 難民認定申請の流れ

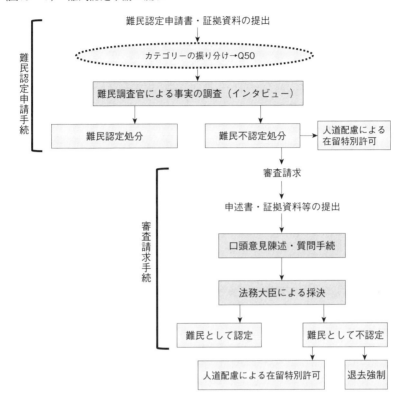

3 難民認定申請手続（難民1次手続）

(1) 証拠資料の収集・提出

　難民認定申請書の提出にあたっては、申請者が難民であることを証明する資料を添付することが必要です。具体的には、申請者が体験したことをまとめた「陳述書」、国際機関、各国政府、国際NGOなどが発行している「出身国情報[3]」、地域研究の論文、出身国の新聞記事、政党のメンバーであることの党員証、デモ活動時の写真などを、個別の事案に応じて収集し、提出することになります。

(2) 難民調査官による事実の調査

　難民認定申請手続では、難民調査官（法2条12号の2）による事実の調査、

具体的には申請者に対するインタビューが行われますが、このインタビューに弁護士が立ち会うことはできません。インタビューの最後には、難民調査官が調書を作成して、難民認定申請者に読み聞かせを行いますが、一度署名してしまうと内容の誤りを正すことは非常に難しいので、調書の記載が話した内容やニュアンスと異なっている場合には、憶することなく記載を訂正するよう求めることが重要です。

(3)　在留特別許可の判断

なお、在留資格がない外国人が難民認定申請を行ったが、難民の認定がされなかった場合、法務大臣により、難民認定申請手続の中で在留特別許可（Q15参照）を付与するかどうかの判断がなされます（法61条の2の2第2項）。難民認定申請をすると、難民認定されなかった後の退去強制手続の中で在留特別許可の判断がなされることはないので、注意してください（法61条の2の6第4項）。もっとも、難民認定申請における在留特別許可付与の判断は、母国に帰国することが困難である事情のほか、退去強制手続における在留特別許可付与の判断枠組みとそれほど変わりありません。そこで、「在留特別許可に係るガイドライン」（Q15参照）を参考にして、証拠資料の提出やインタビューの際に、たとえば、日本に滞在中に日本人と結婚して、子供が生まれた、難病治療のため日本に滞在する必要があるなど、在留を特別に認められる事情（Q15参照）を積極的に主張・立証することが必要です。

(4)　難民認定・不認定事例の公開

どのような場合に難民認定／不認定とされるのか、在留特別許可が付与されるのかについての具体的事例や判断ポイントが、出入国在留管理庁のウェブサイトで公開されています[4]。ぜひ参照してください。

3　たとえば、米国国務省年次報告書、英国内務省報告書、国連難民高等弁務官事務所による Ref world〈https://www.refworld.org/〉、オーストリア赤十字による ecoi.net〈https://www.ecoi.net/〉、国連特別報告者の報告書、ヒューマン・ライツ・ウォッチ、アムネスティ・インターナショナル等の報告書などがあげられます。なお、出入国在留管理庁のウェブサイトでは米国国務省年次報告書等の和訳（仮訳）が公開されています〈https://www.moj.go.jp/isa/publications/materials/nyuukokukanri01_00010.html〉。

4　審査請求

(1)　不認定理由等の確認

　難民認定申請手続の結果、難民不認定処分となった場合、難民認定申請者は、審査請求をすることができます（法61条の2の9）。難民不認定処分の通知がなされる際には、不認定の理由を記載した書面が交付されますので（法61条の2第2項）、その内容をしっかりと検討して審査請求に臨むことが必要です。また、審査請求段階から事件受任した場合には、行政機関の保有する個人情報の保護に関する法律13条に基づく個人情報開示請求を行い、難民1次手続において申請者が入管当局に提出した資料や調書の内容を確認する必要があります。

(2)　口頭意見陳述・質問手続

　審査は、学術経験者、元裁判官、元検察官、弁護士などで法務大臣から任命された難民審査参与員（法61条の2の10）3名により主宰されます（法61条の2の9第5項）。審査は行政不服審査法に基づいて行われます。具体的には、まず審査請求人、その代理人が、難民該当性や在留特別許可を付与されるべき事情等について意見を述べ（口頭意見陳述、行服31条）、その後、難民審査参与員が審査請求人に対して質問をし、審査請求人がそれに回答していきます（質問手続、行服36条）。なお、口頭意見陳述・質問手続の後には資料や証拠の提出ができなくなりますので、提出すべき資料や証拠はその前に提出するよう注意してください。

(3)　法務大臣による裁決

　難民審査参与員は、審査結果を意見書にまとめて法務大臣に提出し、法務大臣が最終的に判断して裁決を行います。

4　たとえば、令和元年の事例については、前掲脚注2の添付資料「難民として認定した事例等について」〈http://www.moj.go.jp/isa/content/930005071.pdf〉を参照。

5　審査請求もかなり「狭き門」であり、令和元年の不服申立て処理数は8,291人ですが、そのうち不服申立てに「理由あり」（難民認定）とされたのは1名に過ぎません。前掲脚注2の添付資料「令和元年における難民認定者数等について」参照。

5　難民認定された場合

　難民認定申請手続や審査請求で難民と認定された場合には、難民認定証明書が交付され（法61条の2第2項）、原則として5年間の「定住者」の在留資格が付与されることになります（法61条の2の2第1項、難民認定事務取扱要領）。また、難民としては認められないが、人道的配慮から在留特別許可が認められる場合には、「特定活動」や「定住者」の在留資格が認められます。

6　難民認定されなかった場合

　審査請求の結果、難民として認定されなかった場合には、難民不認定処分取消訴訟等の行政訴訟を提起して処分を争うことができます。また、難民認定申請には回数制限がないことから、再度の難民認定申請（再申請）を行うこともできます。不認定処分後に新たな事情が発生した場合（たとえば、日本人との婚姻）や本国で依然として激しい紛争が続いている場合などには、再申請して在留特別許可を狙うことも十分考慮に値します。

　しかし、正当な理由なく初回と同様の理由で再申請をしても先述の「C案件」として振り分けられ、「特定活動」の在留資格が付与されず、在留も就労も認められなくなっていますので、注意が必要です（Q50参照）。また、在留資格が認められないことから、退去強制手続の対象者となり、退去強制手続が開始され、入管収容施設に収容されてしまうおそれもありますので（Q13、Q14参照）、当該申請者にとって何が一番よい方法なのかを考え、対応していくことが大切です。

7　仮滞在

　法務大臣は、不法入国者等の在留資格のない外国人（在留資格未取得外国人）から難民認定申請があった場合、法61条の2の4第1項各号に定められた除外事由がある場合を除き、仮滞在を許可するものとされています（同項柱書）。在留資格未取得外国人は、本来であれば退去強制手続に付されますが、難民認定申請者の法的地位の安定を図るため、仮滞在により一時的に退去強制手続が停止され、仮滞在期間の経過等当該許可が終了するまでの間

は、適法に本邦に滞在することができます。

　しかし、たとえば、当該外国人が本邦に上陸した日から6カ月経過後に難民認定申請を行ったものであるとき（法61条の2の4第1項6号、61条の2の2第1項1号）、退去強制令書の発付を受けているとき（法61条の2の4第1項8号）などの除外条項も多く、実務上仮滞在が許可される件数は多くはありません。仮滞在許可の判断は、難民認定申請者から提出のあった難民認定申請書等の書類により行いますので、別途、仮滞在許可のための申請は必要ありません。仮滞在が認められた場合、退去強制手続は停止され（法61条の2の6）、原則として6カ月の仮滞在期間が認められ、延長も認められますが、就労することはできません。

6　令和元年では、仮滞在の許否が判断された733人のうち、仮滞在許可を受けたのは25人に過ぎません（前掲脚注5）。

Q17　入管法の罰則規定

入管法等に違反し罰則が科されるのはどのような場合ですか。

ここがポイント

① 入管法に違反すると罰則が科される場合がある（法70条以下）。代表的なものとして、不法残留罪、不法在留罪、在留資格等不正取得罪、営利目的在留資格等不正取得助長罪、資格外活動罪、不法就労助長罪等がある。

② 入管法以外の法律にも刑罰が規定されている場合がある。たとえば、技能実習法違反罪、外国人雇用状況届出規定違反罪等は、外国人を雇用する際に特に注意すべきである。

1　罰則規定

　入管法には70条以下に罰則規定があります。昨今、多様な在留資格の創設により外国人の受入基準が大幅に緩和された一方、在留資格の管理と入管法等の違反者への制裁強化も図られています。以下では、日本で生活する外国人およびそれらに関与する日本人が、特に留意すべき刑罰規定を説明します。

2　不法残留罪（法70条1項5号）

　在留期間の更新または変更を受けないで在留期間を経過して日本に在留する者（いわゆるオーバーステイ）は、3年以下の懲役もしくは禁固もしくは300万円以下の罰金、またはその懲役もしくは禁固および罰金が併科されます。

　なお、平成15（2003）年10月17日に、法務省入国管理局（当時）、東京入国管理局（当時）、東京都および警視庁より、「首都東京における不法滞在外国人対策の強化に関する共同宣言」が出されました。それ以降、「東京では単純な不法残留罪については起訴されないという扱いになりましたが、余罪がある場合には公判請求の上、重く罰せられる傾向もみられます」（第一東京

弁護士会人権擁護委員会国際人権部会編『外国人の法律相談 Q&A ──法的ポイントから実務対応まで〔第四次改訂版〕』（ぎょうせい・2019年）297頁）。

3　不法在留罪（法70条2項）

日本に不法入国または不法上陸した者が、上陸後も引き続き不法に在留する場合には、3年以下の懲役もしくは禁固もしくは300万円以下の罰金、またはその懲役もしくは禁固および罰金が併科されます（「不法入国」と「不法上陸」の違いについては、Q12をご参照ください）。

4　在留資格等不正取得罪（法70条1項2号の2）

偽りその他不正の手段により上陸許可を受けて上陸したり、在留資格の変更許可を受けたり、在留期間の更新許可を受けた場合には、3年以下の懲役もしくは禁固もしくは300万円以下の罰金、またはその懲役もしくは禁固および罰金が併科されます。たとえば、入国管理局に提出する書類に客観的事実に整合しない事柄を記載し、または不利益な事実を秘匿することによって許可を得た場合等が対象となります。虚偽申請に関与した企業についても同罪の共犯が成立しうるため注意が必要です。

5　営利目的在留資格等不正取得助長罪（法74条の6）

不法入国・不法上陸・在留資格等不正取得（上記3および4参照。偽りその他不正の手段により上陸許可を受けて上陸したり、在留資格の変更許可を受けたり、在留期間の更新許可を受けること等）を営利目的で助長した場合、3年以下の懲役もしくは300万円以下の罰金、またはこれらが併科されます。たとえば、「審査ゲートのすり抜けに対する協力、偽造旅券の提供など、不法入国等を容易にする行為を営利目的で行う密航ブローカー等」（「入管法大全Ⅰ」742頁）がこれにあたるとされています。また、報酬を得て、不正な手段を用いて在留資格の詐取を助長した有資格者等も対象とされると考えられています。したがって、弁護士や行政書士が取次者として在留資格申請業務等を行う場合には、虚偽申請や虚偽の証拠提出等に加担しないよう、常に細心の注意を払う必要があります。

6　資格外活動罪（法70条1項4号、73条）

　資格外活動を「専ら行つていると明らかに認められる者」については、3年以下の懲役もしくは禁固もしくは300万円以下の罰金、またはその懲役もしくは禁固および罰金が併科されます（専従資格外活動罪。法70条1項4号）。資格外活動を「専ら行つていると明らかに認められる者」とは、「（法）第19条1項の規定に違反する就労活動（資格外活動）を行なっている場合であって、その違法な資格外活動のほうを主たる在留活動として行なっていると明らかに認められる場合」（「入管法大全Ⅰ」706頁〜707頁）を意味するとされています。なお、「専ら行つている」と明らかに認められる場合ではないものの、資格外活動を行った者については、1年以下の懲役もしくは禁固または200万円以下の罰金、またはその懲役もしくは禁固および罰金が併科されます（非専従資格外活動罪。法73条）。

7　不法就労助長罪（法73条の2第1項）

(1)　概　要

　就労資格のない外国人の就労を防ぐために、不法就労目的の外国人を入国させる雇用主やブローカー等を処罰する規定です。具体的には、①事業活動に関し、外国人に不法就労活動をさせた者（法73条の2第1項）、②外国人に不法就労活動をさせるためにこれを自己の支配下においた者（同項2号）、③業として、外国人に不法就労活動をさせる行為または②の行為に関しあっせんした者（同項3号）、のいずれかに該当する者は、3年以下の懲役もしくは300万円以下の罰金またはこれらが併科されます。

(2)　「不法就労活動」とは

　「不法就労活動」とは、入管法24条3号の4イに定義される通り、オーバーステイの者や不法入国者が対価を得て仕事をすること、資格外活動許可を得ずに対価を得て就労すること、在留資格に対応しない就労内容に従事す

1　「あっせん」とは、「二当事者の依頼又は承諾のもとに、当該二当事者の間に立って、ある交渉が円滑に行われるよう仲介（世話）すること」（「実務六法」187頁）をいいます。

ること等を意味します。

⑶　「不法就労活動をさせた」とは

「不法就労活動をさせた」とは、「外国人との間で対人関係上優位に立っている者が、当該外国人がその指示通りに不法就労活動を行うことを利用して当該外国人に積極的に働きかけ、その結果として当該外国人が不法就労活動を行なったこと」（「入管法大全Ⅰ」727頁）を意味するとされています。裁判例ではより広範な解釈がされ、「当該外国人との間で対人関係上優位な立場にあることを利用して、その外国人に対し不法就労を行うべく指示等の働きかけをする」ことで足りるとされています（東京高判平6・11・14判タ880号301頁）。実際に、不法就労外国人の直接の雇用主ではない従業員や派遣先企業等も捜査の対象とされる事案が多いため注意が必要です。

⑷　「自己の支配下においた」とは

「自己の支配下においた」とは、「外国人のその意思を左右できる指示・従属の関係に置くことを意味する。物理的拘束のみならず、心理的拘束をも含むものと解される」（「入管法大全Ⅰ」728頁）とされています。裁判例においても広範な解釈がされ、「外国人に心理的ないし経済的な影響を及ぼし、その意思を左右しうる状態に置き、自己の影響下から離脱することを困難にさせた場合も含まれる」（東京高判平5・11・11高刑46巻3号294頁）とされています。たとえば、不法就労の就労先が決まるまでパスポートを取り上げる行為、外国人の自由な行動を禁止するよう監視する行為等が該当します。

8　在留カードに関する罰則

⑴　在留カードの携帯義務違反（法75条の3）

中長期在留者が在留カードの常時携帯義務（法23条2項）に違反した場合には、20万円以下の罰金に処せられます。

⑵　在留カードの提示義務違反（法75条の2第2号）

特別永住者を除く中長期在留者は、入国審査官、入国警備官、警察官等が、在留カードの提示を求めた場合にはこれを提示しなければならず（法23条3項）、これを拒むと1年以下の懲役または20万円以下の罰金に処せられます。

9 入管法以外の法律による刑罰

(1) 技能実習法違反罪

技能実習生を雇用する企業の役職員について、旅券等保管義務（技能実習法111条5号、48条1項）、通信等禁止告知罪（同法111条6号、48条2項）、申告不利益取扱罪（同法111条7号、49条2項）、改善命令違反罪（同法111条1号、15条1項）、帳簿規定違反罪（同法112条5号、20条）等が技能実習法にて規定されています。技能実習法上のその他の規制については、Q35をご参照ください。

(2) 外国人雇用状況届出規定違反罪（労働施策の総合的な推進並びに労働者の雇用の安定及び職業生活の充実等に関する法律40条1項2号、28条1項）

すべての事業主には、外国人労働者（特別永住者および在留資格「外交」・「公用」をもって在留する者を除きます）の雇入れまたは離職の際に、一定の事項を厚生労働大臣へ届け出ることが義務付けられています。これらの届出をせず、または虚偽の届け出を行った場合に成立します。

第 2 部

相談対応編

Q18 在留資格「技術・人文知識・国際業務」の概要

> 「技術・人文知識・国際業務」とは、どのような在留資格ですか。

ここがポイント

① 「技術・人文知識・国際業務」は、専門的な知識・技術または外国人特有の感性を必要とする業務に従事する場合に取得が検討される在留資格である。

② 「技術」、「人文知識」および「国際業務」のそれぞれの類型ごとに行うことのできる活動と適用される基準省令の内容を押さえておくことが有益である。

③ 在留資格認定証明書の交付を申請しようとする者は、原則として、入管法施行規則別表第3の下欄に掲げる資料を提出する必要があるが（規則6条の2第2項）、実務上、招へい機関の規模に応じてカテゴリーが分類され、当該カテゴリーごとに、必要とされる資料に差が設けられている。

1 技術・人文知識・国際業務とは

　日本国内において、専門的な知識・技術または外国人特有の感性を必要とする業務に従事する場合に取得が検討される在留資格です。

　かつては、「技術」の在留資格と「人文知識・国際業務」は別々の在留資格として管理されていましたが、平成26（2014）年入管法改正により統合され、現在は、「技術・人文知識・国際業務」という包括的な在留資格として管理されています（入管法改正の概要についてQ1参照）。

　「技術・人文知識・国際業務」は1つの在留資格ではあるものの、それぞれの用語は異なる意味を持ちます。たとえば、「国際業務」類型と「技術・人文知識」類型とでは上陸許可基準（基準省令）の要件は異なります。

　そのため、「技術」、「人文知識」および「国際業務」のそれぞれの類型ごとに行うことのできる活動（【表18-1】）と適用される基準省令の内容（【表18-2】）を押さえておくことが有益です。以下では、在留資格認定証明書

交付申請手続を念頭において説明をします。

【表18－1】　本邦において行うことができる活動（法別表第1の2「技術・人文知識・国際業務」下欄、審査要領）

「技術」類型又は「人文知識」類型	「国際業務」類型
本邦の公私の機関との契約に基づいて行う自然科学又は人文科学の分野に属する技術又は知識を必要とする業務に主として従事する活動（「教授」、「芸術」、「報道」、「経営・管理」、「法律・会計業務」、「医療」、「研究」、「教育」、「企業内転勤」、「介護」及び「興行」に掲げる活動を除く）	本邦の公私の機関との契約に基づいて行う外国の文化に基盤を有する思考又は感受性を必要とする業務に主として従事する活動（「教授」、「芸術」、「報道」、「経営・管理」、「法律・会計業務」、「医療」、「研究」、「教育」、「企業内転勤」、「介護」及び「興行」に掲げる活動を除く）

（注）　※審査要領の表に法改正を反映して改変

【表18－2】　適用される基準省令（基準省令「技術・人文知識・国際業務」下欄、審査要領）

	「技術」類型又は「人文知識」類型	「国際業務」類型
業務内容要件		翻訳、通訳、語学の指導、広報、宣伝又は海外取引業務、服飾若しくは室内装飾に係るデザイン、商品開発その他これらに類似する業務に従事すること
学歴要件・実務要件	従事しようとする活動について、以下のいずれかに該当し、これに必要な技術又は知識を修得していること。 ・当該技術若しくは知識に関連する科目を専攻して大学を卒業し、又はこれと同等以上の教育を受けたこと。 ・当該技術又は知識に関連する科目を専攻して本邦の専修学校の専門課程を修了（当該修了に関し法務大臣が告示を	従事しようとする活動について、以下のいずれかに該当し、これに必要な技術又は知識を修得していること。 ・従事しようとする業務に関連する業務について3年以上の実務経験を有すること。

	もって定める要件に該当する場合に限る。）したこと。 ・10年以上の実務経験（大学、高等専門学校、高等学校、中等教育学校の後期課程又は専修学校の専門課程において当該技術又は知識に関連する科目を専攻した期間を含む。）を有すること。 ・（情報処理に関する技術又は知識を要する業務に従事しようとする場合）法務大臣が告示をもって定める情報処理技術に関する試験に合格し又は法務大臣が告示をもって定める情報処理技術に関する資格を有していること。	・大学等（大学、大学院、短大及び高等専門学校）において、従事しようとする業務に必要な科目を専攻し、卒業したもの又は本邦の専門学校を修了し、専門士の称号を得たもの。 ・（翻訳、通訳又は語学の指導に係る業務に従事する場合）大学を卒業していること。
報酬要件	日本人が従事する場合に受ける報酬と同等額以上の報酬を受けること。	

2　在留資格認定証明書交付申請手続における提出資料

　在留資格認定証明書の交付を申請しようとする者は、原則として、入管法施行規則別表第3の下欄に掲げる資料を提出しなければなりません（規則6条の2第2項）。ただし、地方出入国在留管理局長がその一部を省略しても差支えないと認める場合があり（同項ただし書）、実務上、招へい機関の規模に応じてカテゴリーが分類され（【表18-3】【表18-4】）、当該カテゴリーごとに、必要とされる資料に差が設けられています。

　具体的な提出資料については、申請を考えている手続（在留資格認定証明書交付申請、在留資格変更許可申請等）および申請を考えている在留資格に応じて出入国在留管理庁のウェブサイト[1]で確認することができます。

1　〈https://www.moj.go.jp/isa/applications/procedures/nyuukokukanri07_00089.html〉。

【表18－3】　カテゴリー分類の例

カテゴリー1	カテゴリー2	カテゴリー3	カテゴリー4
(1)　日本の証券取引所に上場している企業 (2)　保険業を営む相互会社 (3)　日本または外国の国・地方公共団体 (4)　独立行政法人 (5)　特殊法人・認可法人 (6)　日本の国・地方公共団体認可の公益法人 (7)　法人税法別表第1に掲げる公共法人 (8)　高度専門職省令第1条第1項各号の表の特別加算の項の中欄イまたはロの対象企業（イノベーション創出企業） (9)　一定の条件を満たす企業等	(1)　前年分の給与所得の源泉徴収票等の法定調書合計表中、給与所得の源泉徴収票合計表の源泉徴収税額が1,000万円以上ある団体・個人 (2)　在留申請オンラインシステムの利用申出の承認を受けている機関	前年分の職員の給与所得の源泉徴収票等の法定調書合計表が提出された団体・個人（カテゴリー2を除く）	左のいずれにも該当しない団体・個人

出典：出入国在留管理庁のウェブサイト（前掲脚注1）より抜粋

【表18-4】　カテゴリーの確認方法

カテゴリー1	四季報の写しまたは主務官庁から設立の許可を受けたことを証明する文書の写し等により確認します（審査要領）。
カテゴリー2および3	前年分の給与所得の源泉徴収票等の法定調書合計表（受領印のあるものの写し）により確認します（審査要領）。源泉徴収税額の欄の金額が1000万円以上であればカテゴリー2に、1000万円未満であればカテゴリー3となります（在留申請オンラインシステムの利用申出の承認を受けている機関に該当する場合を除く）。
カテゴリー4	カテゴリー1、2および3のいずれにも該当しない場合にはカテゴリー4となります。

3　在留期間

「技術・人文知識・国際業務」の在留期間は、5年、3年、1年または3カ月です（法2条の2第3項、規3条、別表第2）。

Q19 在留資格「技術・人文知識・国際業務」取得に際しての検討事項

> 「技術・人文知識・国際業務」の在留資格を取得する場合に検討すべき事項を教えてください。たとえば、IT エンジニアとして就職をする場合、英語を話せる人材としてホテルに就職する場合、通訳として就職する場合は、「技術・人文知識・国際業務」の在留資格を取得することはできますか。

ここがポイント

① 「技術・人文知識・国際業務」を取得する場合、就労の根拠となる契約を分析すること、日本国内で従事しようとする就労活動が「技術・人文知識・国際業務」の在留資格に適合するかを確認すること、他の在留資格に該当する可能性がないかを確認すること、雇用主の事業の適正性、安定性および継続性を確認すること、日本国内で従事しようとする活動に必要とされる専門的知見等と申請人の有する専門的知見等との関連性を確認すること、報酬が著しく低廉なものでないかを確認すること等の検討が必要である。

② 単純就労業務は、「自然科学の分野……人文科学の分野に属する技術若しくは知識を要する業務」および「外国の文化に基盤を有する思考若しくは感受性を必要とする業務」（法別表第1の2の表「技術・人文知識・国際業務」下欄）のいずれにも該当しない。

1 検討をすべき事項（総論）

(1) 就労の根拠となる契約を分析する

　「技術・人文知識・国際業務」の在留資格により「本邦において行うことのできる活動」は、「本邦の公私の機関との契約に基づいて行う……活動」（法別表第1の2の表「技術・人文知識・国際業務」下欄）とされており、当該活動に該当すると説明するためには、原則として、日本国内の雇用主等との間で契約が締結されていること、および、その活動が契約に基づくことが必

要となります。

　このような観点から、まずは就労の根拠となる契約を分析し、申請人が日本国内において行う具体的な活動を明確にすることが検討の出発点となります。

(2)　日本国内で従事しようとする就労活動が「技術・人文知識・国際業務」の在留資格に適合するかを確認する

　「技術・人文知識・国際業務」の在留資格をもって日本国内に在留する場合、「本邦において行うことができる活動」により収入または報酬を得ることができますが、原則として、それ以外の活動により収入または報酬を得ることはできません（法19条１項１号）。

　そのため、申請人が日本国内で行おうとしている就労活動が「技術・人文知識・国際業務」の在留資格における「本邦において行うことができる活動」と整合するものであるかを確認しておく必要があります。

　また、「技術・人文知識・国際業務」の在留資格との適合性を確認するにあたって、専門的能力を要しない単純就労業務が「本邦において行うことができる活動」に含まれていないことを念頭におき、申請人が行おうとしている業務について、必要とされる専門的知見や実務経験をあらかじめ整理しておく必要があります。

(3)　他の在留資格に該当する可能性がないかを確認する

　申請人が従事しようとする活動が「教授」、「芸術」、「報道」、「経営・管理」、「法律・会計業務」、「医療」、「研究」、「教育」、「企業内転勤」、「介護」および「興行」のいずれかに係る活動に該当する場合、当該活動を「技術・人文知識・国際業務」の在留資格で行うことはできません（法別表第１の２の表「技術・人文知識・国際業務」下欄カッコ書）。

　そのため、申請人が日本国内で行おうとする活動が当該他の在留資格に該当しないことも確認しておく必要があります。

1　「本邦の公私の機関との契約」の「契約」には、雇用のほか、委任、委託、嘱託等が含まれますが、特定の機関（複数でもよい）との継続的なものでなければならないとされています（審査要領）。

(4)　雇用主の事業の適正性、安定性及び継続性を確認する

国・公立の機関以外の機関との契約に基づいて業務に従事する場合は、当該機関の事業が適正に行われるものであり、かつ、安定性および継続性の認められるものでなければなりません（審査要領、「入管法の実務」262頁）。

そのため、適正性の観点からは、当該機関が必要とされる許認可を保有していることなど、当該機関が適法に事業を運営していることを確認する必要があります。また、安定性および継続性の観点からは、少なくとも申請する在留期間の間、当該機関が当該事業を継続する意思および能力を有していることを確認する必要があります。

(5)　日本国内で従事しようとする活動に必要とされる専門的知見等と申請人の有する専門的知見等との関連性を確認する

上陸許可基準（基準省令）の学歴要件・実務要件については、「従事しようとする業務について……これに必要な技術又は知識を修得している」（基準省令「技術・人文知識・国際業務」下欄1号）、「従事しようとする業務に関連する業務について……実務経験を有すること」（基準省令「技術・人文知識・国際業務」下欄2号ロ）などと定められていることから、従事しようとする業務に必要とされる専門的知見や経験と、申請人が有する専門的知見や経験との間に関連性が要求されます。

ここでいう関連性を検討するにあたって、まずは、申請人が日本国内で行おうとする具体的な活動を明確にし、当該活動に必要となる専門的知見や経験を抽出することが必要となります（業務という側面からの整理）。そのうえで、申請人が当該必要とされる専門的知見や経験を有しているかという観点から検討することとなります（申請人という側面からの整理）。

(6)　報酬が著しく低廉なものでないかを確認する

基準省令では、「日本人が従事する場合に受ける報酬と同等額以上の報酬を受けること」（基準省令「技術・人文知識・国際業務」下欄3号）という要件が定められています。

具体的な金額は個々のケースにもよりますが、個々の企業の賃金体系や、同業他社の賃金に照らして判断がなされることを念頭におき（審査要領）、外国人であることのみを理由として報酬が著しく低廉になっていないかを確

認する必要があります。

2　ITエンジニアとして就職をする場合の在留資格

　まずは、就労の根拠となる契約を分析し、日本で行おうとしている主たる活動に着目し、在留資格を決定します。役職名だけでは活動は特定できませんので、会社等から任される具体的な業務内容に着目する必要があります。事業の管理業務を任されていれば「経営・管理」の在留資格の取得も検討されますが、開発業務や保守業務のみを行う標準的なITエンジニアであれば、「技術・人文知識・国際業務」の在留資格に適合することが多いと思われます。

　なお、基準省令では、「国際業務」類型を「翻訳、通訳、語学の指導、広報、宣伝又は海外取引業務、服飾若しくは室内装飾に係るデザイン、商品開発その他これらに類似する業務」に限定しているところ（基準省令「技術・人文知識・国際業務」下欄2号イ）、通常、これらの業務はITエンジニアの行う業務に含まれません。そのため、「技術・人文知識・国際業務」の中でも「国際業務」類型ではなく、「技術・人文知識」類型を念頭においた申請が検討されます。

3　英語を話せる人材としてホテルに就職する場合の在留資格

　まずは、2と同様、就労の根拠となる契約を分析し、日本で行おうとしている主たる活動に着目し、在留資格を決定します。

　たとえば、主として事業の管理業務を任されていれば「経営・管理」の在留資格、主として調理業務を行うのであれば「技能」の在留資格、主として外国語を用いた接客業務を行うのであれば「技術・人文知識・国際業務」の在留資格での申請が検討されます。

　宿泊施設で就労をする場合、清掃業務、駐車誘導、料理の配膳・片付け等の専門的能力を要しない単純就労業務を任される場合があります。単純就労業務は、「自然科学・人文科学の分野に属する知識を要する業務」および「外国の文化に基盤を有する思考又は感受性を必要とする業務」（法別表第1の2の表「技術・人文知識・国際業務」下欄）のいずれにも該当しませんので、

従事する活動が単純就労業務のみである場合、「技術・人文知識・国際業務」の在留資格を取得することはできません。

実際の不許可事例等について、「ホテル・旅館等において外国人が就労する場合の在留資格の明確化について²」と題する文書をご確認ください。

4　通訳として就職する場合の在留資格

まずは、2と同様、就労の根拠となる契約を分析し、日本で行おうとしている主たる活動に着目し、在留資格を決定します。

たとえば、通訳サービスのみを提供する通訳会社に雇用される場合には、通訳業務を主たる活動として行うものとして「技術・人文知識・国際業務」の中でも「国際業務」類型に適合する可能性が高いと思われます。一方で、通訳業務以外の業務を任されることがあり、必ずしも通訳業務が主たる活動とは評価できない場合には「技術・人文知識・国際業務」の中でも「国際業務」類型ではなく「技術・人文知識」類型に適合する可能性や、他の在留資格に適合する可能性が生じます。

「国際業務」類型は、基準省令において、「技術・人文知識」類型よりも実務要件が緩和されています（実務経験が必要となる場合、「技術・人文知識」類型では10年の実務経験が必要なところ、「国際業務」類型では3年の実務経験で足りるとされています）。そのため、実際は「技術・人文知識」類型を念頭において申請をすべきところ、審査を容易に進めるために虚偽の事実を申告し、または重要な事実を秘して「国際業務」類型を念頭において申請をすることがないよう留意しましょう（申請書等に客観的事実に整合しない事柄を記載し、または不利益な事実を秘匿するリスクについてQ17参照）。

2　出入国在留管理庁ウェブサイト〈https://www.moj.go.jp/isa/content/001343662.pdf〉。

Q20 在留資格「技術・人文知識・国際業務」と他の在留資格との関係

電子機器メーカーの技術職の正社員として日本法人に採用され、日本国内で勤務をすることになりました。「技術・人文知識・国際業務」の他にも「経営・管理」、「高度専門職」、「企業内転勤」という在留資格があると聞いていますが、在留資格を決定するにあたって、どのような事項を検討すべきでしょうか。

ここがポイント

① 取得すべき在留資格を検討するにあたっては、これから日本国内で行おうとする就労活動の内容と、在留資格ごとに定められた「本邦において行うことのできる活動」（法別表第1）の内容とを比較検討し、適切な在留資格の候補を探す必要がある。

② 業務内容に企業の経営活動や管理活動が含まれる場合には「経営・管理」の在留資格に該当する可能性がある。

③ 外国にある親会社や関連会社等での1年以上の勤務実績がある場合には、「企業内転勤」の在留資格が取得できる可能性がある。

④ 学歴、職歴、年収、研究実績等の項目ごとに算定されるポイントが70点以上であり、かつ、報酬年額合計が300万円以上であるときは、「高度専門職1号ロ」の在留資格を取得できる可能性がある。

1 適切な在留資格を探す

日本の国籍を有しない方が日本国内において就労活動を行う場合、原則として、当該活動を行うことのできる在留資格を有する必要があります（法2条の2、19条1項）。

そのため、取得すべき在留資格を検討するにあたっては、①これから日本国内で行おうとする就労活動の内容と、②在留資格ごとに定められた「本邦において行うことのできる活動」（法別表第1）の内容とを比較検討し、適切な在留資格の候補を探す必要があります。

①　これから日本国内で行おうとする就労活動の内容を確認するにあたっては、個々のケースにもよりますが、日本国内の雇用主から交付された書面（労働条件通知書等）に記載されている「従事すべき業務に関する事項」（労基15条、労基規5条1項1号の3）、採用活動の際に閲覧した募集要綱等が参考になると思います。

②　各在留資格の「本邦において行うことのできる活動」（法別表第1）の概要は、第2部の該当する各在留資格の説明をご参照ください。

2　具体例

以下では、電子機器メーカーの技術職の正社員として日本法人に採用され、日本国内で勤務する場合を念頭におきながら、「技術・人文知識・国際業務」、「経営・管理」、「企業内転勤」および「高度専門職」の在留資格の特徴を簡単に確認します。

⑴　「技術・人文知識・国際業務」

「技術・人文知識・国際業務」の在留資格の概要についてはQ18のとおりです。

この在留資格をもって在留する者として、「コンピューター技師、バイオ・テクノロジー技師等又は事務職員、通訳者、翻訳者、語学の指導を行う者、販売業務、海外取引業務等に従事する職員等」（「実務六法」225頁）が含まれると考えられています。そのため、電子機器メーカーの技術職の仕事についても、当該在留資格に適合する可能性が高いものと考えられます。

⑵　「経営・管理」

「経営・管理」の在留資格の概要についてはQ25のとおりです。

この在留資格をもって在留する者は、「その属する事業等の経営又は管理に実質的に参画するもの」をいい、その中には「事業の運営に関する重要事項の決定、業務の執行、監査の業務に従事する役員又は部に相当する以上の内部組織の管理的業務に従事する管理職員、専門的知識をもって経営又は管理に従事する者（企業に雇用される外国の資格のある弁護士、公認会計士等も含む。）が含まれる」（「実務六法」223頁）と考えられています。

電子機器メーカーの技術職の仕事についても、業務内容に企業の経営活動

や管理活動が含まれる場合には「経営・管理」の在留資格に該当する可能性が生じます。この場合、当該経営活動や管理活動をもって、「貿易その他の事業の経営を行い又は当該事業の管理に従事する活動」（法別表第1の2の表「経営・管理」下欄）に該当すると評価できるかがポイントとなります。この点については、具体的な業務内容、会社の規模、組織構造、部下の人数等の個別の事情を踏まえてケースごとに判断をする必要があります。

電子機器メーカーの技術職の仕事について、企業の経営活動や管理活動が含まれない場合には、「経営・管理」の在留資格には適合しません。

(3) 「企業内転勤」

「企業内転勤」の在留資格の概要についてはQ22のとおりです。

「企業内転勤」の在留資格により行うことができる活動内容は、「技術・人文知識・国際業務」の在留資格に係る活動です（法別表第1の2の表「企業内転勤」下欄）。ただし、「企業内転勤」の在留資格の場合、日本において行う活動について、一定の転勤期間を定めること、および、転勤した当該事業所において行うことという条件が加えられており、この点において「技術・人文知識・国際業務」の在留資格と異なります。

電子機器メーカーの技術職の正社員として日本法人に採用され、日本国内で勤務する場合において、業務内容に企業の経営活動や管理活動が含まれないときは、「技術・人文知識・国際業務」の在留資格の取得が主な候補になると考えられます。もっとも、検討時点において、外国にある親会社や関連会社等での1年以上の勤務実績がある場合には「企業内転勤」の在留資格が取得できる可能性があります。

(4) 「高度専門職」

「高度専門職」の在留資格の概要についてはQ28のとおりです。

「高度専門職1号ロ」の在留資格により行うことができる活動内容は、「法務大臣が指定する本邦の公私の機関との契約に基づいて自然科学若しくは人文科学の分野に属する知識若しくは技術を要する業務に従事する活動又は当該活動と併せて当該活動と関連する事業を自ら経営する活動」であり、「技術・人文知識・国際業務」の在留資格に係る活動に類似しています（法別表第1の2の表「高度専門職」下欄1号ロ）。ただし、「高度専門職1号ロ」の在

留資格の場合、「技術・人文知識・国際業務」の在留資格における「国際業務」類型に相当する活動が含まれておらず、また、法務大臣が指定する特定の事業所において行うことという条件が加えられており、これらの点において「技術・人文知識・国際業務」の在留資格と異なります。

　電子機器メーカーの技術職の正社員として日本法人に採用され、日本国内で勤務する場合、学歴、職歴、年収、研究実績等の項目ごとに算定されるポイントが70点以上であり、かつ、報酬年額合計が300万円以上であるときは「高度専門職１号ロ」の在留資格を取得できる可能性があります（高度専門職省令１条１項２号。高度専門職ポイント制については Q29参照）。

Q21　在留資格「技術・人文知識・国際業務」と転職

> 「技術・人文知識・国際業務」の在留資格において、日本法人でITエンジニアとして勤務をしていますが、同業他社への転職を検討しています。転職を検討するにあたって、どのような点を検討する必要がありますか。

ここがポイント

① 「技術・人文知識・国際業務」の在留資格を有する方が転職をする場合、転職先での業務内容が「技術・人文知識・国際業務」の在留資格において行うことのできる活動であるか否かを確認する必要がある。

② 転職を行う場合、転職後の活動の在留資格該当性に加えて、基準省令適合性も確認する必要がある。

③ 在留資格該当性や基準省令適合性の判断が難しい場合には、就労資格証明書の申請も視野に入れて手続を検討することが推奨される。

1　日本国内で転職をする際の入管法上のポイント

(1)　在留資格該当性

　日本の国籍を有しない方が日本国内において就労活動を行う場合、原則として、当該活動を行うことのできる在留資格を有する必要があります（法2条の2、19条1項）。

　「技術・人文知識・国際業務」の在留資格を有する方が転職をする場合、転職先での業務内容が「技術・人文知識・国際業務」の在留資格において行うことのできる活動であるか否かを確認する必要があります。転職先での業務内容が「技術・人文知識・国際業務」の在留資格において行うことのできる活動の範囲外にある場合、在留資格変更手続を検討する必要があります。

　転職後の活動の在留資格該当性に不安がある場合には、あらかじめ就労資格証明書交付申請を行うことが推奨されます。

(2)　上陸許可基準（基準省令）適合性

　転職を行う場合、前述のとおり在留資格変更手続を行う必要が生じる場合があります。また、在留資格変更手続を行わない場合であっても、個々の在

留期間に応じて在留期間更新手続を行う必要があります。

　在留資格変更手続および在留資格更新手続では、当該変更および更新を適当と認めるに足りる相当の理由が要件となるところ（法20条3項、21条3項）、上陸許可基準に適合していることは当該相当の理由を基礎付ける重要な事情という意味合いを有し、実務上、原則として上陸許可基準への適合性が要求されます（在留資格ガイドライン。Q8参照）。

　そのため、転職を行う場合、転職後の活動の在留資格該当性に加えて、基準省令適合性も確認する必要があります。

　転職後の活動の基準省令適合性に不安がある場合には、あらかじめ就労資格証明書交付申請を行うことが推奨されます。

(3)　在留期間の残余の期間

　入管法上の手続の選択肢を確認するため、現在有している在留資格の在留期間について、残余の期間を確認する必要があります。

　現在有している「技術・人文知識・国際業務」の在留期間の残余の期間が3カ月以内であれば、速やかに在留期間更新手続の準備をする必要があります（2(2)参照）。

2　関連する入管法上の手続

(1)　在留資格変更手続

在留資格変更手続の概要はQ9のとおりです。

　転職に伴い業務内容等が変わり、現に有している「技術・人文知識・国際業務」の在留資格では転職後の活動を行うことができない場合に在留資格変更手続を行うことになります。

　なお、「企業内転勤」の在留資格では転勤をした当該事業所で活動することが想定されており、「高度専門職1号ロ」の在留資格では法務大臣の指定した特定の事業所で活動することが想定されています。そのため、これらの在留資格を有する者が日本国内で転職をするためには、原則として、在留資格変更手続が必要となります。このように、現に有している在留資格によって、転職の際の手続が異なる場合があります。

⑵　在留期間更新手続

在留期間更新手続の概要はＱ８のとおりです。

転職後の活動が「技術・人文知識・国際業務」の在留資格において行うことのできる活動の範囲内にあり、かつ、基準省令の要件も充足する場合、在留期間満了時に更新手続を行うこととなります。この場合、転職後の活動について在留資格該当性および基準省令適合性が審査され、転職を伴わない場合の更新手続に比して立証資料も多く要求され、審査に時間を要するものとされています。そして、申請人の前述の立場が誤っていた場合や立証が不十分であった場合には、更新が不許可となり、原則として、在留期間満了後の就労活動を行うことができなくなります（「入管法の実務」154頁）。

転職によって業務内容や必要となる専門知識が大幅に変わる場合や、転職後に単純就労業務の比率が著しく増加する場合には、類型的に、在留資格該当性および基準省令該当性について慎重に検討する必要があります。

転職後の在留期間更新手続における不許可のリスクを軽減するにあたっては、後述の就労資格証明書を活用する方法があります。

⑶　就労資格証明書

就労を行うことのできる在留資格を有する外国人が転職をした場合等において、具体的活動が当該就労資格に対応する活動に含まれるか否かについて確認するため、就労資格証明書の交付を求めて申請があったときは、以下の事項について審査がなされます（審査要領）。

①　当該申請に係る活動が、現に有する在留資格（特定活動告示に掲げる活動を行うものである場合には、当該告示）に該当するか否かについて審査する。

②　当該申請に係る活動が、基準省令への適合性を要する活動である場合には、基準省令適合性を審査する。

上記審査では、在留期間更新許可の要件のすべてを審査するわけではありません。そのため、就労資格証明書の交付を受けられたからといって、必ずしも在留期間更新許可が保証されるわけではないという点に注意が必要です（たとえば、素行不良や納税義務が履行されていない等の事情がある場合には、いわゆる狭義の相当性を欠き、「更新を適当と認めるに足りる相当の理由」がないと

判断される可能性があります（法21条3項）。狭義の相当性についての詳細はQ8参照）。もっとも、見解の相違が生じやすい在留資格該当性や基準省令適合性について、在留期間更新許可手続に先立って審査を受けられる点は、在留期間更新手続における不許可のリスクを軽減するにあたって重要なポイントといえます。

　そのため、在留資格該当性や基準省令適合性の判断が難しいケースの場合には、就労資格証明書の申請も視野に入れて手続を検討することが推奨されます。

(4)　所属機関等に関する届出

　「技術・人文知識・国際業務」の在留資格をもって日本に在留する者は、契約の相手方である機関との契約の終了または新たな契約の締結があったときは、当該事由が生じた日から14日以内に、出入国在留管理庁長官に届出をしなければならないとされています（法19条の16第2号）。

　そのため、転職を行った場合、その旨の届出を行う必要があります。

(5)　所属機関による届出

　「技術・人文知識・国際業務」等の所定の在留資格を有する中長期在留者を受け入れている機関は、労働施策総合推進法28条1項による届出をしなければならない事業主を除き、出入国在留管理庁長官に対し、当該中長期在留者の受け入れの開始等の事実について、届出をするよう努めなければならないものとされています（法19条の17）。

Q22　在留資格「企業内転勤」の概要

企業内転勤とはどのような資格ですか。

ここがポイント

① 「企業内転勤」とは、海外にある本社から出向してくる外国人、海外にある本社から日本支店に転勤してくる外国人等が対象となる在留資格である。

② 審査要領によれば、「企業内転勤」の対象となる「転勤」には、同一法人内の異動のみならず、系列企業にいう親会社、子会社および関連会社内の出向等も含まれる場合がある。

③ 上陸許可基準によれば、申請人は、転勤の直前に外国にある事業所において、「技術」、「人文知識・国際業務」に基づいて行うことができる業務に1年以上従事していなければならず（基準省令「企業内転勤」下欄1号）、日本人が従事する場合に受ける報酬と同等額以上の報酬を受け取らなければならない（同2号）。

1　概　要

　「企業内転勤」とは、日本に本店、支店その他の事業所のある公私の機関の外国にある事業所の職員が、日本にある事業所に期間を定めて転勤して、当該事業所において行う理学、工学その他の自然科学の分野に属する技術もしくは知識を要する業務に従事する活動（在留資格「技術」に相当）または法律学、経済学、社会学その他の人文科学の分野に属する知識を必要とする業務もしくは外国の文化に基盤を有する思考もしくは感受性を必要とする業務に従事する活動（在留資格「人文知識・国際業務」相当）を行う外国人が対象となる在留資格です（法別表第1の2の表「企業内転勤」下欄）。

　典型例として、「海外にある本社から出向してくる外国人、海外にある本社から日本支店に転勤してくる外国人、日本に子会社や支店等の営業所を新たに設置し、海外にある本社から出向してくる外国人等が想定されています」（「入管法の実務」329頁）。以下では、「企業内転勤」の在留資格該当性、

上陸許可基準、活動内容および在留期間について解説します。

2　在留資格該当性（法別表第1の2の表「企業内転勤」下欄）

⑴　「本邦に本店、支店その他の事業所のある公私の機関の外国にある事業所」とは

これは、「外国と本邦の双方に事業所を持つ公私の機関の外国にある事業所で」「この場合の本店、支店はいずれも例示である」（「入管法大全Ⅱ」101頁）とされています。また、「公私の機関」は会社に限られず、独立行政法人、公益法人その他の団体や個人営業の場合もこれに含まれるものとされています。

⑵　「転勤」とは

一般的に、転勤とは同一法人内の異動を意味します。しかし、審査要領によれば、入管法上の「転勤」については、以下の通り系列企業（財務規にいう「親会社」、「子会社」（財務規8条3項）および「関連会社」（同条5項）を指します。以下同じ）内の出向等も「転勤」に含まれるものとされています。

⑷　本店（本社）・支店（支社）間の異動

本店（本社）と支店（支社）との間の異動は「転勤」の対象となります。

（注「↔」は、企業内転勤における「転勤」を意味します。以下同じ。）

⑻　親会社・子会社間の異動

親会社と子会社との間の異動は「転勤」の対象となります。

また、親会社および子会社または子会社が、他の会社等の意思決定を支配している場合における当該他の会社等（いわゆる「孫会社」）も、その親会社の子会社とみなされるため（財務規8条3項後段）、これらの間の異動も「転勤」の対象となります（下図参照）。

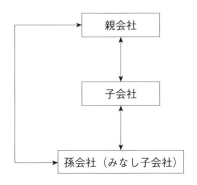

⒞　**子会社・孫会社間の異動および曾孫会社への異動**

　子会社間の異動は「転勤」の対象となります。（親会社から見て）孫会社間の異動、および、子会社と孫会社との間の異動についても、孫会社が子会社とみなされていることから、「転勤」の対象となります。

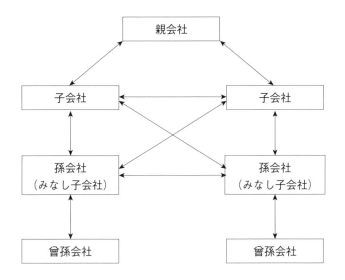

　孫会社の子会社（親会社からみて曾孫会社）については、みなし子会社の子会社であることから、縦の位置関係の異動は「転勤」の対象となります。ただし、曾孫会社間の異動は、親会社が各孫、曾孫会社まで一貫して100％出資している場合を除き、「転勤」の対象となりません（上図参照）。

(D) 関連会社への異動

　関連会社への異動は「転勤」の対象となります。他方、関連会社間の異動および親会社と子会社の関連会社間の異動は「転勤」の対象となりません（下図参照）。

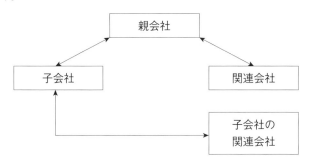

(3) 「期間を定め転勤して」とは

　これは、「日本の事業所での勤務が一定期間に限られていること」（「実務六法」225頁）を意味します。ゆえに、期間を定めずに転勤する場合は、在留資格「技術・人文知識・国際業務」の対象となります。

3　上陸許可基準

　「企業内転勤」の上陸許可基準によれば、申請人は、①申請に係る転勤の直前に外国にある本店、支店その他の事業所において（入管）法別表第1の2の表の技術・人文知識・国際業務の項の下欄に掲げる業務に従事している場合で、その期間（企業内転勤の在留資格をもって外国に当該事業所のある公私の機関の本邦にある事業所において業務に従事していた期間がある場合には、当該期間を合算した期間）が継続して1年以上であること（基準省令「企業転勤」下欄1号）、②日本人が従事する場合に受ける報酬と同等額以上の報酬を受け取ること（同2号）のいずれにも該当することとされています。以下、主要なものを説明します。

(1) 「技術・人文知識・国際業務の項の下欄に掲げる業務に従事している」（基準省令「企業転勤」下欄1号）

　審査要領によれば、転勤前の業務は、入管法別表第1の2の表の「技術・人文知識・国際業務」の項の下欄に掲げる業務であれば足り、転勤後日本で

従事する業務と同一または関連する業務であることまでは不要とされています。

(2) 「企業内転勤の在留資格をもって外国に当該事業所のある公私の機関の本邦にある事業所において業務に従事していた期間がある場合には、当該期間を合算した期間」（基準省令「企業内転勤」下欄1号カッコ書）

たとえば、一定期間「企業内転勤」で日本に在留した後、担当任務の終了に伴い外国の法人に帰任したものの、その数カ月後に新たなプロジェクトが立ち上がり、再度、本人が外国の現地法人等で習得した知識等を活用するために日本への転勤が望まれるようなケースにおいて、直近1年の間に日本で勤務していた期間を含めてよいという意味です。もっとも、「合算が認められるのは『企業内転勤』の在留資格をもっての在留歴であり、『技術・人文知識・国際業務』等の他の在留資格をもっての在留歴は合算が認められないので注意してください」（「入管法の実務」339頁）。

(3) 「日本人が従事する場合に受ける報酬と同等額以上の報酬を受け取ること」（基準省令「企業内転勤」下欄2号）

これは、「日本人が同じ業務に従事すると仮定した場合に、経歴などの条件が同じであるときにその日本人が受けることとなる報酬と同じ額又はそれ以上の額の報酬を受けること」（「入管法大全Ⅱ」20頁〜21頁）を意味するとされています。

なお、「企業内転勤」の審査においては、「本邦に本店、支店その他の事業所のある公私の機関の外国にある事業所」（外国にある転勤元）が報酬の支払主体とされている場合であっても許可されています。さらに、「例えば、基本給は外国にある事業所が支払い、それに加えて、日本にある事業所が、日本の物価の高さ等に鑑みて、日本での滞在費を補完する金銭（食費、住居費、各種手当等）をいくらか支払うというように、外国にある事業所と日本にある事業所の両者から給与等の金銭が支払われる場合でも、その合計額が『日本人が従事する場合に受ける報酬と同等額以上』であれば許可されます（もちろん、外国にある事業所、日本にある事業所、申請人の間で、報酬の支払主体、支払方法、負担割合等を明確に定めておくべきであるのはいうまでもありま

せん）」（「入管法の実務」339頁）。

4　活動の内容

1で述べた通り、「企業内転勤」で行うことができる活動は、「技術」と「人文知識・国際業務」の2つの在留資格に基づいて行うことができる活動を合わせたものになりますが、企業内転勤の形態で日本にある事業所に転勤した外国人が、当該事業所で行う活動でなければなりません。そして、「当該事業所」とは、転勤先の日本にある事業所を意味するので、在留中に転勤先の事業所から日本にある別の事業所に異動して勤務することは認められていないことに注意が必要です。

5　在留期間

「企業内転勤」の在留期間は、5年、3年、1年または3カ月です（規3条、別表第2）。

Q23　在留資格「企業内転勤」申請のための必要書類

> 企業内転勤の在留資格申請のためにはどのような書類が必要ですか（所属機関の区分はカテゴリー3になります）。また、途中で別の事業所に転職することはできますか。

ここがポイント

① 「企業内転勤」（カテゴリー3）の在留資格認定証明書交付申請を行う場合、申請人の活動の内容等を明らかにする資料、転勤前に勤務していた事業所と転勤後の事業所の関係を示す資料、申請人の経歴を証明する文書、事業内容を明らかにする資料、直近の年度の決算文書の写し、前年分の職員の給与所得の源泉徴収票等の法定調書合計表等が必要となる。

② 「企業内転勤」のまま、別の事業所に転職して日本に滞在することはできない。「企業内転勤」の在留期間の途中で転職したいと考えた場合には、あらためて、「技術・人文知識・国際業務」等の他の在留資格を取得する必要がある。

1　在留資格申請にかかる必要書類

「企業内転勤」の在留資格認定証明書交付申請を行う場合の提出書類については、申請人の所属機関に応じ、カテゴリー1～4に区分されて定められています（規6条の2、別表第3。カテゴリーについてはQ18参照）。以下では、カテゴリー3において提出が求められる書類（全カテゴリーに共通するものは省略）について説明します。[1]

(1)　申請人の活動の内容等を明らかにする資料

【表23-1】の通り、必要書類（活動内容、期間、地位および報酬を含む）が定められています。

1　詳細については、出入国在留管理庁ウェブサイト〈https://www.moj.go.jp/isa/applications/procedures/shin_zairyu_nintei10_13.html〉。

【表23-1】　活動内容等を明らかにする資料

法人を異にしない転職の場合	転勤命令書の写し（1通） 辞令等の写し（1通）
法人を異にする転勤の場合	労基15条1項および労基規5条に基づき労働者に交付される労働条件を明示する文書（1通）
役員等労働者に該当しない者の場合	会社の場合は、役員報酬を定める定款の写しまたは役員報酬を決議した株主総会の議事録（報酬委員会が設置されている会社にあっては同委員会の議事録）の写し（1通）
	会社以外の団体の場合は、地位（担当業務）、期間および支払われる報酬額を明らかにする所属団体の文書（1通）

　実務においては、付与される在留期間の決定にあたり、雇用先の規模や報酬額等は重要な判断要素となっています。したがって、上述の必要書類に加えて、申請人を採用することに至った理由書等の書面も補足資料として提出するべきです。これらの書面で示されるべき事項は、「申請人の知識・能力・学歴・経験と予定する職務との関連性、予定する職務自体の重要性・高度性、応募・面接等の採用の経緯、申請人の人格の良好性等です」（「入管法の実務」305頁）。

(2)　転勤前に勤務していた事業所と転勤後の事業所の関係を示す資料

　【表23-2】の通り、必要書類が定められています。これからもわかるように、外国会社の営業所に転勤する外国人に係る「企業内転勤」の申請にあ

【表23-2】　転勤前後の事業所の関係を示す資料

同一の法人内の転勤の場合	外国法人の支店の登記事項証明書等当該法人が日本に事業所を有することを明らかにする資料（1通）
日本法人への出向の場合	当該日本法人と出向元の外国法人との出資関係を明らかにする資料（1通）
日本に事務所を有する外国法人への出向の場合	当該外国法人の支店の登記事項証明書等当該外国法人が日本に事務所を有することを明らかにする資料（1通）
	当該外国法人との出向元の法人との資本関係を明らかにする資料（1通）

たっては、営業所設置の登記（会社933条1項2号）を行うことが必要になります。駐在員事務所に転勤する外国人に係る「企業内転勤」にあたっては、駐在員事務所の登記制度がないので、「その実在や継続性・安定性の立証資料として、事務所の賃貸借契約書や給与支払事務所等の開設の届出書等を使用します」（「入管法の実務」331頁）。

(3)　申請人の経歴を証明する文書

①関連する業務に従事した機関および内容並びに期間を明示した履歴書（1通）、②過去1年間に従事した業務内容および地位、報酬を明示した転勤の直前に勤務した外国の機関（転勤の直前1年以内に申請人が企業内転勤の在留資格をもって日本に在留していた期間がある場合には、当該期間に勤務していた日本の機関を含む）の文書（1通）、が必要となります。

申請人の経歴に関しては、転勤後日本において従事する業務が、転勤前の業務と同一または関連することまでは求められていません。しかし、審査においては、「転勤前の業務と転勤後日本において従事する業務とが、同一又は関連している場合の方が、申請人を採用する必要性が高いことを基礎づけると考えられますので、有利に斟酌されます」（「入管法の実務」338頁）。

また、従事する事業に関連して申請人が習得している知識の豊富さや能力の高さ等は、許否の判断に大きく影響します。そのため、大卒等の学歴があるほうがより有利に斟酌されます。したがって、大学等の卒業証明書や成績証明書等、申請人の能力、知識、実績等を具体的にアピールできるものがあれば、これらの書類も提出すべきです。

(4)　事業内容を明らかにする資料

①勤務先等の沿革、役員、組織、事業内容（主要取引先と取引実績を含む）等が詳細に記載された案内書（1通）、②その他の勤務先等の作成した上記①に準ずる文書（1通）が必要となります。

前述の通り、日本における事業所は、事業が適切に行われ、かつ、安定的・継続的に事業を行っていると認められるものでなければなりません。したがって、たとえば、転勤先である日本の事業所が設立して間もない場合等には、その経済基盤の脆弱性を補う目的で、転勤元の外国の事業所等の規模や経営状況等の安定性も立証できる書面を提出すべきです。

⑸　**直近の年度の決算文書の写し（1通）**

　転勤先である日本の事業所における、直近の年度の決算文書の写しが必要となります。たとえば、決算文書における日本の事業所の収益が少ない場合には、別途事業計画書等も提出し、今後日本の事業所にて安定的かつ継続的な事業活動が見込まれることを説得的に説明すべきです。

⑹　**前年分の職員の給与所得の源泉徴収票等の法定調書合計表（受付印のあるものの写し）**

　所属期間のカテゴリー区分を示す文書として必要となります。なお、カテゴリー3は、転勤先である日本の事業所における前年分の職員の給与所得の源泉徴収票等の法定調書合計表中、給与所得の源泉徴収合計表の源泉徴収税額が1000万円未満である場合となります（Q18参照）。

2　「企業内転勤」での転職の可否

　転職前の日本国内の事業所を、「本邦にある事業所」（法別表第1の2の表「企業内転勤」下欄）として申請し、許可された在留資格「企業内転勤」のまま、別の事業所に転職して日本に滞在することはできません。「企業内転勤」は、申請に係る転勤の直前の外国にある親会社・子会社・関連会社における1年以上の勤務経験が要求される在留資格なので、在留期間更新による日本国内での転職が基本的に想定されておらず、転職先の事業所は、親子会社関係等に基づく特定の「本邦にある事業所」（法別表第1の2の表「企業内転勤」下欄）には該当しないと考えられているためです。したがって、「企業内転勤」の在留期間の途中で転職したいと考えた場合には、あらためて、「技術・人文知識・国際業務」等の他の在留資格を取得する必要があります。

Q24　在留資格「技能」の概要

技能とは、どのような在留資格ですか。たとえば、チェーン展開をしている中華料理店において新たに26歳の中国人調理師を招へいする場合、どのような点に気を付けるべきでしょうか。

ここがポイント

① 「技能」の在留資格は、わが国の経済社会や産業の発展に寄与するとの観点から、日本人で代替できない産業上の特殊な分野に属する熟練した技能を有する外国人を受け入れるために設けられたものである。

② 「技能」の在留資格に係る基準に適合する外国人は、基準省令「技能」1号から同9号までに限定的に列挙されている者に限られる。

③ 本国での義務教育年齢に相当する10代前半の調理師としての経歴は、審査において、熟練した技能に係るものではなく、10年以上の実務経験に含まれないと判断される可能性がある。

1　技能とは

「技能」の在留資格は、わが国の経済社会や産業の発展に寄与するとの観点から、日本人で代替できない産業上の特殊な分野に属する熟練した技能を有する外国人を受け入れるために設けられたものです（審査要領）。

「技能」の在留資格と「技術・人文知識・国際業務」の在留資格とを区別する際には、「技術・人文知識・国際業務」の在留資格をもって在留する者が学術上の素養を含め、学理上の理論を実際に応用した業務に従事するのに対し、「技能」の在留資格をもって在留する者は個人が自己の経験の集積によって修得した技量を要する業務に従事する者であるという理解が念頭におかれます（「実務六法」226頁）。

(1) 本邦において行うことができる活動（法別表第1の2の表「技能」下欄）

本邦の公私の機関との契約に基づいて行う産業上の特殊な分野に属する熟練した技能を要する業務に従事する活動

　「産業上の特殊な分野」には、外国に特有の産業分野（基準省令「技能」下欄１号、２号および３号）、わが国の水準よりも外国の技能レベルが高い産業分野（同４号・５号・８号および９号）およびわが国において従事する技能者が少数しか存在しない産業分野（同６号および７号）が該当します（審査要領）。

　「熟練した技能」とは、個人が自己の経験の集積によって有することとなった熟練の域にある技能を必要とすることを意味し、この点で、「技能」の在留資格に該当する活動は、特別な技能、判断等を必要としない単純労働と区別されます（審査要領）。

　基準省令には、特定の技能を要する業務に従事する者が列挙されており、「技能」の在留資格に係る基準に適合する外国人は、基準省令第１号から第９号までに限定的に列挙されている者に限られます（「入管法大全Ⅱ」134頁）。

⑵　適用される基準省令（基準省令「技能」下欄および審査要領）

⒜　報酬要件

　日本人が従事する場合に受ける報酬と同等額以上の報酬を受けることが必要です。

⒝　業務内容要件および実務要件

　業務内容および関連する実務要件について、次のいずれかに該当することが必要です（基準省令「技能」下欄。号数の後のカッコ書は筆者）。

第１号（調理師）

料理の調理又は食品の製造に係る技能で外国において考案され我が国において特殊なものを要する業務に従事する者で、次のいずれかに該当するもの（第９号に掲げる者を除く。）

イ　当該技能について10年以上の実務経験（外国の教育機関において当該料理の調理又は食品の製造に係る科目を専攻した期間を含む。）を有する者

ロ　経済上の連携に関する日本国とタイ王国との間の協定附属書７第１部Ａ第５節１⒞の規定の適用を受ける者

第２号（建築技術者）

外国に特有の建築又は土木に係る技能について10年（当該技能を要する業務に10年以上の実務経験を有する外国人の指揮監督を受けて従事する者の場合にあっては、５年）以上の実務経験（外国の教育機関において当該建築又は土木に係る科

目を専攻した期間を含む。）を有する者で、当該技能を要する業務に従事するもの

第3号（外国特有製品の製造・修理）

外国に特有の製品の製造又は修理に係る技能について10年以上の実務経験（外国の教育機関において当該製品の製造又は修理に係る科目を専攻した期間を含む。）を有する者で、当該技能を要する業務に従事するもの

第4号（宝石・貴金属・毛皮加工）

宝石、貴金属又は毛皮の加工に係る技能について10年以上の実務経験（外国の教育機関において当該加工に係る科目を専攻した期間を含む。）を有する者で、当該技能を要する業務に従事するもの

第5号（動物の調教）

動物の調教に係る技能について10年以上の実務経験（外国の教育機関において動物の調教に係る科目を専攻した期間を含む。）を有する者で、当該技能を要する業務に従事するもの

第6号（石油・地熱等掘削調査）

石油探査のための海底掘削、地熱開発のための掘削又は海底鉱物探査のための海底地質調査に係る技能について10年以上の実務経験（外国の教育機関において石油探査のための海底掘削、地熱開発のための掘削又は海底鉱物探査のための海底地質調査に係る科目を専攻した期間を含む。）を有する者で、当該技能を要する業務に従事するもの

第7号（航空機操縦士）

航空機の操縦に係る技能について250時間以上の飛行経歴を有する者で、航空法（昭和27年法律第231号）第2条第18項に規定する航空運送事業の用に供する航空機に乗り組んで操縦者としての業務に従事するもの

第8号（スポーツ指導者）

スポーツの指導に係る技能について3年以上の実務経験（外国の教育機関において当該スポーツの指導に係る科目を専攻した期間及び報酬を受けて当該スポーツに従事していた期間を含む。）を有する者若しくはこれに準ずる者として法務大臣が告示をもって定める者で、当該技能を要する業務に従事するもの又はスポーツの選手としてオリンピック大会、世界選手権大会その他の国際的な競技会に出場したことがある者で、当該スポーツの指導に係る技能を要する業務に従事するもの

第9号（ワイン鑑定等）

ぶどう酒の品質の鑑定、評価及び保持並びにぶどう酒の提供（以下「ワイン鑑定等」という。）に係る技能について5年以上の実務経験（外国の教育機関におい

てワイン鑑定等に係る科目を専攻した期間を含む。）を有する次のいずれかに該当する者で、当該技能を要する業務に従事するもの

イ　ワイン鑑定等に係る技能に関する国際的な規模で開催される競技会（以下「国際ソムリエコンクール」という。）において優秀な成績を収めたことがある者

ロ　国際ソムリエコンクール（出場者が一国につき1名に制限されているものに限る。）に出場したことがある者

ハ　ワイン鑑定等に係る技能に関して国（外国を含む。）若しくは地方公共団体（外国の地方公共団体を含む。）又はこれらに準ずる公私の機関が認定する資格で法務大臣が告示をもって定めるものを有する者

2　チェーン展開をしている中華料理店において、新たに26歳の中国人調理師を招へいする際のポイント

(1)　「料理の調理又は食品の製造に係る技能で外国において考案され我が国において特殊なものを要する業務に従事する者」（基準省令「技能」下欄1号柱書）といえるか

中国料理、フランス料理、インド料理等の調理師や「点心」、パン、デザート等の食品を製造する調理師やパティシエ等がこれに該当するものとされています（審査要領）。

「料理の調理又は食品の製造に係る技能で外国において考案され我が国において特殊なもの」とは、「料理」や「食品」そのものが外国において考案されわが国において特殊なものであることは必要ではないが、その調理や製造に係る技能が外国において考案されたもので、かつ、わが国においてあまり普及していないものであることを要件としたものと考えられています（「入管法大全」134頁）。このような趣旨を踏まえると、一口に中国料理といっても、調理方法が実質的には日本国内で考案されたと評価できる料理や、日本国内で普及している料理については、当該要件を満たさない可能性がある点に注意が必要です（味噌ラーメン、ちゃんぽん、皿うどんの調理が、「産業上の特殊な分野」である中華料理の調理に該当しないと判断した事例として東京地判平23・2・18WLJP）。

したがって、中華料理店において中国人調理師を招へいする場合、当該調

理師が担当する料理が「料理の調理又は食品の製造に係る技能で外国において考案され我が国において特殊なもの」と評価できるかを確認しておくことが重要です。

　⑵　「当該技能について10年以上の実務経験（外国の教育機関において
　　　当該料理の調理又は食品の製造に係る科目を専攻した期間を含む。）
　　　を有する者」（基準省令「技能」下欄1号イ）といえるか

　この事実は、「所属していた機関からの在職証明書（所属機関の名称、所在地および電話番号が記載されているものに限る。）等で、申請に係る技能を要する業務に従事した期間を証する文書（外国の教育機関において当該業務に係る科目を専攻した期間を含む。）」により確認するものとされています（審査要領）。まずは、当該文書を準備できるかについて、候補者に確認しておく必要があるでしょう。

　また、本国での義務教育年齢に相当する10代前半の調理師としての経歴は、審査において、熟練した技能に係るものではなく、10年以上の実務経験に含まれないと判断される可能性があります（「入管法の実務」358頁）。

　26歳の調理師を招へいする場合、10年以上の実務経験があるというためには少なくとも16歳からプロの調理師として働いていた事実を立証する必要があります。したがって、具体的にどのような働き方をしていたのかについて、電話会議等の方法により詳細に確認をすることが重要です。

3　在留期間

　「技能」の在留期間は、5年、3年、1年または3カ月です（法2条の2第3項、規3条、別表第2）。

Q25 在留資格「経営・管理」の概要

日本で会社を新設してビジネスを行いたいと考えています。

① 「経営・管理」の在留資格で行うことのできる活動は、何ですか。

② どのような要件（事業規模・学歴など）で、「経営・管理」の在留資格を取得可能でしょうか（「経営・管理」の上陸許可基準）。

ここがポイント

① 「経営・管理」の在留資格は、外国人が事業の経営・管理業務に従事できるよう設けられた在留資格である。

② 具体的な活動の例としては、「経営」として、事業の運営に関する重要事項の決定・業務の執行または監査の業務に従事する取締役、監査役等の役員としての活動、「管理」として、事業の管理の業務に従事する部長、工場長、支店長等の管理者としての活動が該当する。

③ 在留資格の要件として、基本的には、事業を営むための事業所が日本に存在すること、一定の事業の規模、（申請人が事業の管理に従事しようとする場合）3年以上の実務経験かつ日本人と同等額以上の報酬等が必要である。

④ 在留資格認定証明書の交付申請には、地方出入国在留管理局に在留資格認定証明書交付申請書その他の提出書類の提出が必要である。

⑤ 狭義の相当性に影響しうる点の1つとして、「経営・管理」の在留資格で在留する外国人が運営する機関（個人事業を含む）による、各種公的義務の履行に関する法令遵守の必要性があげられる。

1 「経営・管理」の在留資格

(1) 「経営・管理」の在留資格の概要

「経営・管理」の在留資格（在留期間：5年、3年、1年、6カ月、4カ月ま

---

1 正式名称は、在留資格「経営・管理」となりますが、実務上は、経営管理ビザ、投資経営ビザ、投資ビザ、経営ビザ、インベスタービザ、マネジメントビザなどと呼称されることがあります。

たは3カ月)[2]は、外国人が事業の経営・管理業務に従事できるよう設けられた在留資格であり、該当する活動は以下のとおりです(法別表第1の2の表「経営・管理」下欄)。

> 本邦において貿易その他の事業の経営を行い又は当該事業の管理に従事する活動(この表の法律・会計業務の項の下欄に掲げる資格を有しなければ法律上行うことができないこととされている事業の経営又は管理に従事する活動を除く。)

　元々外資系企業(外国人または外国企業が出資している企業)における経営・管理活動に限られてきた「投資・経営」の在留資格でしたが、平成26(2014)年の改正[3]により、日系企業(外国人または外国企業が出資していない企業)における経営・管理活動を追加し、新たな在留資格「経営・管理」とした沿革があります。同改正に伴い、外国人たる申請人自身による出資は必須ではなくなりました[4]。

　具体的な活動としては、「経営」として、事業の運営に関する重要事項の決定・業務の執行または監査の業務に従事する取締役、監査役等の役員としての活動、「管理」として、事業の管理の業務に従事する部長、工場長、支店長等の管理者としての活動が該当します(詳細は下記(2)参照)。

　また「経営・管理」は、在留資格該当性に加え、上陸許可基準適合性も求められる在留資格です(法7条1項2号)。「経営・管理」の上陸許可基準については後記2およびQ26をご参照ください。

　なお、海外居住である外国人が、日本で会社設立のための手続を行うことは可能ですが、実際に日本で経営するためには、「経営・管理」の在留資格を取得する必要があります。もっとも、就労に制限のない地位等類型資格(「永住者」、「日本人の配偶者等」、「永住者の配偶者等」または「定住者」)の在留資格を持つ外国人は、会社経営を含む就労活動が可能です(地位等類型資格と就労についてはQ2およびQ3、各地位等類型資格の詳細は対応する在留資格

2　在留期間については、規別表第2「経営・管理」下欄参照。

3　平成26年法律第74号:別表第1の2の表「投資・経営」を「経営・管理」に変更。また同下欄の「本邦におけるこれらの事業に投資して」「本邦におけるこれらの事業に投資している外国人に代わって」を削除。

4　出入国在留管理庁のウェブサイト〈https://www.moj.go.jp/isa/laws/nyukan2015_index.html〉もご参照ください。

のQ38〜Q43参照）。

(2)　「経営・管理」の在留資格該当性

「経営・管理」の在留資格該当性については、法別表第1の2の表「経営・管理」下欄のとおり「本邦において貿易その他の事業の経営を行い又は当該事業の管理に従事する活動」と規定されており、「事業の経営を行う活動」または「事業の管理に従事する活動」が該当します。

　具体的には、日本で行う以下の活動です（審査要領）。

①　事業経営を開始して経営を行いまたは当該事業の管理に従事する活動

②　既存事業に参画して経営を行いまたは当該事業の管理に従事する活動

③　事業の経営を行っている者（法人を含みます）に代わって経営を行いまたは当該事業の管理に従事する活動

なお「貿易その他の事業」の「貿易」は例示であり、事業の種類に限定はありませんが、「事業」は適法に行われることが必要です（審査要領）。この点に関連して、たとえば、関係行政庁との間で許認可等が必要になる事業については、「経営・管理」の在留資格の申請前に当該事業に係る許認可等を取得しておく、または申請時点で未取得の場合には確実に取得する見込みであることが必要です。[5]

「事業の経営を行う活動」とは、事業の経営または管理に実質的に参画しまたは従事する者、すなわち事業の運営に関する重要事項の決定、事業の執行または監査の業務に従事する役員（より具体的には、代表取締役、取締役、監査役等[6]）としての活動を意味し、「事業の管理に従事する活動」とは、事業の管理の業務に従事する職員（より具体的には、部長、工場長、支店長等[7]）の管理者としての活動を意味します（審査要領）。

　なお、上記③の「代わって」とは、設立者や投資者（設立者や投資者から相続した者等、事業の継承者を含みます）を含む経営者の利益を代表して行う

5　「入管法の実務」373頁。なお、実務上、外国人が実際に行う許認可等を必要とする事業で多いのは、いわゆる中古品売買等（古物営業）、免税店（輸出物品販売場）、飲食店営業等、旅行業、（外国人向け）不動産業（宅地建物取引業）、有料職業紹介事業・労働者派遣事業などです。許認可等の必要性を事前に調査のうえ、スケジュールの考慮が必要です。

6　なお、実務上、監査役は取締役に比べ、慎重に審査されます（「入管法の実務」372頁）。

7　部に相当するもの以上の内部組織の管理的業務に従事する管理職員（「実務六法」223頁）。

ことを意味し、具体的には、当該事業の経営者または管理者として派遣され
た者の活動が該当します。[8・9]

　実務上、「経営・管理」の在留資格は、日本で新規に会社を設立する場合
のほか、会社の買収や既存の会社に役員として参画する場合にも取得可能で
す（上記②および③参照）。[10]

2　「経営・管理」の在留資格の要件（上陸許可基準）

　以下①〜③のいずれにも該当することが必要とされています（基準省令
「経営・管理」下欄）。

①　事業を営むための事業所が日本に存在すること。ただし、その事業が
　　開始されていない場合にあっては、その事業を営むための事業所として
　　使用する施設が日本に確保されていること（基準省令「経営・管理」下欄
　　1号）

　　なお、上記でいう「事業所」は、以下のいずれの要件も満たしている
　　必要があります（審査要領）。

ⓐ　経済活動が単一の経営主体のもとにおいて一定の場所、すなわち一
　　区画を占めて行われていること

ⓑ　財貨およびサービスの生産または提供が、人および設備を有して継
　　続的に行われていること

②　申請に係る事業の規模が、以下のいずれかに該当していること（基準
　　省令「経営・管理」の項の下欄2号）

ⓐ　その経営または管理に従事する者以外に日本に居住する2人以上の
　　常勤職員（法別表第1の上欄の在留資格をもって在留する者を除きます。
　　つまり、外国籍の場合は、「永住者」「日本人の配偶者等」「永住者の配偶者
　　等」「定住者」または入管特例法の特別永住者に限られます）が従事して

8　「入管法の実務」371頁。

9　「代わって」の立証資料としては、議事録・アサインメントレター・オファーレター等があ
　ります。

10　なお、手続を進めるための協力者等が日本にいないと会社設立の手続や「経営・管理」の在
　留資格についての申請手続が困難となる場合には、事前に協力者等を確保しておくことが肝要
　です。

営まれるものであること（基準省令「経営・管理」下欄2号イ）

　　ⓑ　資本金の額または出資の総額が500万円以上であること[11]（基準省令「経営・管理」下欄2号ロ）

　　ⓒ　上記ⓐまたはⓑに準ずる規模であると認められるものであること（基準省令「経営・管理」下欄2号ハ）

　③　申請人が事業の管理に従事しようとする場合は、事業の経営または管理について3年以上の経験[12]（大学院において経営または管理に係る科目を専攻した期間を含む）を有し、かつ、日本人が従事する場合に受ける報酬と同等額以上の報酬を受けること（基準省令「経営・管理」下欄3号）

　なお、「経営・管理」の上陸許可基準の各要件（上記①～③）の具体的な内容については、Q26で詳説しています。

3　在留資格「経営・管理」取得の手続（在留資格認定証明書の交付申請）

　在留資格「経営・管理」の在留資格認定証明書の交付申請は、地方出入国在留管理局に在留資格認定証明書交付申請書その他の提出書類を提出して行います（法7条の2第1項、規6条の2第1項および2項）。

　申請書（と写真・返信用封筒）以外の提出書類は、管理または経営に従事しようとする事業（所属機関）のカテゴリー（Q18参照）により異なります。所属機関がカテゴリー1または2に該当する場合は、当該カテゴリーに該当することを証明する文書を提出すれば足りますが、事業開始から間もない場合または新規事業の場合には、カテゴリー3または4に該当する場合が多いと思われ、その場合、事業計画書[13]（規6条の2第2項、規別表第3「経営・管

11　会社設立の際の最低資本金の制度がないため、実質的に資本金1円の会社も設立することが可能ですが、そのような会社においては、この資本金の額または出資の総額が500万円以上であることを満たさなくなりますので、ご留意ください。また、外国為替及び外国貿易法上の対内直接投資等に該当し、事前届出や事後報告等の対象となる場合がありますので、その点にも留意が必要です。

12　この要件は、記載のとおり、「事業の管理に従事しようとする場合」の要件であり、「経営に従事しようとする場合」の要件ではありません。

13　事業計画書の記載内容については、Q26参照。

理」下欄１号イ）ほか多岐にわたる資料の提出が求められます。

　提出書類の詳細については出入国在留管理庁のウェブサイトを[14]、また提出書類による立証において留意すべき事項（上陸許可基準適合性の立証）については Q27 を、それぞれご参照ください。

4　その他の留意点

　なお、特に「経営・管理」の在留資格の更新申請の際に狭義の相当性（Q8参照）に影響しうる点の１つとして、「経営・管理」の在留資格で在留する外国人が運営する機関（個人事業を含みます）による、各種公的義務の履行に関する法令遵守の必要性が挙げられます。

　まず、国税および地方税を適切に納付している必要があります。

　また、労働関係法令・社会保険関係法令を遵守していることも求められます。雇用する従業員（アルバイトを含みます）の労働条件が労働関係法令に適合していること、労働保険の適用事業所は、当該保険の加入手続を適正に行い、保険料を適切に納付していること、健康保険および厚生年金保険の適用事業所は、当該保険の加入手続を行い、雇用する従業員の健康保険および厚生年金保険の資格取得手続を行い、保険料を適切に納付していることが求められます[15]。

14　〈https://www.moj.go.jp/isa/applications/procedures/nyuukokukanri07_00088.html〉。

15　以上につき、出入国在留管理庁「外国人経営者の在留資格基準の明確化について」（平成17年８月策定、令和２年８月改定）５頁〈https://www.moj.go.jp/content/001321480.pdf〉。

Q26 在留資格「経営・管理」の取得に必要とされる事業実体・規模等（上陸許可基準の具体的内容など）

　日本で会社を新設してビジネスを行いたいと考えています。

① どのような事務所が、事業所として認められますか。

② 事業計画書は、必要でしょうか。

③ 資本金の額は、いくら必要でしょうか。

④ 必要な実務経験や報酬額について、教えてください。

ここがポイント

① 事業所を賃借する場合、その賃貸借契約において、その法人等による事業目的での使用を明確にしておくことが必要である。

② 在留資格該当性の留意事項として、事業の安定性・継続性が求められており、事業計画書は、その立証において重要な意味をもつ。

③ 「資本金の額又は出資の総額が500万円以上であること」の立証に関連して、当該資金の出所と送金経路を明確に立証できるようにしておく。

④ 「事業の経営又は管理について3年以上の経験」を有することとの関係では、大学院において経営または管理に係る科目を専攻した期間を含む。また、「日本人が従事する場合に受ける報酬と同等額以上の報酬を受ける」か否かは、個々の企業の報酬体系を基礎に日本人と同等額以上であるか、また、他の企業の同種の職種の報酬を参考に日本人と同等額以上であるかについて判断される。

1 事業所の存在・確保（上陸許可基準）

　Q25で述べたとおり、「経営・管理」の上陸許可基準では「事業を営むための事業所が日本に存在すること」が求められ、事業所の存在・確保が要件とされています（基準省令「経営・管理」下欄1号[1]）。

---

1 この点、下記2のとおり、審査要領は「経営・管理」の在留資格該当性との関係で「事業」の継続性を求めていますが、上陸許可基準である事業所の存在・確保の要件との関係でも事業の継続性を示すべきことが念頭におかれているようです。

　具体的には、事業所を賃借する場合、その賃貸借契約において使用目的を事業用・店舗・事務所などの事業目的であることを明確にし、契約者はその法人等の名義とし、その法人等による事業目的での使用を明確にしておくことが必要です。月単位の短期間賃貸スペース等や、容易に処分可能な屋台等の施設は、合理的な特別の事情がない限り、認められません。住所および電話番号等を借り受け、電話にはオペレーターが対応し郵便物を転送するなど、実際に経営または管理を行う場所は存在しない「バーチャル・オフィス」も、事業所とは認められません（審査要領）。

　また、住居として賃借している物件の一部を使用して事業が運営されるような場合には、①住居目的以外での使用を貸主が認めていること（事業所として借主と当該法人の間で転貸借されることにつき、貸主が同意していること）、②借主も当該法人が事業所として使用することを認めていること、③当該法人が事業を行う設備等を備えた事業目的占有の部屋を有していること、④当該物件に係る公共料金等の共用費用の支払に関する取決めが明確になっていること、⑤看板類似の社会的標織を掲げていることが必要とされます（審査要領）。

　なお、審査要領によれば、インキュベーターが支援している場合で、申請人から当該事業所に係る使用承諾書等の提出があったときは、独立行政法人日本貿易振興機構（ジェトロ）が運営する対日投資・ビジネスサポートセンター（IBSC）の提供するオフィスなどのインキュベーションオフィス等の一時的な住所または事業所であって、起業支援を目的に一時的に事業用オフィスとして貸与されているものの確保をもって「事業所の確保（存在）」の要件に適合しているものとして取り扱うこととされています。

2　なお、コワーキングスペース等について、国家戦略特別区域外国人創業活動促進事業（通称スタートアップビザ）の制度拡充との関係については、出入国在留管理庁「国家戦略特別区域外国人創業活動促進事業に係る在留資格の変更、在留期間の更新のガイドライン」（令和2年3月策定）を参照〈https://www.moj.go.jp/isa/content/930005156.pdf〉。
3　経営アドバイス、企業運営に必要なビジネスサービス等への橋渡しを行う団体・組織（審査要領）。

2　事業計画書の必要性（在留資格該当性）

（1）　事業計画書と事業の継続性（在留資格該当性）

　Q25で述べたとおり、「経営・管理」の在留資格認定証明書交付申請に際して、所属機関がカテゴリー3以下の場合、提出書類として事業計画書が求められます。

　審査要領によれば、「経営・管理」の在留資格該当性の留意事項として、「外国人が経営または管理に従事する事業が安定して営まれるもの」と客観的に認められることが求められています（事業の安定性・継続性）。事業計画書は、この事業の安定性・継続性の立証において重要な意味をもちます。

　事業の安定性・継続性については、単に資本金の大小のみではなく、営業活動により得られる売上高、利益、従業員数、営業種目、営業品目、営業損益の決算内容やその見込み、政府等からの資金援助の有無等から総合的に判断されます（「入管法の実務」373頁～374頁）。そこで、事業計画書においては、これらの判断要素を念頭において作成すべきことになります。

　事業計画書には決まったフォーム等は存在しませんが、日本語で作成する必要があるため、外国人には困難な作業となり得ます。実務上、一般的にはA4サイズで7枚から10枚程度のボリュームです[4]。記載する内容としては、事業の実態があるという点になり[5]、事業概要、経営理念、代表者プロフィール、事業の特徴、サービスプラン、価格設定、集客方法、取引先・仕入先・外注先、事業のこれまでの進捗、今後の事業計画、将来の人員計画、組織体制、今後1年間の損益計画書（営業品目、売上、仕入れ、販売費、一般管理費等を含む）、特殊なノウハウや人脈の保有、経営に必要な知識や語学力の保

4　小島健太郎『必ず取れる経営管理ビザ！外国人会社設立ガイド』（セルバ出版・2018年）85頁。

5　なお、申請人自ら拠出した資本金の額または出資の総額が500万円以上であれば、通常は事業の管理ではなく経営に従事する者として「経営・管理」の在留資格認定証明書交付申請を行うことが想定されます。その場合、事業の管理に従事しようとする場合に要求される実務経験（または学歴）は不要であることもあり、マネー・ローンダリングおよびテロ資金供与等に利用されるペーパーカンパニーが設立されるリスクが生じ得ます。この点からも、事業の実態の有無は重要となります。

有等になります。[6]

(2)　事業の継続性と決算状況

　上記に関連する点として、事業の継続性につき、今後の事業活動が確実に行われることが見込まれる必要があります。ただし、赤字決算もありうることから、単年度の決算状況を重視するのではなく、貸借状況等も含めて総合的に判断されます。なお、債務超過が続くような場合は、資金の借入先の確認などにより、事業の実態・本人の活動実態の虚偽性がないかを確認し、特に2年以上連続赤字の場合には、本人の活動内容を含め慎重な調査がなされるとされています（審査要領）。

3　資本金の額[7]（上陸許可基準）

　Q25で述べたとおり、「経営・管理」の上陸許可基準の1つとして、事業の規模についての要件（以下、「事業規模要件」といいます）があります（基準省令「経営・管理」下欄2号）。

> 申請に係る事業の規模が次のいずれかに該当していること。
> イ　その経営又は管理に従事する者以外に日本に居住する2人以上の常勤職員（法別表第1の上欄の在留資格をもって在留する者を除く。）（筆者注・つまり、外国籍の場合は、「永住者」「日本人の配偶者等」「永住者の配偶者等」「定住者」または入管特例法の特別永住者に限られます）が従事して営まれるものであること。
> ロ　資本金の額又は出資の総額が500万円以上であること。[8]
> ハ　イ又はロに準ずる規模であると認められるものであること。

　資本金の額は、上記要件のうちロに該当するか否かに直接関わります。ロの基準は、事業が会社形態で営まれる場合を前提とする規定で、株式会社に

6　「入管法の実務」373頁および小島健太郎『必ず取れる経営管理ビザ！外国人会社設立ガイド』（セルバ出版・2018年）85頁。

7　なお、会社の資本金等の払込には、当該会社の発起人名義または会社名義の銀行預金口座が必要となりますが、昨今、マネー・ローンダリングおよびテロ資金供与対策の実効性をより高めようとする動きがあり、外国人が関わる法人関係の預金口座の開設等についても、預金取扱機関は慎重な姿勢を示すようになっています。会社を新設することにより、「経営・管理」の在留資格の取得をめざす場合には、預金取扱機関と十分にコミュニケーションを図る必要があることも、スケジュールの策定にあたり、考慮する必要があります。

おける払込済資本の額（資本金の額）又は合名会社、合資会社もしくは合同会社の出資の総額が500万円以上の事業であることを要件とするものとされています（審査要領）。なお、「資本金の額又は出資の総額が500万円以上であること」の立証に関連して、当該資金の出所と送金経路を明確にし、立証できるようにしておくことが望ましいです[8]。具体的には、預金通帳上の記載や、当該送金の記録（送金書の写し等）といった資料による立証が考えられます。

　問題は、「資本金の額又は出資の総額」が500万円に満たない場合でも、この事業規模要件を満たせるかどうかです。この点、上記によれば、「イ又はロに準ずる規模」と認められる場合にもなお事業規模要件を満たす旨の規定があります。そこで「イ又はロに準ずる規模」にあたるかどうかを検討することになります。

　この点、イに準ずる規模とは、たとえば、常勤職員が1人のみの場合にもう1人を従事させるのに要する費用（おおむね250万円程度）を投下して営まれる事業の規模等がこれにあたります（審査要領）。

　またロに準ずる規模とは、たとえば外国人が個人事業として事業を開始しようとする場合に500万円以上を投資して営まれている事業の規模等がこれにあたります。この場合の500万円の投資とはその事業を営むのに必要なものとして投下されている総額です。具体的には、事業所の確保（事業所として使用する施設の確保に係る経費）、雇用する職員の給与等（役員報酬、常勤・非常勤を問わずその事業所において雇用する職員に支払われる報酬に係る経費）、並びに事業所の事務機器購入経費および事業所維持に係る経費が、この目的で投下された金額にあたるとされています[9]。また、継続的な事業の場合は

8　資金の出所等の記録は、上陸許可基準のみならず、在留資格該当性の立証資料としても重要です。Q25で述べたとおり、平成26（2014）年改正により、「資本金の額又は出資の総額」について、申請人自身による出資は必須ではなくなりました。しかし、在留資格該当性の「経営を行」うの要件の判断に際し、申請人が取得した株式の割合や事業に投下している資金の出所は、申請人の経営への実質的な参画の有無の判断要素とされています（審査要領）。

9　「地方公共団体が起業支援を行う場合における在留資格『経営・管理』の取扱いについて」（平成30年1月）の詳細は、出入国在留管理庁のウェブサイトをご参照ください〈https://www.moj.go.jp/isa/publications/materials/nyuukokukanri07_00160.html〉。

500万円以上の投資が継続して行われていることが必要です（審査要領）。

　なお、一般的に会社の借金は投資額とは評価されませんが、当該外国人が個人保証をしている等の事情があれば投資額と評価され得ます（審査要領）。

4　実務経験および報酬額（上陸許可基準）

　Q25で述べたとおり、申請人が事業の管理に従事する場合、上陸許可基準として次の実務経験および報酬についての要件が定められています（基準省令「経営・管理」下欄3号）。

> 申請人が事業の管理に従事しようとする場合は、事業の経営又は管理について3年以上の経験（大学院において経営又は管理に係る科目を専攻した期間を含む。）を有し、かつ、日本人が従事する場合に受ける報酬と同等額以上の報酬を受けること。

　上記要件のうち「申請人が事業の管理に従事しようとする場合は、事業の経営又は管理について3年以上の経験（大学院において経営又は管理に係る科目を専攻した期間を含む。）を有」することとの関係では、日本または外国の大学院において経営または管理に係る科目を専攻して教育を受けた期間は、「実務経験」期間に算入されます。たとえば、大学院において経営または管理に係る科目を専攻して3年の教育を受けた外国人の場合や、大学院で経営に係る科目を専攻し2年間の修士課程を修了した外国人で事業の経営または管理について1年の実務経験がある場合は、要件に適合します（審査要領）。

　また、「日本人が従事する場合に受ける報酬と同等額以上の報酬を受ける」か否かは、報酬額を基準として一律に判断することは適切ではないとされ、個々の企業の報酬体系を基礎に日本人と同等額以上であるか、また、他の企業の同種の職種の報酬を参考にして日本人と同等額以上であるかについて判断されます。「日本人と同等額以上の報酬」を受けるものか否かは、申請書（在留資格認定証明書交付申請書等）の「給与・報酬」、「職務上の地位」欄の記載により確認されますが、カテゴリー3または4の場合には、役員報酬を決議した株主総会議事録（会社の役員に就任する場合）、労働条件通知書（労基15条第1項、労基規5条。管理者として雇用される場合）などにより報酬額を確認されることになります（審査要領）。

Q27 在留資格「経営・管理」と立証の留意点、他の在留資格との関係

① 「経営・管理」の在留資格の在留資格該当性の説明および立証に際しての留意点を教えてください。

② 「経営・管理」の在留資格と他の在留資格との関係を教えてください。

┌─ **ここがポイント** ─

① 申請人が申請時には業務にいまだ参画等していない場合、開始する事業の内容の具体性や申請人が取得した株式、事業への投下資本の出所等の事業の開始に至る経緯全般から、申請人が実質的にその事業に従事する者かどうかが判断される。

② 現業への従事が主たる活動の場合には、「経営・管理」の在留資格の活動に該当しない。

③ 複数の者が事業の経営または管理に従事している場合には、それだけの人数の者が事業の経営または管理に従事することが必要とされる程度の事業規模、業務量、売上げ、従業員数等がなければならない。

④ 登記事項証明書（登記簿謄本）の提出がないことのみをもって不許可処分を行うことのないよう留意するとされている（もっとも、実務上、後述する注意が必要）。

⑤ 他の在留資格との関係で、「経営・管理」の在留資格となる場合とそうではない場合がある。

1 「経営・管理」の在留資格該当性の説明および立証の際の留意点

(1) 事業の経営・管理への実質的な従事

Q25で述べたとおり、「経営・管理」の在留資格該当性を満たすためには、自らが事業の経営または管理に従事する必要があり、具体的には申請人が「実質的に」事業の経営または管理に参画または従事することが必要です（審査要領）。申請人が新たに事業を開始しようとする場合や、すでに営まれている事業に経営者や管理者として招へいされるような場合、申請時には業務

にいまだ参画等していないため、開始する事業の内容の具体性や申請人が取得した株式、事業への投下資本の出所等の事業の開始に至る経緯全般から、申請人が実質的にその事業の経営を行う者であるかどうかが判断されます。比較的小規模の事業であり、申請人の他に事業の経営や管理に従事する者がいるときは、投資の割合や業務内容をそれらの者と比較することも必要とされます（審査要領）。なお、Q25で述べたとおり、申請人自身の出資は必須ではありません。

(2)　管理者の実務経験

　管理者として従事する場合には、3年以上の実務経験が必要ですが（基準省令「経営・管理」下欄3号）、経営に従事する者として「経営・管理」の在留資格を取得するのであれば、学歴や実務経験は必須ではありません。ただし、60歳以上で経営未経験の起業では、本国での数年間の事業経験が要求される可能性があります。[1]

(3)　経営または管理の一環としての現業的業務

　経営または管理に従事する者が、純粋な経営または管理にあたる活動の一環として行う現業に従事する活動は、「経営・管理」の在留資格の活動に含まれます。一方、現業への従事が主たる活動の場合には、「経営・管理」の在留資格の活動に該当しません（審査要領）。

　すなわち、申請人の「主たる業務」の内容が経営と管理業務である必要があり、たとえば、自ら調理、販売、マッサージ、散髪等の現業を「主たる業務」として行うことは許されていません。[2]したがって、たとえば、現業を行う別のスタッフを確保していないという事情がある場合、経営者自身が現業を行うとの判断に傾く方向の一要素となり得ます。[3]

(4)　複数の者が役員に就任する場合

　入国・在留を認める役員の人数について、制限はありませんが、複数の者

1　小島健太郎『必ず取れる経営管理ビザ！外国人会社設立ガイド』（セルバ出版・2018年）87頁〜88頁。
2　ただし、経営の一環として行う現業的業務の例として、たとえば、調理業務につき、中華料理店経営者が、その経営の一環として調理業務を行う場合には、従たる活動に留まる限り資格外活動とはならない場合等があります（『入管法の実務』380頁）。
3　小島・前掲脚注1・75頁〜76頁、89頁〜90頁。

が事業の経営または管理に従事している場合には、それだけの人数の者が事業の経営または管理に従事することが必要とされる程度の事業規模、業務量、売上げ、従業員数等がなければなりません（審査要領）。

　具体的には、以下の条件が満たされている場合には、「経営・管理」の在留資格に該当します（審査要領[4]）。

①　事業の規模や業務量等の状況から、各外国人が事業の経営または管理を主たる活動として行うことについて合理的な理由が認められること

②　事業の経営または管理に係る業務について、外国人ごとに従事することとなる業務の内容が明確になっていること

③　各外国人が経営または管理に係る業務の対価として、相当の報酬の支払を受けることとなっていること

⑸　会社の設立登記等の要否（要求される事業開始準備の程度）

「経営・管理」の在留資格の決定にあたって、個人事業の場合には、会社の設立登記は必要とはされていません。また、株式会社等を設立する準備を行う意思があることや、株式会社等の設立がほぼ確実に見込まれることが提出書類から確認できた場合は、登記事項証明書（登記簿謄本）の提出を不要としていることから（規別表第3「経営・管理」下欄1号ロ）、登記事項証明書（登記簿謄本）の提出がないことのみをもって不許可処分を行うことのないよう留意するとされています（審査要領[5]）。

4　法務省入国管理局「在留資格『経営・管理』の基準の明確化（2名以上の外国人が共同で事業を経営する場合の取扱い）」（平成24年3月、平成27年3月改訂。出入国在留管理庁のウェブサイトに掲載）にも審査要領と同旨の記載があります〈https://www.moj.go.jp/isa/publications/materials/nyuukokukanri07_00052.html〉。

5　もっとも、会社設立登記がない段階で許可処分を得るのは、実務上困難な面があり、実務的には会社設立登記完了後、登記事項証明書を添えて申請するのが一般です（「入管法の実務」380頁）。

　なお、たとえば会社の設立登記を申請するには、本店の所在地が必要ですが、「経営・管理」の在留資格との関係で、事業所の賃貸借契約を締結するには、会社の法人格（および印鑑登録証明書）が原則として必要ということになり、その会社の法人格を得るためには、会社の設立登記が必要という状況となり得ます。また、会社の設立登記をするためには、資本金の振込みも必要なため、日本の金融機関の預金口座が必要ですが、外国人が預金口座の開設をするためには、基本的に在留資格等が必要であり、また、金融機関の取引時確認を経ることも必要になります。このような事情等から、基本的には、日本に協力者がいることが肝要となります。もっとも、詳述はしませんが、在留期間「4月」の「経営・管理」の在留資格を利用することで、上記の事情等に対処することもあり得ます。

2　他の在留資格との関係

(1)　「技術・人文知識・国際業務」との関係

　企業の経営や管理活動は、自然科学または人文科学の知識等を要する業務に従事する活動である面もあり、「技術・人文知識・国際業務」の在留資格に定める活動と一部重複しますが、このような場合は「経営・管理」の在留資格が決定されます（審査要領）。

(2)　「法律・会計業務」との関係

　企業に雇用される弁護士・公認会計士などの専門知識をもって、経営または管理に従事する者の活動も、「経営・管理」の在留資格に該当しますが、弁護士・外国法事務弁護士、公認会計士、外国公認会計士等の資格を有しなければ行うことができないとされている事業の経営または管理に従事する活動は、「法律・会計業務」の在留資格に該当します。ただし、病院の経営に係る活動は、医師の資格を有する者が行う場合であっても、「医療」ではなく、「経営・管理」の活動に該当します（審査要領）。

(3)　「短期滞在」との関係

　「短期滞在」の在留資格では就労活動を行うことができないため（Q44参照）、日本法人の経営者に就任し、かつ日本法人から報酬が支払われる場合、その者がその事業の経営等に関する会議、連絡業務等で短期間来日する場合であったとしても「経営・管理」の在留資格に該当します。その日本法人の経営者に就任していない場合や、就任していたとしても日本法人から報酬が支払われない場合には、「短期滞在」の在留資格で入国し、その会議等に参加することとなります（審査要領）。

Q28　在留資格「高度専門職」の概要

> 高度専門職とはどのような在留資格ですか。

ここがポイント

① 「高度専門職」は、特に日本の経済成長やイノベーションへの貢献が期待される能力や資質に優れた人材（高度外国人材）に認められる在留資格である。また、出入国在留管理上の優遇措置を講ずる制度が導入されている。

② 「高度専門職」の活動類型として、「高度専門職1号イ」（高度学術研究活動）、「高度専門職1号ロ」（高度専門・技術活動）、「高度専門職1号ハ」（高度経営・管理活動）および「高度専門職2号」（「高度専門職1号」で3年以上活動を行っていた外国人）がある。

③ 「高度専門職」では、それぞれの活動の特性に応じて、学歴、職歴、年収、研究実績等の項目ごとにポイントが設定されている。

1　制度の概要

「高度専門職」とは、就労資格で日本に入国・在留することが可能な外国人の中でも、特に日本の経済成長やイノベーションへの貢献が期待される能力や資質に優れた人材（高度外国人材）に認められる在留資格です。これらの高度外国人材の受入れを促進するため、「高度専門職」においては、ポイント制を活用した出入国在留管理上の優遇措置を講ずる制度が導入されています。

2　活動類型

(1) 在留資格該当性

「高度専門職」の在留資格該当性については、入管法別表第1の2の表において次のように規定されています（以下、1号に係る高度専門職を「高度専門職1号」、2号に係る高度専門職を「高度専門職2号」のようにいいます）。

一　高度の専門的な能力を有する人材として法務省令で定める基準に適合する者
　　が行う次のイからハまでのいずれかに該当する活動であって、我が国の学術研
　　究又は経済の発展に寄与することが見込まれるもの

　　イ　法務大臣が指定する本邦の公私の機関との契約に基づいて研究、研究の指
　　　　導若しくは教育をする活動又は当該活動と併せて当該活動と関連する事業を
　　　　自ら経営し若しくは当該機関以外の本邦の公私の機関との契約に基づいて研
　　　　究、研究の指導若しくは教育をする活動

　　ロ　法務大臣が指定する本邦の公私の機関との契約に基づいて自然科学若しく
　　　　は人文科学の分野に属する知識若しくは技術を要する業務に従事する活動又
　　　　は当該活動と併せて当該活動と関連する事業を自ら経営する活動

　　ハ　法務大臣が指定する本邦の公私の機関において貿易その他の事業の経営を
　　　　行い若しくは当該事業の管理に従事する活動又は当該活動と併せて当該活動
　　　　と関連する事業を自ら経営する活動

二　前号に掲げる活動を行った者であって、その在留が我が国の利益に資するも
　　のとして法務省令で定める基準に適合するものが行う次に掲げる活動

　　イ　本邦の公私の機関との契約に基づいて研究、研究の指導又は教育をする活
　　　　動

　　ロ　本邦の公私の機関との契約に基づいて自然科学又は人文科学の分野に属す
　　　　る知識又は技術を要する業務に従事する活動

　　ハ　本邦の公私の機関において貿易その他の事業の経営を行い又は当該事業の
　　　　管理に従事する活動

　　ニ　イからハまでのいずれかの活動と併せて行う1の表の教授の項から報道の
　　　　項までの下欄に掲げる活動又はこの表の法律・会計業務の項、医療の項、教
　　　　育の項、技術・人文知識・国際業務の項、介護の項、興行の項若しくは技能
　　　　の項の下欄若しくは特定技能の項の下欄第2号に掲げる活動（イからハまで
　　　　のいずれかに該当する活動を除く。）

---

(2)　高度学術研究活動「高度専門職1号イ」

　この在留資格は、法務大臣が指定する日本の公私の機関との契約に基づい
て行う研究、研究の指導または教育をする活動を認めるものです。たとえ
ば、大学教授のように、大学等において高度の専門的な能力を有する人材と
して研究、研究の指導または教育に従事することを目的として日本に滞在す
る外国人等が対象となります。¹

⑶　高度専門・技術活動「高度専門職１号ロ」

この在留資格は、法務大臣が指定する日本の公私の機関との契約に基づいて行う自然科学または人文科学の分野に属する知識または技術を要する業務に従事する活動を認めるものです。たとえば、外資系企業の駐在員のように、日本にある事業所に期間を定めて転勤して、高度の専門的な能力を有する人材として、自然科学または人文科学の分野の専門的技術または知識を必要とする業務に従事することを目的として日本に滞在する外国人等が対象となります。また、機械工学等の技術者やマーケティング業務従事者のように、高度の専門的な能力を有する人材として、自然科学または人文科学の分野の専門的技術または知識を必要とする業務に従事することを目的として日本に滞在する外国人等も対象となります。

⑷　高度経営・管理活動「高度専門職１号ハ」

この在留資格は、法務大臣が指定する日本の公私の機関において事業の経営を行い、または管理に従事する活動を認めるものです。たとえば、企業の代表取締役や取締役のように、高度の専門的な能力を有する人材として事業の経営または管理に従事することを目的として日本に滞在する外国人が対象となります。

⑸　「高度専門職２号」

この在留資格は、「高度専門職１号」で３年以上活動を行っていた外国人が対象になります（「法務省令で定める基準」（法別表第１の２の表）である高度専門職省令２条１項２号）。「高度専門職１号イ・ロ・ハ」のいずれか、またはこれらの複数の活動と合わせて、就労に関する在留資格で認められるほぼすべての活動を行うことができます。

⑹　ポイント制

「高度専門職」では、以上の分類に従い、それぞれの活動の特性に応じて、「学歴」、「職歴」、「年収」、「研究実績」等の項目ごとにポイントが設定

1　詳細については、出入国在留管理庁ウェブサイト「在留資格認定証明書交付申請書」〈https://www.moj.go.jp/isa/applications/procedures/16-1-1.html〉。
2　詳細については、出入国在留管理庁・前掲脚注1。
3　詳細については、出入国在留管理庁・前掲脚注1。

されています。申請人の希望する活動に対応する類型については、ポイント計算によって評価されます。ポイント制の詳細については Q29 をご参照ください。

3　在留期間

「高度専門職1号イ・ロ・ハ」の在留期間は5年、「高度専門職2号」の在留期間は無期限です（法2条の2第3項、規3条、規別表第2）。

Q29 「高度専門職」ポイント制

高度専門職の「ポイント制」にはどのようなものですか。

ここがポイント

① 「高度専門職」では、それぞれの活動に応じて項目ごとにポイントが設けられており、ポイントの合計が70点以上に達することが求められている。

② ポイント制のうち、たとえば、学歴ポイント、報酬ポイント等は「高度専門職」に共通する特に重要なものであり、その定義や範囲を正確に理解する必要がある。また、「法務大臣が告示をもって定める大学」も、ポイントの特別加算として、実務上検討されることが多い項目であるため、その内容を押さえておくべきである。

1 概 要

「高度専門職」の在留資格該当性において、入管法では「高度の専門的な能力を有する人材として法務省令で定める基準に適合する者」（法別表第1の2の表「高度専門職」下欄1号柱書）であることが要件とされ、この「法務省令で定める基準」とは高度専門職省令に定める基準をいいます。そして、高度専門職省令は、ポイント計算に係る基準を規定しており、「高度専門職」それぞれの活動に応じて、「学歴」、「職歴」、「年収」等の項目ごとにポイントを設けて（詳細は後掲の〈図29－1〉「ポイント計算表」図参照）、ポイントの合計が一定点数（70点）以上に達することを求めています（高度専門職省令1条1項1号～3号）。

したがって、「高度専門職」の在留資格認定証明書交付申請にあたっては、行おうとする活動に応じた在留資格に係る申請書のほか、ポイント計算表およびポイントの合計が70点以上あることを裏付ける資料を提出する必要があります。以下では、「高度専門職」に共通するポイントのうち、主要項目について解説します。

2　学歴ポイント

(1)　「大学」「大学と同等以上の教育を受けた者」（高度専門職省令1条1項1号～3号）

「大学」には短期大学も含まれ、高等専門学校の卒業者、専修学校の専門課程卒業者（「高度専門士」）は「大学と同等以上の教育を受けた者」として取り扱われています。ただし、専修学校の専門課程を修了し「専門士」の称号を受けた者は学歴ポイントの対象となりません（高度人材Q&A問4[2]）。

(2)　複数の分野で博士、修士の学位または専門職学位を有する場合

学位の組合せを問わず、学位記、学位証明書（これらにより確認できない場合は成績証明書）により、専攻が異なることを疎明できる場合には、加算が認められます（高度人材Q&A問5）。

(3)　「経営・管理に関する専門職学位」（高度専門職省令1条1項2号・3号）

経営管理に関する専門職大学院を修了した場合に授与される学位で、一般に「MBA」や「MOT」などとよばれるものがこれに該当します。海外のMBA等の学位についても、「経営・管理に関する専門職学位」に相当するものであればポイント付与の対象と認められます（高度人材Q&A問6）。なお、日本における専門職学位を付与する専門職大学院の一覧は、文部科学省ウェブサイト[3]で公開されています。

3　報酬ポイント

(1)　「報酬」（高度専門職省令1条1項1号～3号）

「報酬」とは「一定の役務の給付の対価として与えられる反対給付」と定

1　詳細については、出入国管理局庁ウェブサイト「高度人材ポイント制Q&A」〈https://www.moj.go.jp/isa/content/930001663.pdf〉。

2　「専門士」は就業年限2年以上、「高度専門士」は就業年限4年以上等、両者は称号付与の要件が異なります。詳細については、文部科学省ウェブサイト「専門士・高度専門士の称号とは」〈https://www.mext.go.jp/a_menu/shougai/senshuu/1382378.htm〉。

3　文部科学省ウェブサイト「専門職大学院一覧」〈https://www.mext.go.jp/a_menu/koutou/senmonshoku/1246373.htm〉。

義されており、基本給、勤勉手当、調整手当、ボーナス（賞与）等が含まれます。通勤手当、扶養手当、住宅手当等の実費弁償の性格を有するもの（課税対象となるものを除く）は含まれません。また、超過勤務手当は、一定の役務の給付の対価として与えられる反対給付ですが、入国時点においてどの程度の超過勤務が生ずるかは不確かであることから、ポイント計算の「報酬」には含まれないものとされています。さらに、在留期間更新の場合も、ポイント計算の「報酬」は予定年収に基づいて判断するので、過去に支給された「超過勤務手当」は含まれません（高度人材 Q&A 問 7・問 8）。

⑵　海外の会社から支払われる報酬の取扱い

外国の会社等から転勤によって日本の会社等に受け入れられる場合で、報酬が海外の会社等から支払われるとき、外国の会社等から支払われる報酬もポイント計算における報酬に含まれるものとされます（高度人材 Q&A 問 9）。

⑶　最低年収基準

「高度専門職 1 号ロ・ハ」については、年収が300万円に達しない場合、仮に他の項目によりポイントの合計が70点を超えていたとしても不許可となるので注意が必要です（高度専門職省令 1 条 1 項 2 号・3 号）。

4　イノベーション促進支援措置や試験研究比率に係るポイント付与の対象となる中小企業

中小企業基本法 2 条 1 項に規定する中小企業者をいい、業種・資本金規模・従業員規模別に以下の通りとなります（高度人材 Q&A 問13）。

① 　製造業その他：資本金の額または出資の総額が 3 億円以下の会社または常時使用する従業員の数が300人以下の会社および個人（中小企業基本法 2 条 1 項 1 号）

② 　卸売業：資本金の額または出資の総額が 1 億円以下の会社または常時使用する従業員の数が100人以下の会社および個人（同項 2 号）

③ 　サービス業：資本金の額または出資の総額が5000万円以下の会社または常時使用する従業員の数が100人以下の会社および個人（同項 3 号）

④ 　小売業：資本金の額または出資の総額が5000万円以下の会社または常時使用する従業員の数が50人以下の会社および個人（同項 4 号）

5　試験研究費等比率が３％以上の中小企業に勤務する場合

　試験研究費等とは、試験研究費および開発費をいい、これらの当該企業の申請日の前事業年度（申請日が前事業年度経過後２カ月以内である場合は、前々事業年度）における経費が、売上高または事業所得の３％を超えている中小企業を意味します。これらの企業はイノベーションの創出の促進が期待される研究開発型の中小企業であると考えられることから、当該企業に勤務する場合にポイント付与の対象とされています（高度人材 Q&A 問14）。

6　「将来において成長発展が期待される分野の先端的な事業」（高度専門職省令１条１項１号～３号、各号の「特別加算」の項のチ参照）

　IoT や再生医療等の成長分野の事業であって、所管省庁が関与している先端プロジェクトが対象となります。該当する事業については、法務大臣が、関係行政機関の長の意見を聞いたうえで事前に認定し、出入国在留管理庁ウェブサイト等で公表します（高度人材 Q&A 問17）。

7　「法務大臣が告示をもって定める大学」（高度専門職省令１条１項１号～３号、各号の「特別加算」の項のリ参照）

　以下のいずれかの大学を卒業すると、ポイントの特別加算対象となります。①②または③について重複して加算することは認められませんが、別項目である「本邦の大学を卒業し又は大学院の課程を修了して学位を授与されたこと」と重複して加算することは認められます（高度人材 Q&A 問18）。

①　以下の大学ランキングにおいて２つ以上で300位以内の外国の大学またはいずれかにランクづけされている日本の大学

　ⓐ　QS・ワールド・ユニバーシティ・ランキングス（クアクアレリ・シモンズ社（英国））

　ⓑ　THE・ワールド・ユニバーシティ・ランキングス（タイムズ社（英国））

　ⓒ　アカデミック・ランキング・オブ・ワールド・ユニバーシティズ

（上海交通大学（中国））
② 文部科学省が実施するスーパーグローバル大学創成支援事業（トップ型およびグローバル化牽引型）において、補助金の交付を受けている大学
③ 外務省が実施するイノベーティブ・アジア事業において、パートナー校として指定を受けている大学

8　「法務大臣が告示をもって定める研修」（高度専門職省令1条1項1号〜3号、各号の「特別加算」の項のヌ参照）

外務省が実施するイノベーティブ・アジア事業の一環として、外務省から委託を受けた独立行政法人国際協力機構（JICA）が日本で実施する研修であって、研修期間が1年以上のものが該当します。なお、本研修を修了したとして研修修了証明書を提出した場合、学歴に関する資料を提出する必要はありませんが、職歴のポイント加算を希望する場合には、別途職歴に関する資料を提出しなければなりません。なお、日本の大学または大学院の授業を利用して行われる研修に参加した場合、「本邦の大学を卒業し又は大学院の課程を修了して学位を授与されたこと」と重複して加算することは認められません（高度人材Q&A問19）。

【表29−1】　ポイント計算表

	高度学術研究分野	高度専門・技術分野	高度経営・管理分野
学歴	博士号（専門職に係る学位を除く。）取得者　30		博士号又は修士号取得者（注7）　20
	修士号（専門職に係る博士を含む。）取得者　20	修士号（専門職に係る博士を含む。）取得者（注7）　20	
	大学を卒業し又はこれと同等以上の教育を受けた者（博士号又は修士号取得者を除く。）　10		
	複数の分野において，博士号，修士号又は専門職学位を複数有している者　5		
職歴（実務経験）（注1）	10年～　20 7年～　15 5年～　10 3年～　5	10年～　20 7年～　15 5年～　10 3年～　5	10年～　25 7年～　20 5年～　15 3年～　10
年収（注2）	年齢区分に応じ，ポイントが付与される年収の下限を異なるものとする。詳細は②参照　40～10		3,000万～　50 2,500万～　40 2,000万～　30 1,500万～　20 1,000万～　10
年齢	～29歳　15 ～34歳　10 ～39歳　5	～29歳　15 ～34歳　10 ～39歳　5	
ボーナス①〔研究実績〕	詳細は③参照　25～20	詳細は③参照　15	
ボーナス②〔地位〕			代表取締役，代表執行役　10 取締役，執行役　5
ボーナス③		職務に関連する日本の国家資格の保有（1つ5点）　10	
ボーナス④	イノベーションを促進するための支援措置（法務大臣が告示で定めるもの）を受けている機関における就労（注3）　10		
ボーナス⑤	試験研究費等比率が3%超の中小企業における就労　5		
ボーナス⑥	職務に関連する外国の資格等　5		
ボーナス⑦	本邦の高等教育機関において学位を取得　10		
ボーナス⑧	日本語能力試験N1取得者（注4）又は外国の大学において日本語を専攻して卒業した者　15		
ボーナス⑨	日本語能力試験N2取得者（注5）（ボーナス⑦又は⑧のポイントを獲得したものを除く。）　10		
ボーナス⑩	成長分野における先端的事業に従事する者（法務大臣が認める事業に限る。）　10		
ボーナス⑪	法務大臣が告示で定める大学を卒業した者　10		
ボーナス⑫	法務大臣が告示で定める研修を修了した者（注6）　5		
ボーナス⑬			経営する事業に1億円以上の投資を行っている者　5
ボーナス⑭		投資運用業等に係る業務に従事　10	
合格点 70			

①最低年収基準

高度専門・技術分野及び高度経営・管理分野においては，年収300万円以上であることが必要

②年収配点表

	～29歳	～34歳	～39歳	40歳～
1,000万	40	40	40	40
900万	35	35	35	35
800万	30	30	30	30
700万	25	25	25	－
600万	20	20	20	－
500万	15	15	－	－
400万	10	－	－	－

③研究実績

研究実績		高度学術研究分野	高度専門・技術分野
	特許の発明　1件～	20	15
	入国前に公的機関からグラントを受けた研究に従事した実績　3件～	20	15
	研究論文の実績については，我が国の機関において利用されている学術論文データベースに登録されている学術雑誌に掲載されている論文（申請人が責任著者であるものに限る。）3本～	20	15
	※上記の項目以外で，上記項目におけるものと同等の研究実績があると申請人がアピールする場合（著名な賞の受賞歴等）。関係行政機関の長の意見を聴いた上で法務大臣が個別にポイントの付与の適否を判断	20	15

※高度学術研究分野については，2つ以上に該当する場合には25点

（注1）従事しようとする業務に係る実務経験に限る。
（注2）※1　主たる受入機関から受ける報酬の年額
※2　海外の機関からの転勤の場合には，当該機関から受ける報酬の年額を算入
※3　賞与（ボーナス）も年収に含まれる。
（注3）就労する機関が中小企業である場合には，別途10点の加点
（注4）同等以上の能力を試験（例えば，BJTビジネス日本語能力テストにおける480点以上の得点）により認められている者も含む。
（注5）同等以上の能力を試験（例えば，BJTビジネス日本語能力テストにおける400点以上の得点）により認められている者も含む。
（注6）本邦の高等教育機関における研修については，ボーナス⑦のポイントを獲得した者を除く。
（注7）経営管理に関する専門職学位（MBA，MOT）を有している場合には，別途5点の加点

出典：出入国在留管理庁ウェブサイト「ポイント計算表」〈https://www.moj.go.jp/isa/content/930001657.pdf〉

Q30 「高度専門職」の優遇措置

高度専門職はどのような優遇措置が受けられますか。

ここがポイント

① 「高度専門職」では、高度外国人材の日本への受入れ促進を図ることを目的として優遇措置が設けられている。

② 「高度専門職1号」の場合、複合的な在留活動の許容、在留期間5年の付与、在留歴に係る永住許可要件の緩和、入国・在留手続の優先処理、配偶者の就労、一定の条件の下での親の帯同の許容、一定の条件の下での家事使用人の帯同の許容等の優遇措置を受けられる。

③ 「高度専門職2号」の場合はさらに、「高度専門職1号」で認められる活動のほか、その活動と合わせて就労に関する在留資格で認められるほぼすべての活動を行うことができ、在留期間が「無期限」になる等の優遇措置を受けられる。

1 優遇措置

「高度専門職」に認定された外国人には、以下のような出入国在留管理上の優遇措置が認められます。これらの優遇措置は、高度外国人材の日本への受入れ促進を図ることを目的として設けられています。

2 「高度専門職1号」の場合

(1) 複合的な在留活動の許容

通常、外国人は、許可された1つの在留資格で認められている活動しかできません。しかし、「高度専門職」で在留する者は、たとえば、大学での研究活動と合わせて関連する事業を経営する活動を行うなど複数の在留資格にまたがる活動を行うことができます（法別表第1の2の表「高度専門職」下欄1号イ・ロ・ハ「併せて」）。

(2) 在留期間「5年」の付与

「高度専門職1号イ・ロ・ハ」に対しては、法律上の最長の在留期間であ

る「5年」が一律に付与されます。なお、この期間は更新することができます（法2条の2第3項、規3条、規別表第2）。

(3)　在留歴に係る永住許可要件の緩和

永住許可を受けるためには、原則として引き続き10年以上日本に在留していることが必要です（国益適合要件、法22条2項柱書本文、永住許可ガイドライン1(3)(ア)。詳細はQ40参照）。しかし、「高度専門職」で在留する者については、永住許可申請に必要な在留歴が、次の①に該当する場合は3年、②に該当する場合は1年に緩和されます（永住許可ガイドライン2(6)(7)。詳細はQ41参照）。

①　永住許可申請の時点におけるポイント計算の結果70点以上の点数を有する「高度専門職」で在留する者で、次のいずれかに該当する者

　ⓐ　70点以上の点数を有する者として3年以上継続して日本に在留していること

　ⓑ　3年以上継続して日本に在留している者で、永住許可申請日から3年前の時点を基準としてポイント計算を行った場合に70点以上の点数を有していたことが認められること

②　永住許可申請の時点におけるポイント計算の結果80点以上の点数を有する「高度専門職」で在留する者で、次のいずれかに該当する者

　ⓐ　80点以上の点数を有する者として1年以上継続して日本に在留していること

　ⓑ　1年以上継続して日本に在留している者で、永住許可申請日から1年前の時点を基準としてポイント計算を行った場合に80点以上の点数を有していたことが認められること

(4)　入国・在留手続の優先処理

出入国在留管理庁は、「高度専門職」に関する入国手続（在留資格認定証明書交付申請）については申請受理から10日以内、在留手続（在留期間更新申請・在留資格変更申請）については申請受理から5日以内に処理するよう努めることとされています。ただし、必要書類が不足している場合や、申請内容に疑義がある場合などを除きます。また、「研究実績」のポイントに関する申出内容が、「高度専門職1号イ」（高度学術研究活動）においてはポイン

ト表（高度専門職省令1条各号の表。以下、同じ。Q29参照）のイ(4)、「高度専門職1号ロ」（高度専門・技術活動）においてはポイント表のニに基づくもの（いずれも、ポイント表の列挙する研究実績に該当しないが、これらと同等の研究実績として関係行政機関の長の意見を聴いたうえで法務大臣が認めるもの）である場合は、法務大臣が関係行政機関の長の意見を聴いたうえで当該申出に関する評価を行うため、優先処理の対象外となります（高度人材Q&A問3）。

(5) 配偶者の就労

原則として、配偶者としての在留資格をもって在留する外国人が、在留資格「教育」、「技術・人文知識・国際業務」等に該当する活動を行おうとする場合には、学歴・職歴などの一定の要件を満たし、これらの在留資格を取得する必要があります。しかし、「高度専門職」で在留する者の配偶者の場合は、学歴・職歴などの要件を満たさない場合でも、①「高度専門職」で在留する者と同居し、かつ、②日本人と同等額以上の報酬を受けることを要件として、これらの在留資格に該当する活動を、「高度専門職」で在留する者の配偶者として「特定活動」の在留資格で行うことができます（特定活動告示33号、別表第5。「特定活動」についてはQ46参照）。

(6) 一定の条件の下での親の帯同の許容

現行制度では、原則として、就労を目的とする在留資格で在留する外国人の親の受入れは認められていません。しかし、「高度専門職」で在留する者もしくはその配偶者の7歳未満の子（連れ子や養子を含みます）を養育する場合、または「高度専門職」で在留する者の妊娠中の配偶者もしくは妊娠中の「高度専門職」で在留する者本人の介助等を行う場合については、一定の要件の下で、「高度専門職」で在留する者またはその配偶者の親（養親を含みます。高度人材Q&A問31参照）の入国・在留が認められます（特定活動告示34号）。

この場合の主要な要件として、①「高度専門職」で在留する者の世帯年収（「高度専門職」で在留する者本人とその配偶者の報酬の年額を合算したものをい

---

1 詳細については、出入国管理局庁ウェブサイト「高度人材ポイント制Q&A」〈https://www.moj.go.jp/isa/content/930001663.pdf〉。

いますが800万円以上であること、②「高度専門職」で在留する者と同居
すること、③「高度専門職」で在留する者またはその配偶者のどちらかの親
に限ること等があげられます（特定活動告示34号）。

⑺　一定の条件の下での家事使用人の帯同の許容

原則として、外国人の家事使用人の雇用は、在留資格「経営・管理」、「法
律・会計業務」等で在留する一部の外国人にしか認められていません。しか
し、「高度専門職」で在留する者については、次の一定の要件の下で、外国
人の家事使用人を帯同することが認められます（特定活動告示2号・2号の
2）。

① 　外国で雇用していた家事使用人を引き続き雇用する場合の条件（特定
活動告示2号の2の「入国帯同型」）

ⓐ 　「高度専門職」で在留する者の世帯年収が1000万円以上あること

ⓑ 　帯同できる家事使用人は1名までであること

ⓒ 　家事使用人が18歳以上であること

ⓓ 　家事使用人に対して月額20万円以上の報酬を支払うことを予定して
いること

ⓔ 　「高度専門職」で在留する者と共に日本へ入国する場合は、帯同す
る家事使用人が、日本入国前に1年以上当該「高度専門職」で在留す
る者に雇用されていた者であること

ⓕ 　「高度専門職」で在留する者が先に日本に入国する場合は、帯同す
る家事使用人が、日本入国前に1年以上当該「高度専門職」で在留す
る者に雇用され、かつ、当該「高度専門職」で在留する者が日本へ入
国後、引き続き当該「高度専門職」で在留する者または当該「高度専
門職」で在留する者が日本入国前に同居していた親族に雇用されてい
る者であること

ⓖ 　「高度専門職」で在留する者が日本から出国する場合、共に出国す
ることが予定されていること

② 　①以外の家事使用人を雇用する場合の条件（特定活動告示2号の「家庭
事情型」）

ⓐ 　「高度専門職」で在留する者の世帯年収が1000万円以上あること

ⓑ　雇用できる家事使用人は１名までであること

ⓒ　家事使用人が18歳以上であること

ⓓ　家事使用人に対して月額20万円以上の報酬を支払うことを予定していること

ⓔ　家庭の事情（申請の時点において、13歳未満の子または病気等により日常の家事に従事することができない配偶者を有すること）が存在すること

3　「高度専門職２号」の場合

まず、「高度専門職１号イ・ロ・ハ」で認められる活動のほか、その活動と合わせて「教授」、「芸術」、「宗教」、「報道」、「法律・会計業務」、「医療」、「教育」、「技術・人文知識・国際業務」、「介護」、「興行」、「技能」、「特定技能２号」の活動を行うことができます。また、在留期間が「無期限」になります。さらに、上記２の(3)(5)(6)(7)の優遇措置が受けられます。

Q31　在留資格「留学」の概要

日本に留学したいと考えていますが、どのような在留資格が必要ですか。また、どのような要件を満たす必要がありますか。

ここがポイント

① 「留学」の対象となる教育機関はさまざまであるが、種類によっては当該教育機関が告示で指定されていることが要件となる。

② 「留学」の在留資格を取得するには勉学の意思および能力が求められ、一定程度以上の日本語能力が要件となる場合がある。

1　在留資格の選択

日本への留学を希望する外国人が第一に検討する在留資格は「留学」でしょう。しかし、学校で教育を受けることは就労活動ではありませんので、他の在留資格（たとえば「家族滞在」）で本邦に在留することが可能であれば、当該他の在留資格に基づく在留中に学校で教育を受けたとしても、その一事をもって資格外活動とされることはないため、必ずしも「留学」の在留資格にこだわる必要はありません。とはいえ、奨学金等の制度の利用を予定している場合には、「留学」の在留資格で在留する者に制度の利用資格が限定されている場合があり得ますので、そのような事情を踏まえて在留資格を選択する必要があります。

以下では、在留資格「留学」が認められるための要件について説明します。

2　対象となる機関

「留学」の在留資格は、本邦の①大学、②高等専門学校、③高等学校（中等教育学校の後期課程を含みます）もしくは特別支援学校の高等部、④中学校（義務教育学校の後期課程および中等教育学校の前期課程を含みます）もしくは特別支援学校の中学部、⑤小学校（義務教育学校の前期課程を含みます）もしくは特別支援学校の小学部、⑥専修学校もしくは各種学校または⑦設備およ

び編制に関してこれらに準ずる機関において教育を受ける活動に対して認められます（法別表第1の4の表）。ただし、定時制の高等学校は除かれます（基準省令「留学」下欄1号ハ）。

(1) 学校教育法に基づく分類

上記の対象教育機関につき、以下、学校教育法の分類に従って説明します。

(A) 一条校

大学、高等専門学校、高等学校、中学校、小学校、中等教育学校、義務教育学校および特別支援学校はいずれも学校教育法1条に定める「学校」（いわゆる一条校）に該当します。

「大学」には、大学院、大学の専攻科および別科並びに短期大学も含まれます（「逐条解説」132頁）。また、「大学……に準ずる機関」として、たとえば、防衛大学校などがあげられます（「逐条解説」133頁）。

(B) 専修学校

専修学校とは、一条校以外の教育施設で、職業もしくは実際生活に必要な能力を育成し、または教養の向上を図ることを目的として学校教育法124条各号に該当する組織的な教育を行うものをいいます（学教124条）。一般課程、高等課程または専門課程を置くことができ、高等課程（主に中学校卒業者を対象とした課程）を置いた場合は高等専修学校と、専門課程（主に高等学校卒業者を対象とした課程）を置いた場合は専門学校と称することができます（学教126条）。その多くは専門課程を置いており、医療関係（看護、鍼灸など）、文化・教養関係（語学、デザインなど）、衛生関係（理美容、調理など）などさまざまな分野の専修学校があります。

(C) 各種学校

各種学校とは、学校教育に類する教育を行うもの（一条校、専修学校および当該教育を行うことについて法律に特別の規定があるものを除きます）をいいます（学教134条）。多種多様な分野の学校がある点では専修学校と共通しますが、授業時数、生徒数などにおいて専修学校より規模が小さいものが想定されています。

⒟　留学告示の定めを要する教育機関

①専修学校、各種学校または設備および編制に関して各種学校に準ずる教育機関で、もっぱら日本語の教育を行うもの（いわゆる日本語学校）、②外国において12年の学校教育を修了した者に対して本邦の大学に入学するための教育を行う機関（いわゆる準備教育課程）または③設備および編制に関して各種学校に準ずる教育機関（もっぱら日本語の教育を受けようとする場合を除きます）において教育を受けようとする場合は、当該機関が留学告示に規定される機関である必要があります（基準省令「留学」下欄6号・7号・8号）。

⑵　適切な在籍管理等を実施する教育機関の迅速・円滑な申請処理

近年、就労活動を目的とした外国人留学生による入国が社会問題化していることを踏まえ、入管行政においては、適切な入学選抜や在籍管理を行うなどして不法残留者や不法就労者を発生させていない教育機関からの申請については迅速・円滑に処理し、他方で、適切な入学選抜や在籍管理ができていないために不法残留者や不法就労者を多数発生させている教育機関からの申請などに対しては、厳正に審査することが基本方針とされています（審査要領）。

⑶　対象機関以外での教育

上記以外の機関で教育を受けようとする場合、「留学」には該当しませんが、他の在留資格に該当する場合があります。たとえば、職業能力開発校で技能等の修得を行う活動は「研修」に該当し、外国大学日本校であって学校教育法上の認可および学校教育法施行規則155条1項4号に基づく指定のいずれも受けていない機関に入学する場合には、「文化活動」に該当する場合があります（審査要領）。

3　活動の内容

「留学」の在留資格に対応する活動は、上記の機関において「教育を受ける活動」です。教育を受ける活動を行う傍ら、就労活動に該当しない範囲で研究に従事することも可能です（「入管法大全Ⅱ」247頁）。

行政解釈では、「教育を受ける活動」に該当するためには、教育機関に在籍するだけではなく、勉学の意思および能力を有していることが必要とさ

れ、場合に応じて、勉学の意思および能力は外国人の学歴または語学力により確認するものとされています（審査要領）。学歴については、外国の高等教育機関を卒業した者は、特に否定する証拠がない限り、勉学の意思・能力を有するものとして扱われ、語学については、たとえば、大学または高等専門学校において日本語で授業を受けまたは研究の指導を受けようとする場合、日本語能力試験Ｎ２以上、日本留学試験200点以上、BJT ビジネス日本語能力テスト・JLRT 聴読解テスト（筆記テスト）400点以上の日本語能力を有していることなどが目安とされています（審査要領）。

　なお、申請内容の信憑性は、受け入れる教育機関における留学生の受入れの開始および終了等の届出義務（法19条の17）の履行状況その他在籍管理の状況やどの国・地域からの申請なのかによって、証明書などにより厳格に審査される場合があります（審査要領）。

4　上陸許可基準

　以上に加え、基準省令において詳細な要件が定められています。以下では主な要件について説明します。

⑴　夜間通学・通信教育でないこと（基準省令「留学」下欄１号）

　上記の機関において教育を受ける活動であっても、もっぱら夜間通学してまたは通信により教育を受ける場合は原則として上陸許可がなされません（基準省令「留学」下欄１号ハのカッコ書）。ただし、大学院の研究科で専ら夜間通学して教育を受けることは、当該大学が当該研究科において教育を受ける外国人の出席状況および入管法19条１項の規定の遵守状況を十分に管理する体制を整備している場合に限り、可能とされています（同号ロ）。

⑵　経費支弁能力（基準省令「留学」下欄２号）

　本邦に在留する期間中の生活に要する費用を支弁する十分な資産、奨学金その他の手段を有することが必要とされています。この要件の充足の判断においては、資格外活動許可により本邦において得られる収入の見込額または包括許可の範囲内の活動で得られる通常の収入額を考慮する運用がなされています（審査要領）。申請人以外の者が申請人の生活費用を支弁する場合は、申請人自身が手段を有する必要はありません。

奨学金は国費・私費のいずれでも構いませんが、留学生としての活動に支障が出るような条件が付されていないことが必要です。[1]

(3) 年　齢

高等学校において教育を受けようとする場合（ただし、いわゆる交換留学生の場合を除きます）は20歳以下、中学校の場合は17歳以下、小学校の場合は14歳以下であることが求められています（基準省令「留学」下欄4号、4号の2）。

(4) 日本語能力

高等学校において教育を受けようとする場合（ただし、いわゆる交換留学生の場合を除きます）は、教育機関において1年以上の日本語の教育または日本語による教育を受けていることが求められます。ここにいう「教育機関」は日本におけるものだけでなく、外国における教育機関も含みます（審査要領）。

専修学校または各種学校において教育を受けようとする場合（もっぱら日本語の教育を受けようとする場合を除きます）、留学告示に定める日本語教育機関において6カ月以上の日本語の教育を受けた者、専修学校もしくは各種学校において教育を受けるに足りる日本語能力を試験により証明された者またはいわゆる一条校（幼稚園を除きます）において1年以上の教育を受けた者であることが求められています。ただし、外国から相当数の外国人を入学させて初等教育または中等教育を外国語により施すことを目的として設立された教育機関（いわゆるインターナショナルスクール）において教育を受ける場合には、この要件は適用されません（基準省令「留学」下欄5号柱書ただし書参照）。

5　在留期間

「留学」の在留資格に伴う在留期間は、4年3カ月、4年、3年3カ月、3年、2年3カ月、2年、1年カ3月、1年、6カ月または3カ月です（規

1　出入国在留管理庁「貸与型奨学金により学費等の経費を支弁しようとする留学生（留学希望者を含む。以下同じ。）及び当該留学生の受入れを予定している教育機関のみなさまへ」〈https://www.moj.go.jp/isa/publications/materials/nyuukokukanri07_00155.html〉参照。

別表第2、審査要領)。3カ月を加えた在留期間が定められているのは、留学生が日本での生活の準備のため、実際に入学する日より前に来日する場合があることなどを考慮したものです（「入管法大全Ⅱ」247頁)。

　在留期間の更新を行う場合、審査において出席および成績状況も考慮されます（審査要領)。

Q32　在留資格「留学」と就労活動

　日本の大学に留学していますが、アルバイトやインターンシップを行うことはできますか。1週間に28時間を超えてアルバイトした場合、どうなりますか。

ここがポイント

① 　包括的な資格外活動許可に基づくアルバイトは原則として週28時間以内である。

② 　それ以外でも、個別の資格外活動許可を得てアルバイトやインターンシップを行うことは可能である。

③ 　資格外活動許可に付された条件に違反した場合、刑事罰を科されまた退去強制を受ける可能性がある。

1　留学生による就労活動

　「留学」の在留資格をもって在留する外国人は、資格外活動許可（法19条2項）を受けて行う場合を除き、就労活動を行うことができません（同条1項2号。資格外活動許可についてはQ4参照）。したがって、留学生がアルバイトやインターンシップを行おうとする場合、それが就労活動に該当するときは（一般的にアルバイトは就労活動に該当すると考えられますが、インターンシップは「報酬」の有無により就労活動に該当しない場合があります）、資格外活動許可を受ける必要があります。

　ただし、高等学校（中等教育学校の後期課程を含みます）、中学校（中等教育学校の前期課程を含みます）および小学校において教育を受ける者については、基本的に資格外活動許可は馴染まず、包括許可はもとより、個別許可についても申請人が所属する教育機関からアルバイトに関する取扱いや申請人の事情を聴取する等して許否を判断するものとされています（審査要領）。

　なお、大学または高等専門学校（第4学年、第5学年および専攻科に限ります）において教育を受ける者が当該大学または高等専門学校との契約に基づいて行う教育または研究を補助する活動（いわゆるチューター、リサーチアシ

スタント等）は、仮に報酬を受けていたとしても、就労活動に該当しません（法19条1項1号、規19条の3第3号）。

2　留学生に対する資格外活動許可の種類・内容

(1)　包括許可

「留学」の在留資格をもって在留する外国人が留学中の学費その他の必要経費を補う目的のアルバイト活動のため、在留期間中の資格外活動許可について申請をした場合、1週について28時間以内（夏季休業など、教育機関が学則で定める長期休業期間中は、1日について8時間以内）の就労活動（ただし、教育機関に在籍している間に行うものに限ります）が包括的に許可されます（規19条5項1号、審査要領）。包括許可の概要についてはQ4をご参照ください。

(2)　個別許可

包括許可を受けていない場合または包括許可を受けていても28時間の制限を超える場合、個別の資格外活動許可を受ける必要があります。個別許可の概要はQ4をご参照ください。

留学生に係る個別許可は、一般的な資格外活動許可の要件に加え、以下の要件を満たす必要があります。

(A)　インターンシップ[1]

インターンシップを行うために個別許可を申請する場合、大学（短期大学を除きます）に在籍し、インターンシップを行う年度末で修業年度を終え、かつ、卒業に必要な単位をほぼ修得しているとき（9割以上の単位を取得した大学4年生が想定されます）、または大学院に在籍し、インターンシップを行う年度末で修業年度を終えるとき（修士2年生または博士3年生）に該当することが、原則として必要です（審査要領）。

(B)　アルバイト

アルバイトを行うために個別許可を申請する場合、稼働の目的が本邦留学中の学費その他の必要経費を補うためのものであること、および申請に係る

1　なお、海外の大学生がインターンシップを目的として来日する場合の在留資格について出入国在留管理庁「インターンシップをご希望のみなさまへ」〈https://www.moj.go.jp/isa/publications/materials/nyuukokukanri07_00109.html〉をご参照ください。

活動が語学教師、通訳、翻訳、家庭教師その他当該留学生の専攻科目と密接な関係のある職種または社会通念上学生が通常行っているアルバイトの範囲内にある職種であることが必要です（審査要領）。

3 資格外活動許可を取得する手続

　資格外活動許可を申請しようとする外国人は、原則として、地方出入国在留管理局に対して申請を行う必要があります（規19条1項）。ただし、入国港において「留学」の在留資格および3カ月を超える在留期間を決定されて上陸許可の証印を受けた者（上陸特別許可によるものを含みます）は、当該入国港においてその後引き続き包括許可を受けることが可能です（ただし、上陸は許可したものの包括許可することが適当でないと判断される特段の事情がある場合を除きます。規19条の2第1項・4項参照、審査要領）。

4 資格外活動許可に付された条件に違反した場合

　1週に28時間を超えて就労活動に従事した場合等、資格外活動許可に付された条件に違反した場合、刑事罰を科されまた退去強制を受ける可能性があります（詳細はQ4・Q17をご参照ください）。加えて、アルバイトに長時間従事することにより学校を欠席することが多くなっているような場合には、在籍している教育機関の学則により除籍・退学処分となる可能性があります。かかる処分により、当該外国人が留学目的を達成する見込みがなくなった場合には、その教育機関により帰国が促されることが予想されます。[2]

　また、このような積極的な処分が行われなくとも、将来の在留期間の更新や在留資格の変更における相当性の判断において不利な事情として考慮される可能性があります（在留期間の更新についてはQ8を、在留資格の変更についてはQ9をご参照ください）。

2　文部科学省「外国人留学生の適切な受入れ及び在籍管理の徹底等について（通知）」（令和2（2020）年4月9日）〈https://www.mext.go.jp/a_menu/koutou/ryugaku/1325305.htm〉および「専修学校及び各種学校における留学生の受入れについて」（平成22（2010）年9月14日）〈https://www.mext.go.jp/a_menu/shougai/senshuu/1304830.htm〉参照。

Q33　卒業後の就職活動

日本の大学に留学しており、日本で就職活動をしています。

①　就職先を選択するうえで、在留資格の観点から注意すべきことはありますか。

②　もし卒業までに内定を得られなかった場合、卒業後も就職活動を継続できますか。

ここがポイント

①　留学生が就職する場合、在留資格の変更が必要である。

②　「技術・人文知識・国際業務」に変更する場合、専攻科目と就職先における業務内容の関連性が求められる場合がある。

③　「特定活動」（本邦大学卒業者）に変更する場合、一般的なサービス業務や製造業務等が主たる活動となるものも認められる。

④　留学生が大学等の卒業までに就職内定が得られず、卒業後も就職活動を継続する場合、一定の要件のもとで、「特定活動」（告示外）への在留資格の変更が認められる。

1　留学生の就職に伴う入管法上の手続

(1)　在留資格の変更

　外国人留学生が大学等を卒業して就職する場合、従事する業務の内容に応じて、在留資格の変更（法20条1項）が必要となります。

　在留資格の変更が認められるためには、在留資格該当性および狭義の相当性の要件を充足する必要があります。狭義の相当性の判断枠組みについてはQ8・Q9をご参照ください。

(2)　「技術・人文知識・国際業務」への変更

　留学生による就職を契機とする在留資格の変更において、変更後の在留資[1]

1　「留学」または「特定活動」（継続就職活動中の者、就職内定者等）から就労可能在留資格への変更が許可されたもの。

格の9割以上は「技術・人文知識・国際業務」であるといわれています。出
入国在留管理庁「『技術・人文知識・国際業務』の在留資格の明確化等につ
いて[2]」（技人国ガイドライン）では、「技術・人文知識・国際業務」への変更
においては、大学等における専攻科目と従事しようとする業務の関連性が求
められています。これは、狭義の相当性の要素として上陸許可基準該当性が
あり、かつ、「技術・人文知識・国際業務」の上陸許可基準において、技術
および人文知識に相当する業務に従事しようとする場合には、10年以上の実
務経験がある等の場合を除き、専攻科目と業務の関連性が求められているか
らです[3]。

　大学を卒業した者についてはかかる関連性は柔軟に判断されています（技
人国ガイドライン）。これは、現在の企業においては、必ずしも大学において
専攻した技術または知識に限られない広範な分野の知識を必要とする業務に
従事する事例が多いことを踏まえたものです（法務省「大学における専攻科目
と就職先における業務内容の関連性の柔軟な取扱いについて」（平成20（2008）年
7月17日））。

　他方、専修学校を卒業した者については、職業もしくは実際生活に必要な
能力を育成し、または教養の向上を図ることを目的とする専修学校の性格
（学教124条）から、専攻科目と業務との間には相当程度の関連性が必要であ
るとされています。

　以上に関して、許可・不許可事例が技人国ガイドラインの別紙3[4]に記載さ
れておりますので、こちらもご参照ください。

(3)　「特定活動」（本邦大学卒業者）への変更

　令和元（2019）年、「特定活動」に新たな類型として本邦大学卒業者が加
えられました（特定活動告示46号、別表第11）。政府の「日本再興戦略改訂

2　〈https://www.moj.go.jp/isa/publications/materials/nyukan_nyukan69.html〉。
3　技人国ガイドラインでは、国際業務に相当する業務に従事しようとする場合にも専攻科目と
　業務の関連性が求められているように読めますが、国際業務に相当する業務については基準省
　令上かかる関連性は要求されていません。国際業務に相当する業務に従事しようとする場合に
　は、基準省令「技術・人文知識・国際業務」下欄2号に沿って相当性が判断されるべきものと
　考えられます。
4　前掲脚注2。

2016」において、外国人留学生の日本国内での就職率を当時の3割から5割に向上させることをめざすことが閣議決定されたことを受けたものです。「技術・人文知識・国際業務」においては、一般的なサービス業務や製造業務等が主たる活動となるものは認められませんが、「特定活動」（本邦大学卒業者）においては、留学生としての経験を通じて得た高い日本語能力を活用することを要件として、これらの業務を主たる活動とすることが可能です。

　「特定活動」（本邦大学卒業者）に対応する活動は、以下の要件のいずれにも該当する者が、法務大臣が指定する本邦の公私の機関との契約に基づいて、当該機関の常勤の職員として行う当該機関の業務に従事する活動（日本語を用いた円滑な意思疎通を要する業務に従事するものを含み、風俗営業活動および法律上資格を有する者が行うこととされている業務に従事するものを除きます）です。

・本邦の大学（短期大学を除きます）を卒業しまたは大学院の課程を修了して学位を授与されたこと

・日本人が従事する場合に受ける報酬と同等額以上の報酬を受けること。

・日常的な場面で使われる日本語に加え、論理的にやや複雑な日本語を含む幅広い場面で使われる日本語を理解することができる能力を有していることを試験その他の方法により証明されていること

　　具体的には、日本語能力試験N1またはBJTビジネス日本語能力テストで480点以上を有すること、または大学または大学院において日本語を専攻したことが必要とされます（出入国在留管理庁「留学生の就職支援に係る『特定活動』（本邦大学卒業者）についてのガイドライン」（特定活動ガイドライン））。[5]

・本邦の大学（短期大学を除きます）または大学院において修得した広い知識および応用的能力等を活用するものと認められること

　　具体的には、従事しようとする業務内容に「技術・人文知識・国際業務」の対象となる学術上の素養等を背景とする一定水準以上の業務が含まれていること、または、今後当該業務に従事することが見込まれるこ

5　〈https://www.moj.go.jp/isa/publications/materials/nyuukokukanri07_00038.html〉。

とが必要です（特定活動ガイドライン）。

「日本語を用いた円滑な意思疎通を要する業務」とは、日本語を活用し、他者との双方向のコミュニケーションを要する業務であることを意味し、通訳を兼ねた外国人観光客対応や、日本語能力が低い他の外国人従業員に対する指導などが含まれる業務をいいます（審査要領）。そのため、単に雇用主からの作業指示や日本語で記載された業務マニュアル等を理解して行うだけの業務では、円滑な意思疎通を要する業務とはいえません。

「法務大臣が指定する……機関」とは、在留資格の決定時に就労先の機関が指定されることを意味します。したがって、転職等により就労先が変更する場合、在留資格変更許可の申請が必要です。

2　大学等卒業後1年目の就職活動

⑴　概　要

大学等の卒業までに就職内定が得られず、卒業後も就職活動を継続する場合、一定の要件のもとで、「特定活動」（告示外）への変更が認められます（審査要領）。

⑵　対象者

対象者は継続就職活動大学生または継続就職活動専門学校生です。

継続就職活動大学生とは、在留資格「留学」をもって在留する本邦の大学（短期大学および大学院を含みます）を卒業した外国人（ただし、在留資格「留学」の取得時から別科生、聴講生、科目等履修生および研究生として在籍していた場合は含まず、本邦の大学の本科を卒業後、大学院への進学を目的とした研究生として在籍していた場合は含みます）であって、かつ、卒業前から引き続き行っている就職活動（本邦の大学の本科を卒業後、大学院への進学を目的とした研究生として在籍していた場合は、研究生の時点から引き続き行っているものであること）を継続すること（以下、「継続就職活動」といいます）を目的として本邦への在留を希望する者をいいます。

継続就職活動専門学校生とは、在留資格「留学」をもって在留する本邦の専修学校専門課程において、専門士の称号を取得し、同課程を卒業した外国人であって、かつ、継続就職活動をすることを目的として本邦への在留を希

望する者のうち、当該専門課程における修得内容が就労可能資格（専門士の称号を取得し同課程を卒業した者では、在留資格を得ることができない在留資格を除きます）に該当する活動と関連があると認められるものをいいます。

　いずれの場合も、在籍していた教育機関からの推薦が必要とされています。

　　⑶　**在留期間**

　継続就職活動を内容とする「特定活動」が認められる場合、在留期間は原則として6カ月です。ただし、卒業後1年までは在留期間の更新が認められます。

3　大学等卒業後2年目の就職活動

　大学等を卒業後、上記2により継続就職活動を行うための在留資格への変更を認められ就職活動を行っている留学生等が、地方公共団体が実施する就職支援事業（当局の設定する要件に適合するものに限ります）の対象となり、地方公共団体から当該事業の対象者であることの証明書の発行を受け、大学等を卒業後2年目に当該事業に参加してインターンシップへの参加を含む就職活動を行うことを希望する場合で、その者の在留状況に問題がないなどの場合は、当該事業に参加して行う就職活動を内容とする「特定活動」への変更が認められます（出入国在留管理庁「大学等を卒業後就職活動のための滞在をご希望のみなさまへ[6]」）。

　在留期間は原則として6カ月で、さらに1回の在留期間の更新が認められるため、1年間（卒業後2年目）本邦に滞在することが可能です。

4　内定から採用までの在留

　継続就職活動を目的とする「特定活動」で在留中に就職先が内定した場合、本邦企業の採用時期が一般的に4月であることから、採用時までに在留期間が満了してしまう場合があります。また、大学を9月に卒業する者が在学中に就職先が内定した場合にも同様の問題があります。

6　〈https://www.moj.go.jp/isa/publications/materials/nyukan_nyukan84.html〉。

　このような場合、採用が内定後1年以内かつ卒業後1年6カ月以内であることなどを条件として、採用までの間、「特定活動」（告示外）の在留資格で引き続き本邦に在留することが認められています（審査要領）。

Q34 在留資格「特定技能」の概要

　「特定技能」とは、どのような在留資格ですか。どのような業種で働く
ことができますか。要求される技能および日本語能力の水準はどの程度で
すか。家族を連れてくることはできますか。最大で何年間日本に在留でき
ますか。

┌─ **ここがポイント** ──────────────────────────

① 　在留資格「特定技能」では、特定産業分野（人材を確保することが困難
な状況にあるため外国人により不足する人材の確保を図るべき産業上の分野
として法務省令で定めるもの）に属する業務での就労が可能である。具体
的には介護、一定の製造業、建設、宿泊、農業、漁業、外食業などであ
る。
② 　「特定技能1号」の許可を得るためには、原則として技能試験および
日本語試験等により技能および日本語能力を証明する必要がある。他
方、「特定技能2号」では、技能水準の証明は求められるが日本語能力
の証明は求められない。
③ 　「特定技能1号」においては家族の帯同は基本的に認められない。こ
れに対し「特定技能2号」で在留する外国人の配偶者および子は、「家
族滞在」の在留資格を許可される余地がある。
④ 　「特定技能1号」では在留期間が通算5年に達した時点以降は在留期
間の更新が認められない。これに対し「特定技能2号」には通算在留期
間の制限はない。

└────────────────────────────────────

1　在留資格「特定技能」の内容

⑴　在留資格「特定技能」の意義

　「特定技能」は、平成30（2018）年法律第102号（平成31（2019）年4月1日
施行）により新たに創設された在留資格です。在留資格「特定技能」の意義
は、特定技能基本方針によると、「中小・小規模事業者をはじめとした深刻
化する人手不足に対応するため、生産性向上や国内人材の確保のための取組

を行ってもなお人材を確保することが困難な状況にある産業上の分野において、一定の専門性・技能を有し即戦力となる外国人を受け入れていく仕組みを構築すること」とされています（特定技能基本方針1）。これによれば、あくまで受け入れの対象は「一定の専門性・技能を有し即戦力となる」外国人であり、いわゆる非熟練労働に従事することを正面から認める在留資格ではありません。

しかし、「主たる業務」と合わせて行う限り、当該業務に当該事業所において従事する日本人が付随的に従事することは差し支えないとされるため、付随的であれば、事実上の非熟練労働にも従事することが認められる場合があります（「特定技能制度の実務」1頁）。

なお、在留資格「特定技能」による受け入れの対象となる産業上の分野については、後記2をご参照ください。

(2) 在留資格「特定技能」1号と2号

在留資格「特定技能」には、「相当程度の知識又は経験を必要とする技能を要する業務」に従事する「特定技能1号」と、「熟練した技能を要する業務」に従事する「特定技能2号」があります（法別表第1の2の表「特定技能」下欄1号および2号）。

「特定技能2号」は、「特定技能1号」よりも高い技能水準をもつ者に対して付与される在留資格ですが、当該技能水準を有しているかの判断は、あくまで試験等により行われ、「特定技能1号」を経れば自動的に「特定技能2号」に移行できるという関係にはありません。逆に、「特定技能1号」を経なくても、試験の合格等により「特定技能2号」で定める技能水準を有していると認められれば「特定技能2号」の在留資格を取得することができます（特定技能運用要領9頁[2]）。

1号と2号により扱いが異なる点としては、許可される在留期間（後記5参照）、通算在留期間の制限の有無（後記5参照）、家族の帯同の可否（後記4

---

1 特定技能の在留資格に係る制度の運用に関する基本方針（平成30年12月25日閣議決定）〈https://www.moj.go.jp/isa/content/930003796.pdf〉。

2 特定技能外国人受入れに関する運用要領〈https://www.moj.go.jp/isa/content/930004944.pdf〉。

参照）といったものがあげられます。

(3)　在留資格「特定技能」の許可要件の構造

　在留資格「特定技能」の許可要件は、大まかにいえば在留資格該当性と上陸許可基準適合性ということになりますが、「特定技能」の在留資格該当性はさらに、①特定産業分野該当性、②業務区分該当性、③受入機関適合性、④契約適合性、の4つの要件に分けられます（特定技能1号ではこれらに加え、③受入機関適合性の要件に、⑤支援計画適合性が含まれます）。また在留資格該当性・上陸許可基準適合性のいずれについても、特定産業分野ごとに当該分野を所管する大臣が特有の事情に鑑みて告示で定める基準（上乗せ基準）が定められています。

　上記のとおり、在留資格「特定技能」の許可要件の構造は非常に複雑ですので、申請等の実務に際しては、法令のほか、関連する告示・基本方針・運用要領等（出入国在留管理庁ウェブサイトで閲覧できます）および「特定技能」に関する専門書（『特定技能制度の実務』など）を必ず参照するようにしてください。

　参考までに「特定技能1号」の許可要件の構造と根拠法令等をまとめると、【表34-1】のとおりとなります。

【表34-1】「特定技能1号」の許可要件の構造と根拠法令等

「特定技能1号」の許可要件		根拠法令等	上乗せ基準の有無
在留資格該当性（分野・業務）	①特定産業分野該当性	・法別表第1の2の表「特定技能」下欄1号「特定産業分野（人材を確保することが困難な状況にあるため外国人により不足する人材の確保を図るべき産業上の分野として法務省令で定めるものをいう。同号において同じ。）であつて法務大臣が指定するものに属する」 ・特定技能分野等省令	

在留資格該当性 （分野・業務）	②業務区分該当性	・法別表第1の2の表 「特定技能」下欄1号 「法務省令で定める相当 程度の知識又は経験を必 要とする技能を要する業 務」 ・特定技能分野等省令 （「分野別運用方針及び運 用要領……で定める水準 を満たす技能」）	
在留資格該当性 （機関・契約）	③受入機関適合性	法別表第1の2の表 「特定技能」下欄1号 「法務大臣が指定する本 邦の公私の機関との雇用 に関する契約（第2条の 5第1項から第4項まで の規定に適合するものに 限る。次号において同 じ。）に基づいて行う」	○ （特定技能省令2 条1項13号、2 項7号）
	④契約適合性		○ （特定技能省令1 条1項7号）
	⑤支援計画適合性	法7条1項2号カッコ書 き「別表第1の2の表の 特定技能の項の下欄第1 号に掲げる活動を行おう とする外国人について は、1号特定技能外国人 支援計画が第2条の5第 6項及び第7項の規定に 適合するものであること を含む」	○ （特定技能省令3 条1項5号、4 条5号）
上陸許可基準適合性		法7条1項2号、基準省 令「特定技能1号」下欄	○ （基準省令「特定 技能1号」下欄 6号）

2　「特定技能」により就労可能な業種（特定産業分野・業務区分）

　在留資格「特定技能」において就労が可能となるのは、特定産業分野（人材を確保することが困難な状況にあるため外国人により不足する人材の確保を図るべき産業上の分野として法務省令で定めるもの）に属する業務に限られます。特定技能分野等省令によれば、以下の産業分野が特定産業分野として指定されています（各分野の受入れ見込み数については、本Q末尾別表【表34-2】参照）。

「特定技能1号」（14分野）
介護、ビルクリーニング、素形材産業、産業機械製造業、電気・電子情報関連産業、建設、造船・舶用工業、自動車整備、航空、宿泊、農業、漁業、飲食料品製造業、外食業

「特定技能2号」（2分野）
建設、造船・舶用工業

　「技能実習2号」修了者から「特定技能」への移行を想定していることもあり（後記3参照）、技能実習の各職種と関連する分野が少なくありません。「技能実習」の各職種と「特定技能」の特定産業分野との関連については、Q35の【表35-2】をご参照ください。

　「特定技能」により就労可能となる業務は、上記の特定産業分野に属し、かつ業務区分該当性が認められるものに限られます。業務区分該当性については分野別運用方針（各分野の特定技能の在留資格に係る制度の運用に関する方針）および運用要領（各分野の特定技能の在留資格に係る制度の運用に関する方針に係る運用要領）で定められています（特定技能分野等省令参照）。

　なお、転職については、「同一の業務区分内又は試験等によりその技能水準の共通性が確認されている業務区分間」で認められることとされています（特定技能基本方針5(3)）。ただし、所属機関を異にする転職の場合には、在留資格変更許可を受ける必要があることには注意が必要です（法20条1項2番目のカッコ書）。

3 技能水準および日本語能力

「特定技能1号」の上陸許可基準では、技能および日本語能力の証明が求められており（基準省令「特定技能1号」下欄1号ハおよびニ）、これらの能力は技能試験および日本語試験等により確認されることになります。

ただし、関連する職種・作業に係る技能実習2号を良好に終了した外国人は、技能試験および日本語試験を免除され（基準省令「特定技能1号」の項の下欄1号柱書ただし書）、関連しない職種・作業に係る技能実習2号を良好に修了した外国人は、原則として日本語試験を免除されます（基準省令「特定技能1号」下欄1号ニ「その他の評価方法」）。このようなしくみも影響してか、令和3（2021）年6月末時点で「特定技能1号」の在留資格で就労する外国人・計2万9144人のうち、技能実習からの移行者が81.2%（2万3674人）を占めています。

他方、「特定技能2号」の上陸許可基準では、技能水準の証明は求められますが（基準省令「特定技能2号」下欄1号ハ）、日本語能力の証明は求められません。

4 家族の帯同

「特定技能1号」においては、家族の帯同は基本的に認められません（法別表第1の4の表「家族滞在」下欄カッコ書）。これに対し「特定技能2号」で在留する外国人の配偶者および子は、「家族滞在」の在留資格を認められる可能性があります。

なお、「特定技能1号」で在留する外国人であっても、例外的に家族帯同を認められる場合があります。審査要領によれば、①中長期在留者として本邦に在留していた者が特定技能1号の在留資格に変更する以前からすでに身分関係が成立しており、中長期在留者として在留している同人の配偶者や子、②特定技能外国人同士の間に生まれた子（両親とも引き続き本邦に在留することが見込まれる場合に限ります）については、告示外の「特定活動」が認められる取扱いがなされます。この取扱いによれば、たとえば、日本に入国後に特定技能外国人同士が婚姻した場合の配偶者および子や、在留資格「留

学」から在留資格「特定技能１号」に在留資格を変更した場合の配偶者や子等については告示外の「特定活動」が認められることになります。

5　在留期間・通算在留期間の制限

「特定技能１号」において許可される在留期間は、１年、６カ月または４カ月です（規別表第２「特定技能」下欄１号）。ただし、在留資格「特定技能１号」による在留期間は通算して５年までとされ（基準省令「特定技能１号」下欄１号へ）、通算５年に達した時点以降は在留期間の更新が認められません（規21条の２）。

「特定技能２号」において許可される在留期間は３年、１年または６か月です（規別表第２「特定技能」下欄２号）。「特定技能１号」と異なり、「特定技能２号」には通算在留期間の制限はありません。

〈図34－1〉　在留資格「特定技能」の概要

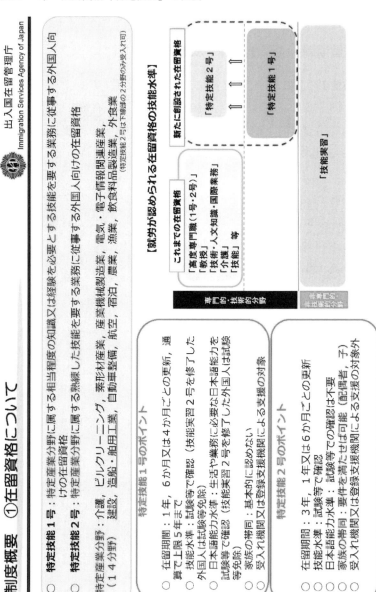

出典：出入国在留管理庁「新たな外国人材の受入れ及び共生社会実現に向けた取組」

【表34－2】　分野別受入れ見込数

分野別運用方針について（14分野）

分野		人手不足状況 受入れ見込数（5年間の最大値）（注）	人材基準		その他重要事項		
			技能試験	日本語試験	従事する業務	雇用形態	受入れ機関に対して特に課す条件
厚労省	介護	60,000人	介護技能評価試験	国際交流基金日本語基礎テスト、又は、日本語能力試験N4以上（上記に加えて）介護日本語評価試験	・身体介護等（利用者の心身の状況に応じた入浴，食事，排せつの介助等）のほか，これに不随する支援業務（レクリエーションの実施，機能訓練の補助等）（注）訪問系サービスは対象外〔1試験区分〕	直接	・厚労省が組織する協議会に参加し，必要な協力を行うこと・厚労省が行う調査又は指導に対し必要な協力を行うこと・事業所単位での受入れ人数枠の設定
	ビルクリーニング	37,000人	ビルクリーニング分野特定技能1号評価試験	国際交流基金日本語基礎テスト、又は、日本語能力試験N4以上	・建築物内部の清掃〔1試験区分〕	直接	・厚労省が組織する協議会に参加し，必要な協力を行うこと・厚労省が行う調査又は指導に対し，必要な協力を行うこと・「建築物清掃業」又は「建築物環境衛生総合管理業」の登録を受けていること
経産省	素形材産業	21,500人	製造分野特定技能1号評価試験	国際交流基金日本語基礎テスト、又は、日本語能力試験N4以上	・鋳造　・工場板金　・機械検査・鍛造　・めっき　・機械保全・ダイカスト　・アルミニウム・塗装　・機械加工　陽極酸化処理・溶接　・金属プレス加工・仕上げ〔13試験区分〕	直接	・経産省が組織する協議会に参加し，必要な協力を行うこと・経産省が行う調査又は指導に対し，必要な協力を行うこと
	産業機械製造業	5,250人	製造分野特定技能1号評価試験	国際交流基金日本語基礎テスト、又は、日本語能力試験N4以上	・鋳造　・工場板金　・電子機器組立て・鍛造　・めっき　・電気機器組立て・ダイカスト　・仕上げ・プリント配線板製造　・機械加工・機械検査　・プラスチック成形・塗装　・機械保全　・金属プレス加工・鉄工　・工業包装　・溶接〔18試験区分〕	直接	・経産省が組織する協議会に参加し，必要な協力を行うこと・経産省が行う調査又は指導に対し，必要な協力を行うこと
	電気・電子情報関連産業	4,700人	製造分野特定技能1号評価試験	国際交流基金日本語基礎テスト、又は、日本語能力試験N4以上	・機械加工　・機械保全　・塗装・金属プレス加工　・電子機器組立て・溶接　・工場板金　・電気機器組立て・工業包装　・めっき・プリント配線板製造　・仕上げ・プラスチック成形〔13試験区分〕	直接	・経産省が組織する協議会に参加し，必要な協力を行うこと・経産省が行う調査又は指導に対し，必要な協力を行うこと
国交省	建設	40,000人	建設分野特定技能1号評価試験等	国際交流基金日本語基礎テスト、又は、日本語能力試験N4以上	・型枠施工　・屋根ふき　・とび　・左官・電気通信　・建築大工・コンクリート圧送　・鉄筋施工　・配管・トンネル推進工　・鉄筋継手・建築板金　・建設機械施工・内装仕上げ　・保温保冷　・土工／表装　・吹付ウレタン断熱・海洋土木工〔18試験区分〕	直接	・外国人の受入れに関する建設業者団体に所属すること・国交省が行う調査又は指導に対し，必要な協力を行うこと・建設業法の許可を受けていること・日本人と同等以上の報酬を安定的に支払い，技能習熟に応じて昇給を行う契約を締結していること・建設契約に係る重要事項について，母国語で書面で交付して説明すること・受入れ建設企業単位での受入れ人数枠の設定・報酬等を記載した「建設特定技能受入計画」について，国交省の認定を受けること・国交省等により，認定を受けた「建設特定技能受入計画」を適正に履行していることの確認を受けること・特定技能外国人を建設キャリアアップシステムに登録すること等
	造船・舶用工業	13,000人	造船・舶用工業分野特定技能1号試験等	国際交流基金日本語基礎テスト、又は、日本語能力試験N4以上	・溶接　・仕上げ　・塗装・機械加工　・鉄工　・電気機器組立て〔6試験区分〕	直接	・国交省が組織する協議会に参加し，必要な協力を行うこと・国交省が行う調査又は指導に対し，必要な協力を行うこと・登録支援機関に支援計画の実施を委託するに当たっては，上記条件を満たす登録支援機関に委託すること

	分野	受入れ見込数	技能試験	日本語試験	業務内容		受入れ機関に対して特に課す条件
	自動車整備	7,000人	自動車整備分野特定技能評価試験等	国際交流基金日本語基礎テスト、又は、日本語能力試験N4以上	・自動車の日常点検整備，定期点検整備，分解整備〔1試験区分〕	直接	・国交省が組織する協議会に参加し，必要な協力を行うこと ・国交省が行う調査又は指導に対し，必要な協力を行うこと ・登録支援機関に支援計画の実施を委託するに当たっては，上記条件等を満たす登録支援機関に委託すること ・道路運送車両法に基づく認証を受けた事業場であること
	航空	2,200人	特定技能評価試験（航空分野：空港グランドハンドリング，航空機整備〕	国際交流基金日本語基礎テスト、又は、日本語能力試験N4以上	・空港グランドハンドリング（地上走行支援業務，手荷物・貨物取扱業務等） ・航空機整備（機体，装備品等の整備業務等）〔2試験区分〕	直接	・国交省が組織する協議会に参加し，必要な協力を行うこと ・国交省が行う調査又は指導に対し，必要な協力を行うこと ・登録支援機関に支援計画の実施を委託するに当たっては，上記条件を満たす登録支援機関に委託すること ・空港管理規則に基づく構内営業承認等を受けた事業者又は航空法に基づく航空機整備等に係る認定事業場等であること
	宿泊	22,000人	宿泊業技能測定試験	国際交流基金日本語基礎テスト、又は、日本語能力試験N4以上	・フロント，企画・広報，接客，レストランサービス等の宿泊サービスの提供〔1試験区分〕	直接	・国交省が組織する協議会に参加し，必要な協力を行うこと ・国交省が行う調査又は指導に対し，必要な協力を行うこと ・登録支援機関に支援計画の実施を委託するに当たっては，上記条件を満たす登録支援機関に委託すること ・「旅館・ホテル営業」の許可を受けた者であること ・風俗営業関連の施設に該当しないこと ・風俗営業関連の接待を行わせないこと
農水省	農業	36,500人	農業技能測定試験	国際交流基金日本語基礎テスト、又は、日本語能力試験N4以上	・耕種農業全般（栽培管理，農産物の集出荷・選別等） ・畜産農業全般（飼養管理，畜産物の集出荷・選別等）〔2試験区分〕	直接派遣	・農水省が組織する協議会に参加し，必要な協力を行うこと ・農水省が行う調査又は指導に対し，必要な協力を行うこと ・登録支援機関に支援計画の実施を委託するに当たっては，協議会に対し必要な協力を行う登録支援機関に委託すること ・労働者を一定期間以上雇用した経験がある農業経営体であること
	漁業	9,000人	漁業技能測定試験（漁業又は養殖業）	国際交流基金日本語基礎テスト、又は、日本語能力試験N4以上	・漁業（漁具の製作・補修，水産動植物の探索，漁具・漁労機械の操作，水産動植物の採捕，漁獲物の処理・保蔵，安全衛生の確保等） ・養殖業（養殖資材の製作・補修・管理，養殖水産動植物の育成管理・収獲（穫）・処理，安全衛生の確保等）〔2試験区分〕	直接派遣	・農水省が組織する協議会に参加し，必要な協力を行うこと ・農水省が行う調査又は指導に対し，必要な協力を行うこと ・農水省が組織する協議会において協議が調った措置を講じること ・登録支援機関に支援計画の実施を委託するに当たっては分野固有の基準に適合している登録支援機関に限ること
	飲食料品製造業	34,000人	飲食料品製造業特定技能1号技能測定試験	国際交流基金日本語基礎テスト、又は、日本語能力試験N4以上	・飲食料品製造業全般（飲食料品（酒類を除く）の製造・加工，安全衛生）	直接	・農水省が組織する協議会に参加し，必要な協力を行うこと ・農水省が行う調査又は指導に対し，必要な協力を行うこと
	外食業	53,000人	外食業特定技能1号技能測定試験	国際交流基金日本語基礎テスト、又は、日本語能力試験N4以上	・外食業全般（飲食物調理，接客，店舗管理）〔1試験区分〕	直接	・農水省が組織する協議会に参加し，必要な協力を行うこと ・農水省が行う調査又は指導に対し，必要な協力を行うこと ・風俗営業関連の営業所に就労させないこと ・風俗営業関連の接待を行わせないこと

（注）14分野の受入れ見込数（5年間の最大値）の合計：345,150人

出典：出入国在留管理庁「新たな外国人材の受入れ及び共生社会実現に向けた取組」
〈https://www.moj.jp/isa/content/001335263.pdf〉

Q35　在留資格「技能実習」の概要

「技能実習」とは、どのような資格ですか。「技能実習」にはどのような課題がありますか。また、特定技能とはどのような違いがありますか。

ここがポイント

① 「技能実習」制度の目的は、本来、国際協力のしくみとして技能実習生に対して技能等の移転を行うことであり、この点は、日本の産業の人手不足を補うことを目的とする「特定技能」と大きく異なる。また、「技能実習」の対象となる職種についても、「特定技能」との間で相違がある。

② 「技能実習」は、到達すべき目標により1号から3号に分けられる。また、技能実習生を受け入れる方法により企業単独型と団体監理型に分けられる。

③ 「技能実習」は、制度本来の目的が形骸化し、技能実習生を安価な労働力として受け入れている企業等が多数存在し、さらに、さまざまな不正行為が問題となっている。

1　「技能実習」制度の内容

「技能実習」制度は、経済発展・産業振興の担い手を育成したいという開発途上地域等からのニーズに応えるため、一定期間日本の企業等が当該地域等の人材を技能実習生として受け入れ、当該企業等で開発され培われてきた技能、技術または知識（以下、「技能等」といいます）を移転する「民間ベースによる人材育成を通じた国際協力の仕組み」です（JITCO『入門解説　技能実習制度〔第3版〕』1頁以下）。技能実習法も、「人材育成を通じた開発途上地域等への技能、技術又は知識……の移転による国際協力を推進することを目的とする」（同法1条）と規定しています。この点、これまでの日本の産業の現場において、その人手不足を解消するために技能実習生が活用されてきた側面があることは否定できません。しかし、日本の産業の人手不足を補うことは、「技能実習」制度の本来の目的ではありません。同法も、「技能

実習は、労働力の需給の調整の手段として行われてはならない」（同法３条２項）と規定しています。

　現在の「技能実習」制度は、昭和57（1982）年の在留資格「４－１－６の２」（平成元（1989）年改正前の法４条１項６号の２）の新設によりスタートしました。その後、在留資格の名称が「研修」（平成元（1989）年改正）、「技能実習」（平成５（1993）年改正）へと変更され、最長の研修期間について当初１年であったものが、２年（平成５（1993）年改正）、３年（平成９（1997）年改正）、そして５年（平成28（2016）年改正）へと延長されました。また、平成３（1991）年に国際研修協力機構（JITCO）が設立され、現在まで、研修生の受け入れ支援や、制度の適正な運用に重要な役割を果たしてきました。令和２（2020）年末現在、アジア諸国を中心に約38万人の技能実習生が、日本の企業等の生産現場等で技能等の修得・習熟に努めています[1]。

　「技能実習」制度は、当初、入管法、関連省令および告示等により規制されていましたが、暴行、脅迫、監禁、旅券・在留カードの取上げ等の悪質な人権侵害や賃金等の不払い、過酷な時間外労働等の労働関係法令違反等の不正行為が報告され、制度の運用および制度そのものの存在が問題視されていました。そこで、「技能実習」制度の管理監督体制の強化、制度の拡充、技能実習生の保護を目的として抜本的な見直しがなされ、平成28（2016）年11月に、技能実習法が制定され、平成29（2017）年11月に施行されました。また、同年１月に、「技能実習」制度の適正な実施および技能実習生の保護を図ることを目的に、外国人技能実習機構（OTIT）（同法57条以下）が設立されました。現在、「技能実習」制度については、入管法およびその関係法令のみならず技能実習法、同施行令、同施行規則、同基本方針[2]により規制されています。さらに、自動車整備職種等、一部の職種について事業所管大臣告示により規制され、その他、労働基準法等の労働関係法令、健康保険法等の社会保険関係法令等により労働者としての保護・規制がなされています（前

1　法務省・厚生労働省「外国人技能実習制度について」〈http://www.moj.go.jp/isa/content/930005177.pdf〉
2　技能実習の適正な実施及び技能実習生の保護に関する基本方針（平成29年法務省・厚生労働省告示第１号）

掲 JITCO10頁～12頁）。

　「技能実習」の２号・３号移行対象職種・作業は後掲【表35－２】の通り
です。令和３（2021）年３月16日現在で85職種156作業が対象となっていま
す[3]（技能実習法施行規則10条２項１号ロは、別表第２）。

2　「技能実習」制度のしくみ

⑴　在留資格としての「技能実習」

　在留資格としての「技能実習」は、１号、２号、３号に分かれます（〈図
35－１〉参照）。それぞれ下記とされています。

　「技能実習１号」：入国後１年目、技能等を「修得」するための活動（技能
　　　　　　　　　　実習法２条２項１号・４項１号）

　「技能実習２号」：入国後２・３年目、技能等を「習熟」するための活動
　　　　　　　　　　（同法２条２項２号・４項２号）

　「技能実習３号」：入国後４・５年目、技能等を「熟達」するための活動
　　　　　　　　　　（同法２条２項３号・４項３号）

　また、１号から３号の各段階において技能等を修得・習熟・熟達させるに
あたり到達すべき目標が設定され、その状況を技能検定試験等の受験等を通
じて確認していくこととなります。すなわち、技能実習１号では技能検定基
礎級、技能実習２号では技能検定３級、技能実習３号では技能検定２級が代
表的ですが、技能実習各号において、これらに相当する技能実習評価試験の
実技試験の合格等が求められます（技能実習法９条２号、同施行規則10条１項
１号～３号）。さらに、技能実習３号の場合には、３号技能実習開始前また
は開始後１年以内に１カ月以上帰国していることも必要になります（同法９
条２号、同施行規則10条２項３号ト⑴⑵）。

　また、「技能実習」は、技能実習生を受け入れる方法によって２つの形態
に分けられます（〈図35－２〉）。すなわち下記のとおりとなります。

　「技能実習各号イ」：企業単独型、本邦の企業等が外国の子会社等の従業員
　　　　　　　　　　　を受け入れる場合（技能実習法２条２項各号）

3　法務省・厚生労働省・前掲脚注１。

〈図35－1〉　技能実習の流れ

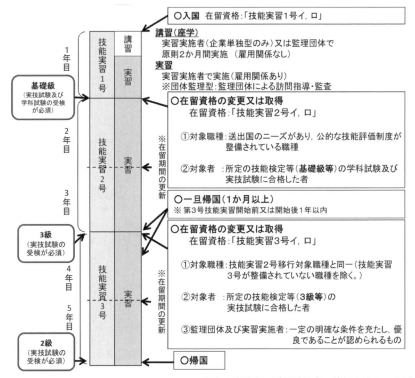

出典：法務省・厚生労働省・前掲脚注1・5頁

「技能実習各号ロ」：団体監理型、国外の送出機関と本邦の商工会、中小企
業団体等の営利を目的としない団体（監理団体）が契
約を結び、技能実習生を受け入れ、当該団体の傘下企
業等（実習実施者）において実習を行う場合（同条4
項各号）

〈図35－2〉　技能実習の受入れ機関別のタイプ

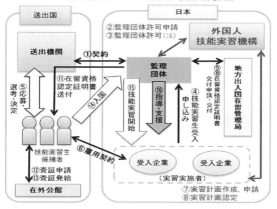

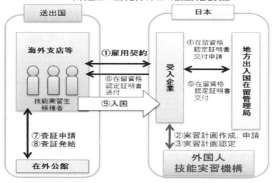

出典：法務省・厚生労働省・前掲脚注1・5頁

　以上をまとめると、「技能実習」は、活動内容によって、「技能実習1号イ、ロ」、「技能実習2号イ、ロ」および「技能実習3号イ、ロ」の6つに区分されることとなります（法別表第1の2）。

(2)　「技能実習」の受入企業（実施者）、監理団体の要件

　技能実習生が日本で実習を行うためには、その受け入れ側である受入企業や監理団体も関係法令の要件を充足する必要があります。企業単独型技能実習の場合には、当該受入企業が実習生の当該国に事業所等を有することが必

要となります（技能実習法2条2項1号カッコ書）。他方、団体監理型技能実習の場合には、当該監理団体が一般監理事業または特定監理事業の許可を受けることが必要です（同法23条1項）。この監理団体とは「技能実習」の実習監理を行う法人をいい（同法2条4項・5項）、技能実習実施者（受入企業）とは異なる団体です。そして、一般監理事業は「技能実習」のすべてについて、特定監理事業は「技能実習1号および2号」のみについて実習監理を行うことができます（同法23条1項1号・2号）。令和3（2021）年8月13日現在、一般監理事業については1718団体、特定監理事業については1629団体が許可を受けています（外国人技能実習機構ウェブサイト〈https://www.otit.go.jp/〉）。

　また、「技能実習」を実施する際には、技能実習生ごとに技能実習計画を作成し、外国人技能実習機構から認定を受ける必要があります（技能実習法8条1項、12条1項、法7条の2第1項、規6条の2第2項、別表第3「技能実習」下欄）。この技能実習計画認定については、自動車整備職種（自動車整備告示）、漁船漁業職種および養殖業職種（漁船漁業及び養殖業告示）、建設関係職種（建設関係告示）、介護職種（介護告示）において固有の要件が付加されています。本書においては、紙面の都合上、技能実習監理団体、技能実習実施者の規制について詳細を述べることができませんので、詳細は法務省　出入国在留管理庁ウェブサイト[4]、前掲外国人技能実習機構ウェブサイト、前掲JITCOおよび「技能実習法の実務」等をご参照ください。なお、介護職種の固有の要件についてはQ48を、技能実習監理団体の一覧は前掲外国人技能実習機構ウェブサイトをご参照ください。

3　「技能実習」制度の課題

　前述のように、「技能実習」制度は、開発途上地域への技術移転による国際貢献を目的として創設されたものですが、制度の目的が形骸化し、技能実習生を安価な労働力として受け入れている企業等が多数存在し、さまざまな不正行為が認定されてきました。平成30（2018）年に報告された「平成30年

4　〈https://www.moj.go.jp/isa/publications/materials/nyuukokukanri05_00014.html〉。

の「不正行為」について[5]」によれば、同年に出入国在留管理庁が「不正行為」を通知した機関は112機関（平成29（2017）年11月1日施行の技能実習法施行前のいわゆる旧制度の適用を受ける機関のみを対象）であり、企業単独型の受入機関は1機関（0.9％）、団体監理型の受入機関は111機関（99.1％）であり、受入形態別にみると監理団体型がほとんどでした。監理団体型実習実施機関での内訳としては、悪質な人権侵害行為が86件（暴行・脅迫・監禁4件、旅券・在留カードの取上げ1件、賃金等の不払81件）、偽変造文書等の行使・提供が34件、労働関係法令違反が12件であり、この3類型だけで全157件中132件（84％）でした。

　このような技能実習生の不利益を防止するために、技能実習法等において各種の禁止行為が定められています。たとえば、暴行、脅迫、監禁等による技能実習／労働の禁止（技能実習法46条、労基5条）、技能実習にかかる契約の不履行についての違約金／保証金／貯蓄金等の禁止（技能実習法47条1項・2項、労基16条、18条）、旅券・在留カードの保管の禁止（技能実習法48条1項）、私生活の自由の不当な制限の禁止（同法48条2項）があげられます。細かいことですが、違反の主体が実習実施者であるか実習監理者等であるかにより、適用される法令が異なりますのでご注意ください。また、その他の法令違反についてはQ17をご参照ください。

4　特定技能との違い

　「技能実習」制度の目的は、先述の通り、「人材育成を通じた開発途上地域等への技能、技術、知識……の移転による国際協力を推進すること」であるのに対し、「特定技能」制度の目的は、Q34で記載の通り、「中小・小規模事業者をはじめとした深刻な人手不足に対応するため、特定産業分野において、一定の専門性・技能を有し即戦力となる外国人を受け入れていく仕組みを構築すること」（特定技能基本方針1）にあり、両者の目的が大きく異なります。

5　出入国在留管理庁ウェブサイト〈https://www.moj.go.jp/isa/publications/press/nyuukokukanri07_00226.html〉。

　このことから、次のような違いがあります。すなわち、「技能実習」においては当該技能に関する知識または経験は、在留資格取得の段階では特に必要ではなく、実習において段階的に学んでいくことが予定されています。他方、「特定技能」においては、在留資格取得の段階において相当程度の知識または経験を有していることが必要です（法2条の5第1項1号、特定技能省令1条1項1号）。

　「技能実習」2号・3号移行対象職種と「特定技能」の産業分野（業務区分）の対応については、【表35－2】をご参照ください。

　「技能実習」制度においては、送出機関（技能実習法23条2項6号）や監理団体が関与していましたが、「特定技能」においては、これらは必須とはされていません。また、「技能実習」においては、日本語の能力は必須ではありませんが、「特定技能」においては、日本語の能力が必須になります（法7条1項2号、基準省令「特定技能」下欄1号ニ：特定技能2号では不要）。

　他方、「技能実習」、「特定技能1号」いずれにおいても、在留資格更新期間に制限があり（技能実習法9条3号、基準省令「特定技能1号」下欄1号ヘ）、妻子の帯同はできません（法7条1項2号、別表第1の4の表「家族滞在」下欄参照）ので、その点では両者は同じになります。もっとも、「特定技能2号」においては、在留資格更新期間に制限はなく（特定技能基本方針3(2)ア、基準省令「特定技能2号」下欄1号参照）、妻子の帯同も可能となります（法7条1項2号、別表第1の4の表「家族滞在」下欄）ので、その点では両者は異なります。その他の比較については、【表35－1】を、その他「特定技能」の詳細についてはQ34を参照してください。

【表35−1】　技能実習と特定技能の制度比較（概要）

	技能実習（団体監理型）	特定技能（1号）
関係法令	外国人の技能実習の適正な実施及び技能実習生の保護に関する法律／出入国管理及び難民認定法	出入国管理及び難民認定法
在留資格	在留資格「技能実習」	在留資格「特定技能」
在留期間	技能実習1号：1年以内、技能実習2号：2年以内、技能実習3号：2年以内（合計で最長5年）	通算5年
外国人の技能水準	なし	相当程度の知識又は経験が必要
入国時の試験	なし（介護職種のみ入国時N4レベルの日本語能力要件あり）	技能水準，日本語能力水準を試験等で確認（技能実習2号を良好に修了した者は試験等免除）
送出機関	外国政府の推薦又は認定を受けた機関	なし
監理団体	あり（非営利の事業協同組合等が実習実施者への監査その他の監理事業を行う。主務大臣による許可制）	なし
支援機関	なし	あり（個人又は団体が受入れ機関からの委託を受けて特定技能外国人に住居の確保その他の支援を行う。出入国在留管理庁による登録制）
外国人と受入機関のマッチング	通常監理団体と送出機関を通して行われる	受入機関が直接海外で採用活動を行い又は国内外のあっせん機関等を通じて採用することが可能
受入機関の人数枠	常勤職員の総数に応じた人数枠あり	人数枠なし（介護分野、建設分野を除く）
活動内容	技能実習計画に基づいて、講習を受け、及び技能等に係る業務に従事する活動（1号）	相当程度の知識又は経験を必要とする技能を要する業務に従事する活動（専門的・技術的分野）

	技能実習計画に基づいて技能等を要する業務に従事する活動（2号、3号）（非専門的・技術的分野）	
転籍・転職	原則不可。ただし、実習実施者の倒産等やむを得ない場合や、2号から3号への移行時は転籍可能	同一の業務区分内又は試験によりその技能水準の共通性が確認されている業務区分間において転職可能

出典：出入国在留管理庁ウェブサイト〈https://www.moj.jp/isa/content/930004251.pdf〉

【表35−2】　技能実習と特定技能の産業分野（業務区分）

	職種	作業	技能実習2号※1	技能実習3号※1	特定技能1号※2 上段：産業分野 下段：業務区分	特定技能2号※3
6 1. 作 農 業 業 ） 関 係 （ 2 職 種	耕種農業	施設園芸	●	●	農業 ：耕種農業全般	—
		畑作・野菜	●	●		—
		果樹	●	●		—
	畜産農業	養豚	●	●	農業 ：畜産農業全般	—
		養鶏	●	●		—
		酪農	●	●		—
2. 漁 業 関 係 （ 2 職 種 10 作 業 ）	漁船漁業	かつお一本釣り漁業	●	●	漁業：漁業	—
		延縄漁業	●	●		—
		いか釣り漁業	●	●		—
		まき網漁業	●	●		—
		ひき網漁業	●	●		—
		刺し網漁業	●	●		—
		定置網漁業	●	●		—
		かに・えびかご漁業	●	●		—
		棒受網漁業	●	×		—
	養殖業	ほたてがい・まがき養殖作業	●	●	漁業 ：養殖業	—
3. 建 設 関 係 （ 22 職 種 33 作 業 ）	さく井	パーカッション式　さく井工事作業	□	□	—	—
		ロータリー式　さく井工事作業	□	□	—	—
	建築板金	ダクト板金作業	□	□	建設 ：建築板金	○
		内外装板金作業	□	□		○
	冷凍空気調和機器施工	冷凍空気調和機器施工作業	□	□	—	—
	建具製作	木製建具手加工作業	□	□	—	—
	建築大工	大工工事作業	□	□	建設 ：建築大工	○
	型枠施工	型枠工事作業	□	□	建設 ：型枠施工	○
	鉄筋施工	鉄筋組立て作業	□	□	建設 ：鉄筋施工	○
	とび	とび作業	□	□	建設 ：とび	○
	石材施工	石材加工作業	□	□	—	—
		石張り作業	□	□		—
	タイル張り	タイル張り作業	□	□	—	—
	かわらぶき	かわらぶき作業	□	□	建設 ：屋根ふき	○
	左官	左官作業	□	□	建設 ：左官	○
	配管	建築配管作業	□	□	建設 ：配管	○
		プラント配管作業	□	□		○
	熱絶縁施工	保温保冷工事作業	□	□	建設 ：保温保冷	○

	職種	作業	技能実習2号※1	技能実習3号※1	特定技能1号※2 上段：産業分野 下段：業務区分	特定技能2号※3
	内装仕上げ施工	プラスチック系床仕上げ工事作業	□	□	建設： 内装仕上げ／表装	○
		カーペット系床仕上げ工事作業	□	□		○
		鋼製下地工事作業	□	□		○
		ボード仕上げ工事作業	□	□		○
		カーテン工事作業	□	□		○
	サッシ施工	ビル用サッシ施工作業	□	□	—	—
	防水施工	シーリング防水工事作業	□	□	—	—
	コンクリート圧送施工	コンクリート圧送工事作業	□	□	建設：コンクリート圧送	○
	ウェルポイント施工	ウェルポイント工事作業	□	□	—	—
	表装	壁装作業	□	□	建設：表装／内装仕上げ	○
	建設機械施工	押土・整地作業	●	●	建設：建設機械施工	○
		積込み作業	●	●		○
		掘削作業	●	●		○
		締固め作業	●	●		○
	築炉	築炉作業	□	×	—	—
4. 食品製造関係（11職種18作業）	缶詰巻締	缶詰巻締	●	●	飲食料品製造業：飲食料品（酒類を除く）の製造・加工・安全衛生	—
	食鳥処理加工業	食鳥処理加工作業	●	●		—
	加熱性水産加工食品製造業	節類製造	●	●		—
		加熱乾製品製造	●	●		—
		調味加工品製造	●	●		—
		くん製品製造	●	●		—
	非加熱性水産加工食品製造業	塩蔵品製造	●	●		—
		乾製品製造	●	●		—
		発酵食品製造	●	●		—
		調理加工品製造	●	●		—
		生食用加工品製造	●	●		—
	水産練り製品製造	かまぼこ製品製造作業	□	□	飲食料品製造業：飲食料品（酒類を除く）の製造・加工・安全衛生	—
	牛豚食肉処理加工業	牛豚部分肉製造作業	●	●		—
	ハム・ソーセージ・ベーコン製造	ハム・ソーセージ・ベーコン製造作業	□	□		—
	パン製造	パン製造作業	□	□		—
	そう菜製造業	そう菜加工作業	●	●		—
	農産物漬物製造業	農産物漬物製造作業	●	×		—
	医療・福祉施設給食製造	医療・福祉施設給食製造作業	●	×	外食業	—

職種	作業	技能実習2号※1	技能実習3号※1	特定技能1号※2 上段：産業分野 下段：業務区分	特定技能2号※3
5. 繊維・衣服関係（13職種22作業） 紡績運転	前紡工程作業	●	×	—	—
	精紡工程作業	●	×	—	—
	巻糸工程作業	●	×	—	—
	合ねん糸工程作業	●	×	—	—
織布運転	準備工程作業	●	×	—	—
	製織工程作業	●	×	—	—
	仕上工程作業	●	×	—	—
染色	糸浸染作業	□	□		
	織物・ニット浸染作業	□	□		
ニット製品製造	靴下製造作業	□	□		
	丸編みニット製造作業	□	□		
たて編ニット生地製造	たて編ニット生地製造作業	●	●		
婦人子供服製造	婦人子供既製服縫製作業	□	□		
紳士服製造	紳士既製服製造作業	□	□		
下着類製造	下着類製造作業	●	●		
寝具製作	寝具製作作業	□	□		
カーペット製造	織じゅうたん製造作業	●	×		
	タフテッドカーペット製造作業	●	×		
	ニードルパンチカーペット製造作業	●	×		
帆布製品製造	帆布製品製造作業	□	□		
布はく縫製	ワイシャツ製造作業	□	□		
座席シート縫製	自動車シート縫製作業	●	●		
6. 機械・金属関係（15職種29作業） 鋳造	鋳鉄鋳物鋳造作業	□	□	素形材・産業機械：鋳造	—
	非鉄金属鋳物鋳造作業	□	□		—
鍛造	ハンマ型鍛造作業	□	□	素形材・産業機械：鍛造	—
	プレス型鍛造作業	□	□		—
ダイカスト	ホットチャンバダイカスト作業	□	□	素形材・産業機械：ダイカスト	—
	コールドチャンバダイカスト作業	□	□		—
機械加工	普通旋盤作業	□	□	素形材、産業機械、電気・電子情報関連、造船・舶用工業：機械加工	—
	フライス盤作業	□	□		—
	数値制御旋盤作業	□	□		—
	マシニングセンタ作業	□	□		—
金属プレス加工	金属プレス作業	□	□	素形材、産業機械、電気・電子情報関連：金属プレス加工	—
鉄工	構造物鉄工作業	□	□	産業機械、造船・舶用工業：鉄工	—

職種	作業	技能実習2号※1	技能実習3号※1	特定技能1号※2 上段：産業分野 下段：業務区分	特定技能2号※3
工場板金	機械板金作業	☐	☐	素形材、産業機械、電気・電子情報関連：工場板金	—
めっき	電気めっき作業	☐	☐	素形材、産業機械、電気・電子情報関連：めっき	—
	溶融亜鉛めっき作業	☐	☐		—
アルミニウム陽極酸化処理	陽極酸化処理作業	☐	☐	素形材：アルミニウム	—
仕上げ	治工具仕上げ作業	☐	☐	素形材、産業機械、電気・電子情報関連、造船・舶用工業：仕上げ	—
	金型仕上げ作業	☐	☐		—
	機械組立仕上げ作業	☐	☐		—
機械検査	機械検査作業	☐	☐	素形材、産業機械：機械検査	—
機械保全	機械系保全作業	☐	☐	素形材、産業機械、電気・電子情報関連：機械保全	—
電子機器組立て	電子機器組立て作業	☐	☐	産業機械、電気・電子情報関連：電子機器組立て	—
電気機器組立て	回転電機組立て作業	☐	☐	産業機械、電気・電子情報関連、造船・舶用工業：電気機器組立て	—
	変圧器組立て作業	☐	☐		—
	配電盤・制御盤組立て作業	☐	☐		—
	開閉制御器具組立て作業	☐	☐		—
	回転電機巻線製作作業	☐	☐		—
プリント配線板製造	プリント配線板設計作業	☐	☐	産業機械、電気・電子情報関連：プリント配線板製造	—
	プリント配線板製造作業	☐	☐		—
家具製作	家具手加工作業	☐	☐	—	—
印刷	オフセット印刷作業	☐	☐	—	—
	グラビア印刷	●	×	—	—
製本	製本作業	☐	☐	—	—
プラスチック成形	圧縮成形作業	☐	☐	産業機械、電気・電子情報関連：プラスチック成形	—
	射出成形作業	☐	☐		—
	インフレーション成形作業	☐	☐		—
	ブロー成形作業	☐	☐		—
強化プラスチック成形	手積み積層成形作業	☐	☐		—
塗装	建築塗装作業	☐	☐	素形材、産業機械、電気・電子情報関連：塗装	—
	金属塗装作業	☐	☐	素形材、産業機械、電気・電子情報関連、造船・舶用工業：塗装	—

7.その他（19職種35作業）

職種	作業	技能実習2号※1	技能実習3号※1	特定技能1号※2 上段:産業分野 下段:業務区分	特定技能2号※3
	鋼橋塗装作業	□	□	素形材、産業機械、電気・電子情報関連 :塗装	—
	噴霧塗装作業	□	□	素形材、産業機械、電気・電子情報関連、造船・船用工業 :溶接	—
溶接	手溶接	●	●	素形材、産業機械、電気・電子情報関連、造船・船用工業 :溶接	○
	半自動溶接	●	●		○
工業包装	工業包装作業	□	□	産業機械、電気・電子情報関連 :工業包装	—
紙器・段ボール箱製造	印刷箱打抜き作業	□	□	—	—
	印刷箱製箱作業	□	□	—	—
	貼箱製造作業	□	□	—	—
	段ボール箱製造作業	□	□	—	—
陶磁器工業製品製造	機械ろくろ成形作業	●	●	—	—
	圧力鋳込み成形作業	●	●	—	—
	パッド印刷作業	●	●	—	—
自動車整備	自動車整備作業	●	●	自動車整備	—
ビルクリーニング	ビルクリーニング作業	□	□	ビルクリーニング	—
介護	介護作業	●	●	介護	—
リネンサプライ	リネンサプライ仕上げ作業	●	×	—	—
コンクリート製品製造	コンクリート製品製造作業	●	●	—	—
宿泊	接客・衛生管理作業	●	×	—	—
RPF製造	RPF製造	●	●	—	—
鉄道施設保守整備	鉄道保守整備	●	●	—	—
ゴム製品製造	成形加工	●	×	—	—
	押出し加工	●	×	—	—
	混練り圧延加工	●	×	—	—
	複合積層加工	●	×	—	—
社内検定型の職種・作業(1職種3作業) 空港グランドハンドリング	航空機地上支援作業	●	●	航空 :空港グランドハンドリング	—
	航空貨物取扱作業	●	●		—
	客室清掃作業	●	×		—

	職種	作業	技能実習2号※1	技能実習3号※1	特定技能1号※2 上段：産業分野 下段：業務区分	特定技能2号※3
（技能実習にはない職種）	トンネル推進工	—	×	×	建設 ：トンネル推進工	○
	土工	—	×	×	建設 ：土工	○
	電気通信	—	×	×	建設 ：電気通信	○
	鉄筋継手	—	×	×	建設 ：鉄筋継手	○
	吹付ウレタン断熱	—	×	×	建設： 吹付ウレタン断熱	○
	海洋土木工	—	×	×	建設 ：海洋土木工	○
	航空機整備	—	×	×	航空 ：航空機整備	—
	宿泊施設におけるフロント、企画・広報、接客およびレストランサービス等の宿泊サービスの提供に係る業務	—	×	×	宿泊 ：宿泊施設におけるフロント、企画・広報、接客およびレストランサービス等の宿泊サービスの提供に係る業務	—

技能実習2号、3号移行対象職種と特定技能1号、2号における産業分野との関係（2021年3月16日現在）

※1 ●：技能評価試験による評価（技能実習法8条2項6号、同規則6条、別表第1）

　　□：技能検定による評価（技能実習法8条2項6号）

　　×：技能実習の移行対象職種・作業でない

　　各職種の技能実習計画の審査基準（技能実習法8条、12条、技能実習制度における移行対象職種・作業の追加等に係る事務取扱要領）および移行対象職種・作業一覧より確認（厚生労働省Webページ：https://www.mhlw.go.jp/stf/seisakunitsuite/bunya/koyou_roudou/jinzaikaihatsu/global_cooperation/index.html）

※2 法2条の4第1項、分野別運用方針、特定技能運用要領別紙6、「新たな外国人材の受入れ及び共生社会実現に向けた取組」により確認（出入国在留管理庁ウェブサイト：http://www.moj.go.jp/isa/policies/ssw/nyuukokukanri01_00127.html）

※3 ○：特定技能2号対象業務

　　法別表第1の2「特定技能」下欄、分野省令、特定技能運用要領別紙6により確認

Q36 在留資格「家族滞在」の概要

「家族滞在」とはどのような在留資格ですか。「家族滞在」の在留資格の取得を希望する場合、どのような事項を審査されることになりますか。

─ ここがポイント ─

① 「家族滞在」の在留資格は、一定の在留資格をもって本邦に在留する外国人の扶養家族を受け入れるために設けられたものである。
② 「扶養を受ける」とは、扶養者が扶養の意思を有し、かつ、扶養することが可能な資金的裏付けを有すると認められることをいう。

1 「家族滞在」とは

「家族滞在」の在留資格は、一定の在留資格をもって本邦に在留する外国人の扶養家族を受け入れるために設けられたものであり、「家族滞在」の在留資格をもって在留する外国人は、その扶養者である配偶者または親が本邦に在留する間に限って、本邦に在留することができます（審査要領）。

(1) 本邦において行うことができる活動（法別表第1の4の表「家族滞在」下欄）

〔法別表第1の〕1の表、2の表又は3の表の上欄の在留資格（外交、公用、特定技能（2の表の特定技能の項の下欄第1号に係るものに限る。）、技能実習及び短期滞在を除く。）をもって在留する者又はこの表の留学の在留資格をもって在留する者の扶養を受ける配偶者又は子として行う日常的な活動

扶養者となる者は、【表36−1】のいずれかの在留資格を有する必要があります。

【表36−1】 「家族滞在」の扶養者となることができる在留資格

「家族滞在」の扶養者となることができる在留資格
「教授」、「芸術」、「宗教」、「報道」、「高度専門職」、「経営・管理」、「法律・会計業務」、「医療」、「研究」、「教育」、「芸術・人文知識・国際業務」、「企業内転勤」、「介護」、「興行」、「技能」、「特定技能2号」、「文化活動」、「留学」

「扶養を受ける」とは、扶養者が扶養の意思を有し、かつ、扶養すること

が可能な資金的裏付けを有すると認められることをいいます。また、配偶者にあっては原則として同居を前提として扶養者に経済的に依存している状態、子にあっては扶養者の監護養育を受けている状態のことをいい、経済的に独立している配偶者または子としての活動は含まれません（審査要領）。

「配偶者」とは、現に婚姻が法律上有効に存続中の者をいい、離別した者、死別した者および内縁の者は含まれません。また、外国で有効に成立した同性婚による者も含まれません（審査要領）。

「子」には、嫡出子のほか、養子および認知された非嫡出子が含まれます。また、成年に達した者も含まれます（審査要領）。

「日常的な活動」とは、日々の生活を送るうえで通常行う活動一般を意味します。就労活動を除いて、本邦の学校に通学して教育を受ける活動なども含めて幅広い活動が含まれます（「入管法大全Ⅱ」283頁）。

(2)　適用される基準省令（基準省令「家族滞在」下欄）

> 申請人が法別表第1の1の表若しくは2の表の上欄の在留資格、文化活動の在留資格又は留学の在留資格（この表の法別表第1の4の表の留学の項の下欄に掲げる活動の項第1号イ又はロに該当するものに限る。）をもって在留する者の扶養を受けて在留すること。

基準省令は「外交」、「公用」、「特定技能1号」および「技能実習」の在留資格を明示的に除外していませんが、これらの在留資格もって在留する者の扶養を受ける活動は、「家族滞在」に該当しません（審査要領）。

基準省令「留学」下欄1号ハに該当する者（高等学校等で教育を受ける者）の扶養を受ける配偶者または子としての活動は、「家族滞在」の在留資格該当性はありますが、基準省令の定める上陸許可基準には適合しません（審査要領）。

2　審査のポイント

(1)　申請人と扶養者との身分関係

申請人が扶養者の配偶者または子でなければならないため、申請書および扶養者との身分関係を証する文書（戸籍謄本、婚姻届受理証明書、結婚証明書、出生証明書またはこれらに準ずる文書）により両者の身分関係を確認しま

す（審査要領）。

⑵　扶養者の在留資格

　扶養者となる者は、前掲【表36－１】の在留資格を有する必要があるため、申請書および在留カードまたは旅券の写しから扶養者の在留資格を確認します（審査要領）。

⑶　扶養者の扶養意思および扶養能力

　扶養者が扶養の意思を有し、かつ、扶養することが可能な資金的裏付けを有すると認められなければ「扶養を受ける」には該当せず、「家族滞在」の在留資格に適合しません。

　そのため、申請書並びに扶養者の職業および収入を証する文書から扶養者の扶養意思および扶養能力を確認します（審査要領）。

　扶養者の職業および収入を証する文書には、たとえば、①在職証明書、②営業許可書の写し、③住民税の課税（または非課税）証明書、④納税証明書（１年間の総所得および納税状況が記載されたもの）、⑤扶養者名義の預金残高証明書、⑥給付金額および給付期間を明示した奨学金給付に関する証明書および、⑦⑤または⑥に準ずる文書などが該当すると考えられています（審査要領）。

　扶養能力の審査について、審査要領は「扶養者が申請人を扶養することのできる経費支弁能力を有すること」を審査の確認ポイントとしてあげています（審査要領）。実務上、この経費支弁能力があるとされるための必要額について一律に金額の基準を設けることは困難であるものの、扶養者の居住地における世帯の生活保護給付金額（生活扶助、住宅扶助および教育扶助の合計額）を一応の目安とし、扶養者の在留状況に特段の問題がない限り入国当初１年間（または扶養者の在留予定期間が１年に満たない場合は当該期間）の生活費等を賄える程度を有していることで足りるとされています（「入管法の実務」442頁）。

⑷　被扶養者の生活状況

　配偶者にあっては原則として同居を前提として扶養者に経済的に依存している状態にあり、子にあっては扶養者の監護養育を受けている状態にあると認められなければ「扶養を受ける」には該当せず、「家族滞在」の在留資格

に適合しません。

　そのため、被扶養者が、現に扶養者の扶養を受け、または監護教育を受けていると認められることを確認します（審査要領）。

　また、就労活動等の「日常的活動」に該当しない活動は、原則として、「家族滞在」の在留資格で行うことはできません。

　そのため、配偶者または子として在留する場合にあっても、主たる入国目的が扶養者に依存することなく独立して別個の活動に従事するときは、それぞれに対応した在留資格を決定するものとされています（審査要領）。

3　在留期間

　「家族滞在」の在留期間は、5年を超えない範囲内で法務大臣が個々の外国人について指定する期間です（法2条の2第3項、規3条、別表第2）。

Q37　在留資格「家族滞在」と就労活動

　「家族滞在」の在留資格で在留をしている子（18歳）が就労をする場合、どのような事項を検討する必要がありますか。

ここがポイント

① 　日本国内での就労活動は「日常的な活動」（法別表第1の4の表「家族滞在」下欄）に該当しないため、「家族滞在」の在留資格で日本に滞在する者は、原則として、日本国内で就労活動を行うことができない。
② 　新しく就労活動を開始することによって当該子が経済的に自立するような場合には、異なる在留資格への変更を視野に入れる必要がある。
③ 　新しい就労活動にかかわらず、引き続き扶養者の監護養育を受ける状態にある場合には、資格外活動許可の手続が検討される。
④ 　幼少の頃から日本に在留し、日本における義務教育を経て高等学校卒業後に日本において就職しようとする場合には、日本の社会への定着性が認められることが考慮され、「定住者」または「特定活動」への変更を認める旨の特例がある。

1　「家族滞在」の在留資格と就労活動

　日本国内での就労活動は「日常的な活動」（法別表第1の4の表「家族滞在」下欄）に該当しないため、「家族滞在」の在留資格で日本に滞在する者は、原則として、日本国内で就労活動を行うことができません（法19条1項2号）。
　「家族滞在」の在留資格で日本に滞在する者が日本国内での就労活動を行う場合、少なくとも資格外活動許可（法19条2項）を受ける必要があります（資格外活動許可の概要についてQ4）。

2　「家族滞在」の在留資格で在留をしている子（18歳）が就労する場合の検討事項

　「家族滞在」の在留資格で在留をしている子（18歳）が就労をする場合、他の在留資格への変更手続、または資格外活動許可の手続が検討されます。

　「家族滞在」の在留資格は、扶養者による「扶養を受ける」ことを前提とした在留資格であり、「扶養を受ける」とは、子にあっては扶養者の監護養育を受けている状態のことをいうものと解されています（在留資格「家族滞在」の概要について Q36）。そのため、新しく就労活動を開始することによって当該子が経済的に自立するような場合には、異なる在留資格への変更を視野に入れる必要があります。一方で、当該就労活動にかかわらず、引き続き扶養者の監護養育を受ける状態にある場合には、資格外活動許可の手続が検討されます。

(1)　資格外活動許可の手続について

　資格外活動許可の手続に関するルールの概要は、Q4のとおりです。

　なお、日本の高等学校（中等教育学校の後期課程を含む）、中学校（中等教育学校の前期課程を含む）および小学校において教育を受ける者については、基本的に資格外活動許可は馴染まず、包括許可はもとより、個別許可についても申請人が所属する教育機関からアルバイトに関する取扱いや申請人の事情を聴取する等して許否を判断するものとされています（審査要領、Q32参照）。そのため、これらの教育機関に所属している者が資格外活動許可の申請を行う場合には、入管法のルールに加えて、当該教育機関における就労活動の取扱いも確認をする必要があります。

(2)　どのような在留資格に適合するか

　希望する就労活動と「家族滞在」の在留資格が両立しない場合（新しく就労活動を開始することによって当該子が経済的に自立するような場合など）、在留資格変更許可申請等の方法により、在留資格を変更する必要があります（在留資格変更許可制度の概要について Q9）。

　たとえば、下記の在留資格への変更が検討されます。

(A)　活動類型資格

　希望する就労活動の業務内容に応じて、関連する就労系の在留資格への変更が検討されます（就労系の在留資格の概要について Q3）。ただし、在留資格変更許可申請の場合であっても、原則として基準省令に適合することが求められているため（審査要領）、現在の年齢が18歳であることを踏まえると、学歴や実務経験等の要件を満たすかについて慎重に吟味をする必要がありま

す。

⒝　地位等類型資格

　申請人の属性に応じて、関連する身分系の在留資格への変更が検討されます（身分系の在留資格の概要についてＱ5）。この場合、「永住者」への変更も考えられますが、原則10年以上の在留期間等の厳しい要件が課されているため（法22条2項。Q40参照）、適合しないケースも多く想定されます。

　この点に関して、幼少の頃から日本に在留し、日本における義務教育を経て高等学校卒業後に日本において就職しようとする場合には、日本の社会への定着性が認められることが考慮され、「定住者」または「特定活動」への変更を認める旨の特例があることに注意が必要です（審査要領）。次頁〔参考資料〕記載の要件を満たす者に対しては、それぞれ「定住者」（告示外）または「特定活動」（告示外）の在留資格への変更が認められます。

〔参考資料〕　出入国在留管理庁「高等学校等卒業後に日本での就労を考えている
　　　　　　　外国籍を有する方へ」

高等学校等卒業後に日本での就労を考えている外国籍を有する方へ

　出入国在留管理庁においては，父母等に同伴して日本に在留している外国人の方が，高等学校等卒業後に日本で就労する場合，「定住者」又は「特定活動」への在留資格の変更を認めています。
　それぞれの主な要件及び在留資格変更許可申請の際の提出資料は以下のとおりです。

要件

定住者	特定活動
我が国の義務教育（小学校及び中学校）を修了していること ※中学校には夜間中学を含みます。	―
我が国の高等学校等を卒業していること又は卒業見込みであること ※高等学校には定時制課程及び通信制課程を含みます。その他対象となる学校については法務省HPで御確認ください。	我が国の高等学校等を卒業していること又は卒業見込みであること ※ただし，高等学校等に編入している場合は，卒業に加えて，日本語能力試験N2程度の日本語能力を有していることが必要です。
―	扶養者が身元保証人として在留していること
入国後，引き続き「家族滞在」の在留資格をもって日本に在留していること ※「家族滞在」以外の在留資格で在留している方でも，「家族滞在」の在留資格該当性がある方は，本取扱いの対象となります。	
入国時に18歳未満であること	
就労先が決定（内定を含む。）していること ※当該就労先において，資格外活動許可の範囲（1週につき28時間）を超えて就労すること	
住居地の届出等，公的義務を履行していること	

在留資格変更許可申請の際の提出資料

定住者	特定活動
在留資格変更許可申請書（T）（縦4cm×横3cmの写真を貼付）	在留資格変更許可申請書（U）（縦4cm×横3cmの写真を貼付）
履歴書（我が国の義務教育を修了した経歴について記載のあるもの）	履歴書（我が国の高等学校等への入学日の記載のあるもの）
我が国の小学校及び中学校を卒業していることを証明する書類（卒業証書の写し又は卒業証明書）	我が国の高等学校等の在学証明書（入学日の記載のあるもの）
―	高等学校等に編入した者については，以下のいずれかの資料 ・日本語能力試験N2以上 ・BJTビジネス日本語能力テスト・JLRT聴読解テスト（筆記テスト）400点以上
身元保証書	扶養者を保証人とする身元保証書
我が国の高等学校等を卒業していること又は卒業が見込まれることを証明する書類	
我が国の企業等に雇用されること（内定を含む。）を証明する書類（雇用契約書，労働条件通知書，内定通知書等。内定通知書に雇用期間，雇用形態及び給与の記載がない場合は，これらが分かる求人票等の資料を併せて提出。）	
住民票（世帯全員の記載があるもの。個人番号（マイナンバー）については省略し，他の事項については省略のないもの。）	

※　申請いただいた後に，出入国在留管理局における審査の過程において，この他に資料を求める場合もあります。

＜問い合わせ先＞

札幌出入国在留管理局	TEL 011-261-7502	大阪出入国在留管理局	TEL 06-4703-2100
仙台出入国在留管理局	TEL 022-256-6076	神戸支局	TEL 078-391-6377
東京出入国在留管理局	TEL 0570-034259	広島出入国在留管理局	TEL 082-221-4411
（※IP電話・PHS・海外からの場合：	TEL 03-5796-7234）	高松出入国在留管理局	TEL 087-822-5852
横浜支局	TEL 045-769-1720	福岡出入国在留管理局	TEL 092-717-5420
名古屋出入国在留管理局	TEL 052-559-2150	那覇支局	TEL 098-832-4185

高等学校等卒業後に就労を希望する外国人に係る在留資格の取扱いについて

主なルート

定住者：17歳までに入国＋小学校卒業＋中学校卒業＋高校卒業＋就職内定

特定活動：17歳までに入国＋ { 高校入学（編入を除く）→卒業 / 高校編入→卒業＋日本語能力N2 } ＋就職内定＋親（日本在留）の身元保証

	未就学	小学校	中学校	高校	卒業後
		小　学　校　卒　業	中　学　校　卒　業	高　校　卒　業	

特定活動

・日本で出生
・小学生までに来日

「家族滞在」　就職内定　→　定住者

「家族滞在」　就職内定

「家族滞在」　就職内定

「家族滞在」　就職内定＋N2合格

※「家族滞在」以外の在留資格で在留している者でも、「家族滞在」の在留資格該当性がある場合（「留学」等）は本取扱いの対象となる。

出典：出入国在留管理庁ウェブサイト〈https://www.moj.go.jp/isa/content/930003573.pdf〉

211

Q38 在留資格「日本人の配偶者等」「永住者の配偶者等」の概要

「日本人の配偶者等」「永住者の配偶者等」とはどのような在留資格ですか。「日本人の配偶者等」「永住者の配偶者等」の在留資格の取得を希望する場合、どのような事項を審査されることになりますか。

ここがポイント

① 「日本人の配偶者等」の在留資格は、日本人の配偶者、日本人の特別養子、日本人の子として出生した者が日本人とともに生活するために本邦に在留することを認めたものである。

② 日本人とともに生活することが主たる在留目的であるため、生活実態があることが審査のポイントとなる。

※ 「永住者の配偶者等」もこれに準ずる。

1 「日本人の配偶者等」とは

「日本人の配偶者等」の在留資格は、①日本人の配偶者、②日本人の特別養子、③日本人の子として出生した者が日本人とともに生活するために本邦に在留することを認めたものです。

扶養を受けることが前提となる「家族滞在」の在留資格とは異なり（Q37参照）、扶養を受けることを要しません（「入管法大全II」366頁）。本邦において行うことができる経済活動についても、制限がありません（法19条1項）。したがって、「日本人の配偶者等」の在留資格を有する外国人の側が就労し日本人を扶養することも可能です。

(1) 日本人の配偶者

「配偶者」とは、現に婚姻が法律上有効に存続中の者をいい、離別した者、死別した者および内縁の者は含まれません（審査要領）。この点「家族滞在」と同様です。同性婚による者が含まれない点も同様です（Q36参照）。

(2) 日本人の特別養子

実方の血族との親族関係が終了する特別養子のみが対象になります。特別

養子縁組は、審判請求時に15歳未満かつ審判確定時に18歳未満の者でなければできません（民817条の5第1項）。したがって、たとえば成年に達した外国人と普通養子縁組をしても「日本人の配偶者等」の在留資格の対象とはなりません。

(3)　日本人の子として出生した者

出生の時点で、父母の少なくとも一方が日本人であった者が対象になります。出生の時点で判断をするため、出生後日本国籍を失った場合も対象となります。逆に、出生後に日本国籍を取得しても対象となりません。なお、出生前に父が死亡し、かつ、死亡時に日本国籍を有していた場合も対象となります。

「子」とは、嫡出子および認知された非嫡出子が含まれますが、養子は含まれません（審査要領。国籍3条1項参照）。他方、上記のとおり扶養を受けることは要件とされていないことから、成年に達した者も除外されないと考えられます。出生場所については限定がなく、海外でも構いません。この点、「家族滞在」と同様です（その他「家族滞在」についての詳細は、Q36参照）。

上陸許可基準はありません。

2　「永住者の配偶者等」とは

「永住者の配偶者等」の在留資格は、①永住者等の配偶者、②永住者等の子として本邦で出生しその後引き続き本邦に在留している者が永住者等とともに生活するために本邦に在留することを認めたものです。

「永住者等」とは、永住者の在留資格をもって本邦に在留する者または特別永住者をいいます（法19条の16第3号）。

「配偶者」とは、「日本人の配偶者等」の在留資格における「配偶者」の定義付けと同様です（審査要領）。

「子として本邦で出生しその後引き続き本邦に在留している者」についても、基本的には、「日本人の子として出生した者」の定義づけと同様ですが（審査要領）、出生場所について本邦に限定している点、引き続きの在留を要求しているという点が異なります。

3　審査のポイント

基本的には、それぞれの身分に応じて同様の審査がなされますが、実務上重要となる日本人の配偶者を中心に説明します。

(1)　申請人と日本人との身分関係

申請人が日本人の配偶者または特別養子、子として出生した者でなければならないため、申請書および日本人との身分関係を証する文書（戸籍謄本、婚姻届受理証明書、結婚証明書、出生証明書等）により身分関係を確認します（審査要領）。

(2)　活動内容

日本人とともに生活することが主たる在留目的であるため、本邦において行おうとする活動がそれぞれの法的身分を有する者としての活動であることが必要となります。

たとえば、日本人の配偶者の場合、法律上有効な婚姻関係にあるだけでは足りず、婚姻の実体が伴っていることが必要とされます。具体的には、同居し、互いに協力し、扶助し合って社会通念上の夫婦の共同生活を営むことが必要とされています（審査要領）。

婚姻の実体があるか否かについて、基本的には提出資料に基づき判断されますが、合わせて実態調査が行われることもあります。提出資料に疑問がもたれた場合や在留特別許可（Q15参照）に基づく審査の場合には、家庭訪問等の実態調査が行われることが多いようです。

以下、活動内容の立証において、実務上特に注意が必要なケースについてあげます。

(A)　同居していない場合

婚姻の実体があるといえるためには、特別な理由がない限り同居して生活していることが求められています（審査要領）。ただし、婚姻生活の多様化に伴って、週に1日のみ同居している事案について在留資格該当性が認められた裁判例もあります（京都地判平27・11・6判時2303号27頁）。同居していない事案においては、事情を詳しくヒアリングし、生計の同一性や交流実態等からして婚姻の実体があると認められる場合には、別途理由書などにより

丁寧に事情を説明する必要があります。交流の実体について、スナップ写真のみならず、通話記録やメールのやり取り等も提出し頻繁かつ継続的に交流がある旨も立証すべきでしょう。

(B)　夫婦の年齢差が大きい場合

夫婦の年齢差が大きい場合、婚姻の実体について厳しく審査される傾向があります。したがって、その場合には、質問書[1]の回答において詳細に交際・婚姻経緯や婚姻後の生活状況を記載すべきでしょう。

(C)　離婚歴がある場合

特に申請者側に日本人との離婚歴がある場合や日本人側に外国人との離婚歴がある場合（「入管法の実務」458頁）にも婚姻の実体について丁寧に説明する必要があります。基本的には、夫婦の年齢差が大きい場合と同様ですが、加えて前婚の離婚理由等も説明する必要があるでしょう。

(3)　安定性・継続性

婚姻活動を営む経済的基盤があることは、婚姻の安定性・継続性を判断する1つの要素となります。

経済的基盤があるか否かについては、申請書並びに日本人の職業および収入を証する文書から確認されます（審査要領）。日本人の職業および収入を証する文書の例は「家族滞在」の在留資格と同様です（Q36参照）。

必要となる収入額については、直近1年間の収入額が、申請者本人に被扶養者を加えた人数に78万円を乗じた金額が目安になります（「入管法の実務」456頁）。

4　在留期間

「日本人の配偶者等」「永住者の配偶者等」の在留期間は、いずれも5年、3年、1年または6カ月です（法2条の2第3項、規3条、別表第2）。

1　出入国在留管理庁ウェブサイト〈http://www.moj.go.jp/isa/content/930003288.pdf〉。

Q39 在留資格「日本人の配偶者等」「永住者の配偶者等」と離婚

> 「日本人の配偶者等・永住者の配偶者等」の在留資格で日本に在留していますが、離婚をしてしまいました。在留資格はなくなってしまうのでしょうか。何か手続が必要であれば教えてください。

ここがポイント

① 離婚や死別、婚姻の実体がなくなったまま6カ月以上経過すると在留資格を取り消されてしまう可能性がある。
② 取消しの対象とならないために、届出や在留資格変更許可申請を行う必要がある。

1　必要な手続等

(1)　離婚をした場合の在留資格について

　入管法においては、日本人や永住者の配偶者としての活動を継続して6カ月以上行わないで在留している場合に在留資格を取り消すことができるとしています（法22条の4第1項7号、Q11参照）。すなわち、離婚や死別したまま6カ月以上経過すると在留資格を取り消されてしまう可能性があるということです。離婚していない場合でも、婚姻の実体がなくなった場合、Q38のとおり日本人の配偶者等としての活動を行うものとはいえなくなり、「その配偶者の身分を有する者としての活動」（同号）を行っていないとして在留資格の取消事由に該当し得ます。たとえば別居し事実上夫婦関係が破綻している状態が6カ月以上続いているときにも取消しの対象となります（もっとも、別居していることのみをもって取消事由に該当するとは限りません。同居の要否と在留資格該当性についてはQ38参照）。したがって、配偶者と離婚や死別した場合日本に在留し続けるためには、保有していた「日本人の配偶者等」「永住者の配偶者等」の在留資格から他の在留資格への在留資格変更許可申請を行い許可を得る必要があります。

　なお、「その配偶者の身分を有する者としての活動」を行わずに在留して

いることにつき正当な理由があれば取消しの対象とはなりません（法22条の4第1項7号カッコ書）。正当な理由の主な例には、配偶者からの暴力等により一時的に別居している場合や離婚調停・離婚訴訟等の協議中の場合があげられます（審査要領）。

(2)　必要な手続について

　配偶者と離婚や死別した場合、その日から14日以内に届出をしなければなりません（法19条の16第3号）。当該届出は、窓口への持参だけでなく、郵送やインターネット[1]でも行うことも可能です。

2　在留資格変更許可申請を行うにあたり考えられる在留資格

　上記のとおり、配偶者と離婚や死別した場合には在留資格変更許可申請を行うことになりますが、その際には、まず「定住者」の在留資格を検討するとよいでしょう。この場合の「定住者」（告示外）の在留資格を一般的に離婚定住とよびます。詳しくは、「定住者」の在留資格のQで説明しています（Q43参照）。

　この離婚定住の許可要件に当てはまらない場合は、その他の在留資格に変更をするか、帰国するほかありません。

1　出入国在留管理庁「電子届出システム」〈https://www.ens-immi.moj.go.jp/NA01/NAA01S/NAA01STransfer〉。

Q40　在留資格「永住者」の概要

「永住者」とは、どのような在留資格ですか。どのような場合に永住許可されるのでしょうか。

ここがポイント

① 永住許可申請の要件は、ⓐ素行善良要件、ⓑ独立生計要件、ⓒ国益要件である。具体的には、「永住許可に関するガイドライン」を参考にする。

② 立証資料として、具体的な資料の提出をすべきである。

③ 永住許可の申請後、永住許可がなされるまでは、数カ月かかる。その間は、従前の在留資格を更新する必要がある。

1　「永住者」の概要

「永住者」の在留資格は、永住許可により取得するものです。すでに在留資格を有する外国人の「永住者」への在留資格の変更申請に対してなされます。上陸許可に際して「永住者」の在留資格が許可されることはありません（Q7参照）。

入管法上、在留資格の変更については、同法20条で定められていますが、「永住者」への変更については、別途、同法22条により規定されています。「永住者」は、在留期間が無期限であり、また在留活動にも制限がない在留資格です。また、当該外国人の在留に関して審査する最後の機会であるともいえます。永住許可の審査には、他の在留資格に比べ、さらに慎重を期する必要があることから、一般の在留資格変更許可手続とは別の規定とされています。

2　永住許可申請の要件

⑴　法律上の要件

永住許可申請には、以下の3つの要件を充足する必要があります。

① 素行が善良であること（法22条2項1号）

② 独立の生計を営むに足りる資産または技能を有すること（同項2号）

③ その者の永住が日本国の利益に合すると認められること（同項柱書）

　もっとも、日本人、「永住者」、特別永住者の配偶者または子である場合は、要件③のみを充足すれば足りると定められています（法22条2項ただし書、審査要領）。また、難民認定を受けている場合は、要件②を充足しない場合でも、永住許可をなし得るとされています（法61条の2の11）。まとめると【表40－1】のとおりとなります。

【表40－1】　永住許可申請の要件

	日本人、「永住者」、特別永住者の配偶者または子である場合（実子または特別養子：法22条2項ただし書、普通養子：審査要領)	難民認定を受けている場合（法61条の2の11）
① 素行が善良であること（法22条2項1号）	× 不要	○ 必要
② 独立の生計を営むに足りる資産または技能を有すること（法22条2項2号）	× 不要	× 不要
③ その者の永住が日本国の利益に合すると認められること（法22条2項本文）	○ 必要	○ 必要

(2)　永住許可ガイドライン

　永住許可については、永住許可ガイドラインが出入国在留管理庁のウェブサイトに公開されています（「永住許可に関するガイドライン」[1]。

【永住許可に関するガイドライン】（抄）
1　法律上の要件
(1)　素行が善良であること

1　〈https://www.moj.go.jp/isa/publications/materials/nyukan_nyukan50.html〉。

　法律を遵守し日常生活においても住民として社会的に非難されることのない生活を営んでいること。

(2)　独立の生計を営むに足りる資産又は技能を有すること

　日常生活において公共の負担にならず、その有する資産又は技能等から見て将来において安定した生活が見込まれること。

(3)　その者の永住が日本国の利益に合すると認められること

　　ア　原則として引き続き10年以上本邦に在留していること。ただし、この期間のうち、就労資格（在留資格「技能実習」及び「特定技能1号」を除く。）又は居住資格をもって引き続き5年以上在留していることを要する。

　　イ　罰金刑や懲役刑などを受けていないこと。公的義務（納税、公的年金及び公的医療保険の保険料の納付並びに出入国管理及び難民認定法に定める届出等の義務）を適正に履行していること。

　　ウ　現に有している在留資格について、出入国管理及び難民認定法施行規則別表第2に規定されている最長の在留期間をもって在留していること。

　　エ　公衆衛生上の観点から有害となるおそれがないこと。

※　ただし、日本人、永住者又は特別永住者の配偶者又は子である場合には、(1)及び(2)に適合することを要しない。また、難民の認定を受けている者の場合には、(2)に適合することを要しない。

2　原則10年在留に関する特例（略。Q41参照）

　　　(A)　要件①（素行善良要件）

　具体的に解説すると、これは、「外国人の素行が日本社会における通常人として非難されない程度であること」となります（「実務六法」86頁）。判断にあたっては、納税義務等公的義務の履行状況、前科の有無、暴力団とのかかわりの有無等が重要な判断要素となります（「逐条解説」474頁以下）。

　具体的には、以下のような事項を考えるとよいでしょう（審査要領）。

①　日本国の法令に違反して、懲役、禁固または罰金に処せられたことがあるか否か。

　　　もっとも、刑の消滅の規定の適用を受ける場合や執行猶予の言渡しを受けた場合で当該執行猶予の言渡しを取り消されることなく当該執行猶予の期間を経過し、その後さらに5年を経過したような場合は、該当しないとされます（刑の消滅については、刑34条の2の規定を参照してください）。

② 少年法による保護処分（少年法24条1項1号または3号）が継続しているか否か。

③ 日常生活または社会生活において、違反行為または風紀を乱す行為を繰り返し行う等素行善良と認められない特段の事情があるか否か。

この点について、たとえば交通違反による反則金の支払いの事実がある場合などは、その行為それだけで素行不良とは判断されにくいと思われます。ただ、飲酒運転、無免許運転、20キロを超えるスピード違反等、明らかな故意による違反のケースは、素行善良要件を満たさないと判断される可能性が高いものと考えるべきでしょう（「入管法の実務」468頁以下）。

(B)　要件②（独立生計要件）

「現に生活上公共の負担となっていないこと、将来も生計を維持し安定した生活を営むことができると見込まれる」必要があります（逐条解説474頁以下）。

この独立生計要件は、必ずしも申請人自身が具備している必要はなく、その者が配偶者等とともに構成する世帯単位でみた場合に安定した生活を今後も続けることができるとされれば、要件を充足するものと考えられています（逐条解説474頁以下、審査要領）。

(C)　要件③（国益要件）

10年の在留歴に加え、そのうち5年以上については、就労資格（「技能実習」および「特定技能1号」を除く）または居住資格（「日本人の配偶者等」「永住者の配偶者等」「定住者」（法別表第2の地位等類型資格））をもって在留していることが必要です。

まず、継続した在留が必要となる点を押さえる必要があります。在留期間中、出国したことがある場合でも、再入国許可（みなし再入国許可を含みます）を受けて出国した後、再度入国すれば、日本での在留は継続していることになります。他方、再入国許可を受けずに出入国した場合には、在留が継続したとはみなされません。また、日本での実質的な在留期間が短い場合（たとえば、海外出張で期間中の半分以上を海外で滞在しているケース等）には、特段の理由がある場合は別段、継続した在留がないと判断される可能性が出

てくるでしょう（「入管法の実務」469頁以下）。

永住許可のガイドライン(3)アの10年在留の要件については、いくつかの特例が認められています。この点については、次の Q41 にて解説します。

3　提出資料

審査要領によれば、立証資料とすべきは、以下の資料となります。

【表40-2】　立証資料

		立証資料	備考	日本人の配偶者	日本人の子	永住者等の配偶者	永住者等の子	定住者	難民認定者	就労資格・家族滞在
1		申請書		●	●	●	●	●	●	●
2	①	配偶者（日本人）の戸籍謄本（戸籍謄本に婚姻事実の記載がない場合は、戸籍謄本に加え婚姻届受理証明書）		●						
	②	申請人の国籍国の機関から発行された婚姻証明書		●						
3	①	申請人の親の戸籍謄本または除籍謄本			●					
	②	出生届受理証明書または認知届受理証明書	申請人が本邦において出生した場合		●					
	③	出生国の機関から発行された出生証明書または認知に関する証明書	申請人が本邦外において出生した場合		●					
	④	特別養子縁組届受理証明書または日本の家庭裁判所発行の養子縁組に係る審判書謄本および確定証明書	申請人が特別養子である場合		●					
4		配偶者（永住者等）及び申請人の国籍国から発行された婚姻証明書（本邦で婚姻手続きを行った場合は婚姻届受理証明書）				●				
5	①	本邦における出生届受理証明書または国籍国が発行する親子関係を証明する文書					●			
	②	国籍を証明する文書	取得永住許可申請の場合				●			
	③	その他在留資格の取得を必要とする事由を証明する文書					●			
6		身分関係を証明する前記2ないし5に準ずる文書								●
7		世帯全員の記載のある住民票		●	●	●	●	●	●	●

8	①	身元保証書		●	●	●	●	●		●
	②	身元保証人の住民票		●	●	●	●	●		●
	③	身元保証人の住民税の納税証明書（1年間の総収入、課税額および納税額が記載されたもの。納税証明書に総収入、課税額および納税額の記載がない場合は、これに加えて課税（非課税）証明書）		●	●	●	●	●		●
9	①	申請人の在職証明書（自営業の場合は、確定申告書（控え）の写しおよび営業許可書の写し）	申請人の収入により生活する場合	▲	▲	▲	▲	▲		▲
	②	申請人の住民税の納税証明書（1年間の総収入、課税額および納税額が記載されたもの。納税証明書に総収入、課税額および納税額の記載がない場合は、これに加えて課税（非課税）証明書）	申請人の収入により生活する場合	▲	▲	▲	▲			
	③	申請人の住民税の納税証明書（3年間の総収入、課税額および納税額が記載されたもの。納税証明書に総収入、課税額および納税額の記載がない場合は、これに加えて課税（非課税）証明書）						▲		▲
10	①	申請人を扶養する者の在職証明書（自営業者の場合は、確定申告書（控え）の写しおよび営業許可書の写し）	申請人を扶養する者の収入により生活する場合	▲	▲	▲	▲	▲		▲
	②	申請人を扶養する者の住民税の納税証明書（1年間の総収入、課税額および納税額が記載されたもの。納税証明書の記載がない場合は、これに加えて課税（非課税）証明書）		▲	▲	▲	▲			
	③	申請人を扶養する者の住民税の納税証明書（3年間の総収入、課税額および納税額が記載されたもの。納税証明書の記載がない場合は、これに加えて課税（非課税）証明書）						▲		▲
11	①	表彰状、感謝状、叙勲書等の写し	外交、社会、経済、文化等の分野において我が国への貢献がある場合							▲
	②	所属会社、大学、団体等の代表者等が作成した推薦状								▲
	③	その他各分野において貢献があることに関する資料								▲

※●＝必要資料、▲＝適宜必要となる資料

4　従前の在留資格の更新

永住許可の申請をなした場合、永住許可がなされるまでは、従前の在留資

格を更新する必要がありますので、この点注意が必要です。

　Q6で説明した通り、永住許可の許否の判断には、数カ月かかるため、従前の在留資格の期間が満了することも往々にして起こり得ます。永住許可の許否の判断の前に、従前の在留資格の期間が満了してしまうことのないよう、その期間の更新をしなければならないことに留意する必要があります。

5　出生による在留資格「永住者」の取得

　最後に、「永住者」の子が日本国内で出生した場合を念頭に、その在留資格の申請に関連する事項について説明します。

　まず、出生により上陸の手続を経ることなく本邦に在留することになる外国人は、出生した日から60日間は、在留資格なくして本邦に在留することができます（法22条の2第1項）。

　もっとも、継続して本邦に在留することを希望する場合には、別途在留資格の取得を申請しなければならず、それは、出生から30日以内に申請しなければなりません（法22条の2第2項）。在留資格なく在留が認められる期間（60日）よりも短い期間での申請が必要となるので、注意が必要です。

　申請には、永住許可申請の申告書に加え、出生を証明する書類（規24条2項2号）のほか、出生した者の旅券が必要になりますが、旅券を入手できていない場合には、「申請予定」や「申請中」など、申請時に旅券を提示できない理由を記載した書類を提出することになります（規24条4項参照）。

Q41　永住許可要件と原則10年在留に関する特例

> 　永住許可がなされるには、必ず日本に10年以上在留していなければなら
> ないのですか。10年に満たずとも永住許可される事情について説明してく
> ださい。

ここがポイント

① 　永住許可の要件のうち、国益要件について、10年在留に関して、特例
　がある。具体的には、永住許可ガイドラインのうち、「原則10年在留に
　関する特例」を参考にする。
② 　具体的な許可不許可の事例について、出入国在留管理庁ウェブサイト
　を参考にする。

1　原則10年在留に関する特例

　Q40で説明した通り、永住許可の要件として、国益要件（その者の永住が
日本国の利益に合すると認められること）が認められるためには、原則とし
て、引き続き10年以上本邦に在留していることが必要となります（永住許可
ガイドライン1(3)ア）。

　ただし、ガイドライン上、原則10年在留に関する特例が規定されているの
で、この点を確認する必要があります。

　ガイドラインには、【表41－1】の通り、7つのケースについて、特例が
定められています。特に下記(4)「外交、社会、経済、文化等の分野において
我が国への貢献があると認められる者」については、「『我が国への貢献』に
関するガイドライン[1]」が公表されていますので、合わせて確認してくださ
い。

1　出入国在留管理庁ウェブサイト〈https://www.moj.go.jp/isa/content/930002484.pdf〉。

【表41－1】　永住許可ガイドライン中の「原則10年在留に関する特例」

原則10年在留に関する特例[2]		概説
(1)	日本人、永住者および特別永住者の配偶者、その実子等の場合	配偶者については、実体を伴った婚姻生活が3年以上継続し、かつ、引き続き<u>1年以上本邦に在留していること</u>。その実子等（特別養子を含む）の場合は<u>1年以上本邦に継続して在留していること</u>	1年以上の継続在留に短縮
(2)	「定住者」の在留資格	<u>5年以上継続して本邦に在留していること</u>	5年以上の継続在留に短縮
(3)	難民の認定を受けた者	<u>認定後5年以上継続して本邦に在留していること</u>	5年以上の継続在留に短縮
(4)	外交、社会、経済、文化等の分野において我が国への貢献があると認められる者	<u>5年以上本邦に在留していること</u>	5年以上の継続在留に短縮
(5)	地域再生法5条16項に基づき認定された地域再生計画において明示された同計画の区域内に所在する公私の機関において、特定活動告示36号又は37号のいずれかに該当する活動を行い、当該活動によって我が国への貢献があると認められる者	<u>3年以上継続して本邦に在留していること</u>	3年以上の継続在留に短縮
(6)	高度専門職省令に規定するポイント計算を行った場合に70点以上を有している者	ア　「高度人材外国人」として<u>3年以上継続して本邦に在留していること</u>（ポイント計算の結果70点以上の点数を有すると認められて在留している者が該当）	3年以上の継続在留に短縮

2　出入国在留管理庁ウェブサイト〈https://www.moj.go.jp/isa/publications/materials/nyukan_nyukan50.html〉に審査要領上の記載を加味した。

		イ　3年以上継続して本邦に在留している者で、永住許可申請日から3年前の時点を基準として高度専門職省令に規定するポイント計算を行った場合に70点以上の点数を有していることが認められること	3年以上の継続在留に短縮
(7)	高度専門職省令に規定するポイント計算を行った場合に80点以上を有している者	ア　「高度人材外国人」として1年以上継続して本邦に在留していること（ポイント計算の結果80点以上の点数を有すると認められて在留している者が該当）	1年以上の継続在留に短縮
		イ　1年以上継続して本邦に在留している者で、永住許可申請日から1年前の時点を基準として高度専門職省令に規定するポイント計算を行った場合に80点以上の点数を有していたことが認められること	1年以上の継続在留に短縮

（(6)および(7)の「ポイント制」については、Q29参照）

2　「我が国への貢献」による永住許可・不許可の事例

　上記【表41－1】(4)「外交、社会、経済、文化等の分野において我が国への貢献があると認められる者」については、「『我が国への貢献』に関するガイドライン」が公表されているのは前述の通りです。出入国在留管理庁のウェブサイト[3]では、日本語以外の言語でも掲載されています。申請の際には、具体的な貢献の内容が明確になるよう、活動内容の概要、活動を明らかにする資料の名称、活動の成果を関連資料に添付のうえで、提出する必要があります。

　また、わが国への貢献による永住許可・不許可の事例について、具体的事

3　〈https://www.moj.go.jp/isa/publications/materials/nyukan_nyukan36.html〉。

例が公表されているので、参考になります（「我が国への貢献による永住許可・不許可事例（平成18年1月1日現在）[4]」）。

　許可がなされている事案をみますと、「我が国への貢献」とされる活動の充実に加え、大部分の事案が「5年」の在留期間の要件を充足し、十分な活動実績があります。

　他方、不許可となった事案をみますと、「我が国への貢献」があるとまでは評価できない、在留期間が極めて短期であるといったことを主な理由として、不許可とされています。

3　実務上の留意点

　上述の通り、原則10年在留に関する特例について、「高度専門職」については、「1年」、「3年」といった短期の滞在実績で、永住許可の要件を充足することになります。「高度専門職」で在留している者にとっては、大いに活用し得る選択肢の1つといえるでしょう。

　ただ、「高度専門職」については、一定の条件の下で親や家事使用人の帯同が認められていますが、「永住者」の在留資格で、親や家事使用人の帯同が認められるわけではないので、この点については、留意する必要があるでしょう。「高度専門職」で在留する者の親や家事使用人の帯同については、Q30を参照してください。

4　出入国在留管理庁ウェブサイト〈https://www.moj.go.jp/isa/publications/materials/nyukan_nyukan16.html〉。

Q42　在留資格「定住者」の概要

> 「定住者」とは、どのような在留資格ですか。

ここがポイント

① 「定住者」には、法務大臣によりあらかじめ定められた定住者告示と、定住者告示に定めがない告示外定住がある。
② 定住者告示のうち、素行善良要件が求められるものもある。

1 「定住者」の概要

　「定住者」とは、法務大臣が特別な理由を考慮し一定の在留期間を指定して居住を認める者（法別表第2）、その在留資格のことをいいます。

　「定住者」は、活動内容に制限がないことは、「永住者」と同様です。しかし、「永住者」には在留期間がないのに対して、「定住者」の在留期間には一定の期限があります。そのため、「定住者」の在留資格では、在留期間の更新が必要となります。

　「定住者」として、在留が認められる場合は、定住者告示と告示外定住の2つがあります。

　定住者告示は、「法務大臣があらかじめ告示をもって定めるもの」です（法7条1項2号）。具体的には、「出入国管理及び難民認定法第7条第1項第2号の規定に基づき同法別表第2の定住者の項の下欄に掲げる地位を定める件」（平成2年法務省告示第132号。定住者告示）の規定に基づき告示がなされている場合です。告示外定住は、定住者告示に定めがないものについて、個々に活動の内容を判断する場合です。本Qでは、定住者告示について、詳しく説明します。告示外定住については、次のQ43にて説明します。

1　出入国在留管理庁のウェブサイトにて、確認することができます。〈https://www.moj.go.jp/isa/laws/nyukan_hourei_h07-01-01.html〉。

2　定住者告示の内容

　定住者告示は、以下の通りです。概説欄では、どのような地位なのか、簡単に説明していますので、参照してください。

【表42－1】　定住者告示の概要

号数	定住者告示の記載	概説	提出資料・審査・在留期間（審査要領）
1号	インド、インドネシア、カンボジア、シンガポール、スリランカ、タイ、大韓民国、中華人民共和国、ネパール、パキスタン、バングラデシュ、東ティモール、フィリピン、ブータン、ブルネイ、ベトナム、マレーシア、ミャンマー、モルディブ、モンゴル又はラオス国内に一時滞在している者であって、国際連合難民高等弁務官事務所が国際的な保護の必要なものと認め、我が国に対してその保護を推薦するもののうち、次のいずれかに該当するものに係るもの イ　日本社会への適応能力がある者であって、生活を営むに足りる職に就くことが見込まれるもの、その配偶者又はこれらの者の子、父母若しくは未婚の兄弟姉妹 ロ　この号（イに係るものに限る。）に掲げる地位を有する者として上陸の許可を受けて上陸しその後引き続き本邦に在留する者が当該許可を受けて上陸する直前まで一時滞在していた国に滞在する当該者の親族であって、親族間での相互扶助が可能であるもの	1号：一定のアジア地域に一時滞在している難民およびその家族の呼び寄せについて、日本での受け入れ対象を定めた規定です。	・提出資料 主たる生計維持者の住民税の納税証明書 ・審査 退去強制事由に該当しない限り、許可するものとする。 ・在留期間 原則として「5年」を決定する。 ・審査のポイント 身分関係を立証する証明書に偽変造のないこと、記載内容が身分を立証するものとして齟齬がないことを確認する。 ・在留期間 原則として5年
2号	削除	平成22年法務省告示第37号による定住者告示の改正で、削除とされました。	
3号	日本人の子として出生した者の実子（第1号又は第8号に該当する者を除く。）であって素行が善良であるものに係るもの	3号：日系2世及び3世について ※素行善良要件あり	・審査のポイント 身分関係を立証する証明書に偽変造のないこと、記載内容が身分を立証するものとして齟齬がないことを確認する。 ・在留期間
4号	日本人の子として出生した者でかつて日本国民として本邦に本籍を有したことがあるものの実子の実子（第1号、第3号又は第8号に該当する者を除く。）であって素行が善良であるものに係るもの	4号：日系3世について ※素行善良要件あり	
5号	次のいずれかに該当する者（第1号から前号まで又は第8号に該当する者を除く。）に係るもの イ　日本人の配偶者等の在留資格をもって在留する者で日本人の子として出生した	5号：日本と地理的・血縁的に関係がある者の配偶者について	申請人や同人を扶養する親の入管法上の届出義務の履行・公的義務の履行、学齢期の子がある場合や子自身の場

ものの配偶者 ロ　1年以上の在留期間を指定されている定住者の在留資格をもって在留する者（第3号又は前号に掲げる地位を有する者として上陸の許可、在留資格の変更の許可又は在留資格の取得の許可を受けた者及びこの号に該当する者として上陸の許可を受けた者で当該在留期間中に離婚をしたものを除く。）の配偶者 ハ　第3号又は前号に掲げる地位を有する者として上陸の許可、在留資格の変更の許可又は在留資格の取得の許可を受けた者で1年以上の在留期間を指定されている定住者の在留資格をもって在留するもの（この号に該当する者として上陸の許可を受けた者で当該在留期間中に離婚をしたものを除く。）の配偶者であって素行が善良であるもの	イ：日本人の子として出生し（例・日系2世）、「日本人の配偶者等」の在留資格をもって在留する者の配偶者 ロ：「定住者」（ただし1年以上の在留期間を指定されている者）の配偶者 ハ：日系2世・日系3世である「定住者」の配偶者 ※素行善良要件あり（5号ハ）	合、当該子の通学、主たる生計維持者の納税義務の履行、日本語能力、配偶者として在留する者にあっては、婚姻および配偶者の身分に基づく生活の継続性の程度に応じて、「5年」、「3年」、「1年」、「6月」を決定する。
6号　次のいずれかに該当する者（第1号から第4号まで又は第8号に該当する者を除く。）に係るもの イ　日本人、永住者の在留資格をもって在留する者又は日本国との平和条約に基づき日本の国籍を離脱した者等の出入国管理に関する特例法（平成3年法律第71号）に定める特別永住者（以下「特別永住者」という。）の扶養を受けて生活するこれらの者の未成年で未婚の実子 ロ　1年以上の在留期間を指定されている定住者の在留資格をもって在留する者（第3号、第4号又は前号ハに掲げる地位を有する者として上陸の許可、在留資格の変更の許可又は在留資格の取得の許可を受けた者を除く。）の扶養を受けて生活する当該者の未成年で未婚の実子 ハ　第3号、第4号又は前号ハに掲げる地位を有する者として上陸の許可、在留資格の変更の許可又は在留資格の取得の許可を受けた者で1年以上の在留期間を指定されている定住者の在留資格をもって在留するものの扶養を受けて生活するこれらの者の未成年で未婚の実子であって素行が善良であるもの ニ　日本人、永住者の在留資格をもって在留する者、特別永住者又は1年以上の在留期間を指定されている定住者の在留資格をもって在留する者の配偶者で日本人の配偶者等又は永住者の配偶者等の在留資格をもって在留するものの扶養を受けて生活するこれらの者の未成年で未婚の実子	日本人、「永住者」、特別永住者等の扶養を受けて生活する未成年かつ未婚の実子 イ：日本人、「永住者」、特別永住者の扶養を受けて生活する未成年かつ未婚の実子 ロ：「定住者」（但し1年以上の在留期間を指定されている者。日系2世・日系3世・これらの配偶者を除く。）の扶養を受けて生活する未成年かつ未婚の実子 ハ：日系2世・日系3世・これらの配偶者のうち、1年以上の在留期間の指定を受けて「定住者」として在留する者の扶養を受けて生活する未成年かつ未婚の実子 ※素行善良要件あり（6号ハ） ニ：日本人、「永住者」、特別永住者、1年以上の在留期間を指定されている「定住者」（補足・本6号のイ〜ハに該当する者と	・定住者告示6号各号に規定する「未成年」について 成年年齢の引下げ等を内容とする「民法の一部を改正する法律」が、令和4（2022）年4月1日から施行されることから、現行の20歳未満から18歳未満に変更となり、同日以降は、18歳以上の者は、「未成年」に該当しなくなるので、注意が必要である。

		いえます）の配偶者のうち、「日本人の配偶者等」または「永住者の配偶者等」の在留資格をもって在留する者の扶養を受けて生活する未成年かつ未婚の実子	
7号	次のいずれかに該当する者の扶養を受けて生活するこれらの者の6歳未満の養子（第1号から第4号まで、前号又は次号に該当する者を除く。）に係るもの イ　日本人 ロ　永住者の在留資格をもって在留する者 ハ　1年以上の在留期間を指定されている定住者の在留資格をもって在留する者 ニ　特別永住者	日本人、「永住者」、特別永住者等の扶養を受けて生活する未成年かつ未婚の6歳未満の養子	
8号	次のいずれかに該当する者に係るもの イ　中国の地域における昭和20年8月9日以後の混乱等の状況の下で本邦に引き揚げることなく同年9月2日以前から引き続き中国の地域に居住している者であって同日において日本国民として本邦に本籍を有していたもの ロ　前記イを両親として昭和20年9月3日以後中国の地域で出生し、引き続き中国の地域に居住している者 ハ　中国残留邦人等の円滑な帰国の促進並びに永住帰国した中国残留邦人等及び特定配偶者の自立の支援に関する法律施行規則（平成6年厚生省令第63号）第1条第1号若しくは第2条第1号若しくは第2号に該当する者 ニ　中国残留邦人等の円滑な帰国の促進並びに永住帰国した中国残留邦人等及び特定配偶者の自立の支援に関する法律（平成6年法律第30号）第2条第1項に規定する中国残留邦人等であって同条第4項に規定する永住帰国により本邦に在留する者（以下「永住帰国中国残留邦人等」という。）と本邦で生活を共にするために本邦に入国する当該永住帰国中国残留邦人等の親族であって次のいずれかに該当するもの （i）配偶者 （ii）20歳未満の実子（配偶者のないものに限る。） （iii）日常生活又は社会生活に相当程度の障害がある実子（配偶者のないものに限る。）であって当該永住帰国中国残留邦人等又はその配偶者の扶養を受けているもの	8号：中国残留邦人及びその親族について イ：中国残留邦人について ロ：中国残留邦人の子 ハ：中国残留邦人、その子 ニ：中国残留邦人の親族 ホ：中国残留邦人と生活上密接な関係にあった養子・配偶者の婚姻前の子	・審査のポイント 特に、親族関係の把握についての正確な調査が必要とされている。

(iv)　実子であって当該永住帰国中国残留邦人等（55歳以上であるもの又は日常生活若しくは社会生活に相当程度の障害があるものに限る。）の永住帰国後の早期の自立の促進及び生活の安定のために必要な扶養を行うため本邦で生活を共にすることが最も適当である者として当該永住帰国中国残留邦人等から申出のあったもの (v)　前記(iv)に規定する者の配偶者 ホ　6歳に達する前から引き続き前記イからハまでのいずれかに該当する者と同居し（通学その他の理由により一時的にこれらの者と別居する場合を含む。以下同じ。）、かつ、これらの者の扶養を受けている、又は6歳に達する前から婚姻若しくは就職するまでの間引き続きこれらの者と同居し、かつ、これらの者の扶養を受けていたこれらの者の養子又は配偶者の婚姻前の子		

3　素行善良要件

定住者告示のうち、3号、4号、5号ハ、6号ハで要求されている素行善良要件について、その判断基準は以下の通りとされています（審査要領）。

次のいずれにも該当しないものであること。
(ア)　日本国又は日本国以外の国の法令に違反して、懲役、禁固若しくは罰金又はこれらに相当する刑（道路交通法違反による罰金又はこれに相当する刑を除く。以下同じ。）に処せられたことがある者
(イ)　少年法による保護処分（少年法第24条第1項第1号及び第3号）が継続中の者
(ウ)　日常生活又は社会生活において、違法行為又は風紀を乱す行為を繰り返し行う等素行善良と認められない特段の事情がある者
(エ)　他人に入管法に定める証明書の交付又は許可を受けさせる目的で不正な行為を行った者又は不法就労のあっせんを行った者

素行善良要件に係る審査は、日本国以外の国の法令違反による犯罪歴も確認するものとされています。

この素行善良要件は、上陸許可の場面のみならず、在留資格の変更、在留期間の更新の場合にも当然ながら審査されますので、この点を重々確認する必要があります。

4　提出書類

　たとえば、申請者が日系3世である場合に定住者告示4号で在留資格認定証明書交付申請をする際の申請書類としては、以下のような書類が必要とされています。[2] 他の例も含め、詳細については、出入国在留管理庁のウェブサイトに記載がありますので、参考にしてください。

---

①　身分関係を証明する資料

・祖父母（日本人）の戸籍謄本または除籍謄本（全部事項証明書）

・婚姻届出受理証明書（祖父母と両親のもの）

・出生届出受理証明書（申請人のもの）

・死亡届出受理証明書（祖父母と両親のもの）

・本邦における同居者の住民票（世帯全員の記載があるもの）

②　職業・収入を証明する資料

○申請人が自ら証明する場合

・預貯金通帳残高証明書（申請人名義のもの）

・雇用予定証明書または採用内定通知書（日本の会社発行のもの）

○申請人に代わって滞在費用支弁者が日本にいる場合

・滞在費用支弁者の住民税の課税（または非課税）証明書および納税証明書（1年間の総所得および納税状況が記載されたもの）

③その他の資料

・身元保証書（日本に居住している日本人または「永住者」によるもの）

・申請人の犯罪経歴証明書（本国の機関から発行されたもの）

・祖父母および両親の本国（外国）の機関から発行された結婚証明書

・両親および申請人の本国（外国）の機関から発行された出生証明書

・祖父母及び父母が実在していたことを証明する公的な資料（例：祖父母および父母の旅券、死亡証明書、運転免許証等）

・一定の日本語能力があることを証明する資料（在留期間「5年」を希望する場合に提出が必要となる。ただし、未成年者は除かれる）

2　出入国在留管理庁ウェブサイト「在留資格『定住者』（例：日系3世）の場合」〉「外国人（申請人）の方が日系3世である場合」〈https://www.moj.go.jp/isa/applications/procedures/zairyu-nintei5.html〉。

Q43 告示外定住の内容と要件

> 定住者告示に該当しない場合でも、「定住者」として認められるケースについて、教えてください。

ここがポイント

① 告示外定住とは、定住者告示に該当しない場合でも、個別の活動内容について判断し、「定住者」としての在留資格が認められるものである。

② たとえば、「離婚定住」、「死別定住」、「日本人実子扶養定住」、「婚姻破綻定住」、「特別養子離縁定住」、「難民不認定処分後特定活動定住」などがある。

1 告示外定住とは

定住者告示に該当しない場合でも、個別の活動内容について判断し、入国・在留が認められる場合があります（告示外定住）。

まず、入管法上、法務大臣が難民認定する場合で、当該外国人が在留資格をもっていない外国人の場合、原則として「定住者」の在留資格を許可するものとされています（法61条の2の2）。また、難民認定を受けている外国人から「定住者」の在留資格への変更があった場合や「定住者」の在留資格の取得の申請があった場合にも、「定住者」の在留資格が許可される場合があります（法61条の2の3）。

このほか、特別な事情を考慮して入国・在留を認めることが適当である場合についても、「定住者」の在留資格が認められる場合があります。たとえば、「日本人の配偶者等」や「永住者の配偶者等」の在留資格をもって在留する外国人が、その身分関係の変動により当該在留資格に対応する身分を有しなくなったものの、それまでの在留実績や生活状況などを考慮すれば引き続き在留を認めることが相当である場合に、「特別な理由」があるものとして、「定住者」の在留資格への在留資格の変更が許可されるなどします（「入管法大全Ⅱ」382頁）。

特別な事情を考慮して入国・在留を認めることが適当であるものの事例と

して、【表43-1】の場合があります（審査要領、「入管法の実務」515頁以下）。

【表43-1】　告示外定住事例

ア　日本人、永住者または特別永住者である配偶者と離婚後引き続き本邦に在留を希望する者	①日本において、おおむね3年以上正常な婚姻関係・家庭生活が継続していたと認められる者 ②生計を営むに足りる資産または技能を有すること ③日常生活に不自由しない程度の日本語の能力を有しており、通常の社会生活を営むことが困難となるものでないこと ④公的義務を履行していることまたは履行が見込まれること	一般に「離婚定住」とされている類型
イ　日本人、永住者または特別永住者である配偶者が死亡した後引き続き本邦に在留を希望する者	①配偶者の死亡までの直前のおおむね3年以上、日本において正常な婚姻関係・家庭生活が継続していたと認められる者 ②生計を営むに不自由しない程度の日本語の能力を有しており、通常の社会生活を営むことが困難となるものではないこと ④公的義務を履行していることまたは履行が見込まれること	一般に「死別定住」とされている類型
ウ　日本人の実子を監護・養育する者	①生計を営むに足りる資産または技能を有すること ②日本人との間に出生した子を監護・養育している者であって、次のいずれにも該当すること 　a　日本人の実子の親権者であること 　b　現に相当期間当該実子を監護・養育していることが認められていること	一般に「日本人実子扶養定住」とされている類型
エ　日本人、永住者または特別永住者との婚姻が事実上破綻し、引き続き在留を希望する者	①日本において、3年以上正常な婚姻関係・家庭生活が継続していたと認められる者 ②正常な婚姻関係・家庭生活が継続後にDVによる被害を受けたと認められる者 ③生計を営むに足りる資産または技能を有すること ④公的義務を履行していることまたは履行が見込まれること	一般に「婚姻破綻定住」とされている類型
オ　特別養子の離縁により「日本人の配偶者等」の在留資格該当性がなくなった者（申請人が未成年者等のため	①日本において、養親に扶養されていたと認められる者 ②生計を営むに足りる資産又は技能を有すること	一般に「特別養子離縁定住」とされている類型

実親が海外に在住するときを除く）で、生計を営むに足りる資産または技能を有するもの		
カ　難民の認定をしない処分後、特別な事情を考慮して在留資格「特定活動」により、1年の在留期間の決定を受けた者で、在留資格「定住者」への在留資格変更許可申請を行ったもの	①入国後10年を経過していること ②在留特別許可又は在留資格変更許可により在留資格「特定活動」の決定を受けた後、3年を経過していること	一般に「難民不認定処分後特定活動定住」とされている類型

その他、
・出国中に再入国許可期限が徒過した「永住者」等（「入管法の実務」524頁以下参照）
・「家族滞在」をもって在留する者で、本邦で小中高を卒業後に就職する者

2　離婚定住・死別定住（【表43－1】ア・イ）

通常の夫婦として家庭生活を営んでいたことが必要です。別居していた期間があっても、夫婦としての相互扶助、交流が継続して認められれば、夫婦として家庭生活を営んでいた、といえます（審査要領）。

離婚定住の場合、離婚に至った理由や事情が重視されるので、申請理由書で、離婚に至る経緯を詳細に説明する必要があります。たとえば、配偶者による家庭内暴力を原因として離婚した場合などであれば、その事情が考慮され、「定住者」として認められる可能性が高くなると考えられます（「入管法の実務」517頁）。

3　日本人実子扶養定住（【表43－1】ウ）

「日本人の実子」は、嫡出・非嫡出を問わず、子の出生時点においてその父または母が日本国籍を有している者をいいます。また、「監護養育」とは、親権者等が未成年者を監督し、保護することをいう、とされています（審査要領）。

実子の監護・養育の事実については、詳細な実態調査が予定されています。たとえば、子の両親について、婚姻関係が破綻している場合、双方で主

張の対立が予想されますが、審査要領上は、すべての当事者等から事情聴取を実施するものとされていますので、申請に際しては、事実関係をより正確に把握する必要があるといえるでしょう。

4 婚姻破綻定住（【表43－1】エ）

「婚姻が事実上破綻し」とは、婚姻は継続中であるものの、夫婦双方に婚姻継続の意思がなくなったもの、同居・相互の協力扶助の活動が事実上行われなくなり、その状態が固定化していると認められ、婚姻関係を修復・維持し得る可能性がなくなった場合をいいます（審査要領）。

たとえば、婚姻がまだ破綻しているとまでは認められない場合は、現に有する在留資格（たとえば、「日本人の配偶者等」、「永住者の配偶者等」の在留資格）での更新の可否を検討することになります。このとき、たとえば、家庭内暴力等が原因で、夫の身元保証書等申請書類が用意できない場合、その理由を十分に説明する必要があります。この場合、必要書類の不備だけで申請が通らない、ということはないと考えます（平成20年7月10日付法務省管総第2323号法務省入国管理局長通達第4・1項）。

Q44　在留資格「短期滞在」の概要

> 　短期滞在とはどのような在留資格ですか。どのような手続が必要です
> か。手続が要らない場合もあると聞きましたが、どのような場合ですか。

ここがポイント

① 　「短期滞在」の在留資格は、幅広い活動内容を含むが、就労活動に該
　当する活動は禁止されている。

② 　「短期滞在」の在留資格は、基本的に外国人本人が自身のいる本国の
　在外公館にて短期滞在の査証申請を行い、査証発給を得ることが必要と
　なる。

1　「短期滞在」とは

(1)　概　要

　「短期滞在」の在留資格は、日本に短期間滞在する外国人を幅広く受け入
れるために設けられたものです。観光客、親族等の訪問、商談や会議のため
に日本を訪れるビジネスマンが典型的な例としてあげられます。

　滞在期間が短期であれば、該当する活動内容は広い範囲に及びます。ただ
し、就労活動に該当する活動（Q3参照）は禁止されますので、注意が必要
です。法は、以下のとおり定めています。

〔本邦において行うことができる活動（法別表第1の3の表「短期滞在」下欄）〕
本邦に短期間滞在して行う、観光、保養、スポーツ、親族の訪問、見学、講習又
は会合への参加、業務連絡その他これらに類似する活動

(2)　「短期間」とは

　「短期間」がどのくらいの期間を意味するかについては、180日を超える滞
在は原則として「短期間」の滞在とはいえないものと解されています（「入
管法大全Ⅱ」242頁）。そのため、1回の在留期間は180日を超えないことが必
要となりますが、出入国を繰り返し合計の在留期間が1年のうち180日を超
えることになる場合には在留資格該当性を慎重に審査することとされていま
す（審査要領）。

　許可されうる在留期間は、90日もしくは30日または15日以内の日を単位とする期間です（規3条、別表第2「滞在期間」下欄）。

(3)　許される活動

　「観光、保養、スポーツ、親族の訪問、見学、講習又は会合への参加、業務連絡その他これに類似する活動」とは、在留期間が短期間であり、就労活動に該当する活動でなければ、相当広い範囲に及びます。したがって、「短期滞在」の在留資格に該当する活動か否かを判断するにおいては、就労活動に該当する活動でないかがポイントになります。就労活動に該当しない活動で、かつ90日間以内の滞在であれば、基本的に「短期滞在」の在留資格に該当することになるでしょう。

　就労活動については、Q3に記載がありますが、役務提供が日本で行われその対価として給付を受けることになれば、対価を支給する機関の所在地、支給場所にかかわらず就労活動に該当することには、注意が必要です（審査要領）。そのため、外国企業のビジネスマンが日本に出張して業務連絡や商談、市場調査を行う場合には、あくまで当該業務が所属する外国企業の外国における業務遂行の一環として行われることが必要であり（審査要領）、出張業務以外の他の業務と区別して別途報酬が支払われないことが必要となります（「入管法の実務」597頁参照）。

2　必要となる手続

(1)　手続の流れ、必要書類

　「短期滞在」については、在留資格認定証明書の制度はありません（法7条の2第1項カッコ書）（在留資格認定証明書についてはQ7参照）。したがって、「短期滞在」の在留資格により日本に滞在する場合には、下記(2)の査証免除の場合を除き、外国人本人が自身のいる本国の在外公館（日本大使館・総領事館）にて短期滞在の査証申請を行い査証発給を得て、その後その査証を上陸審査において提示して、上陸許可を受ける流れとなります。

　短期滞在の査証申請における必要書類は、申請人の国籍、渡航目的によって異なりますが、次に主なものをあげます（「入管法の実務」53頁以下）。日本国内の招へい人や身元保証人が準備する書類は同人らが作成したうえで、準

備したものを査証申請人の本国に送付し、申請人本人が在外公館に提出することになります。

①　申請人自身が準備する書類

・旅券

・査証申請書

・写真

・帰国時の航空便、船便のチケット等

・渡航費用支弁能力を証する書類

・申請人の本国での身分関係、居住関係を証する書類

②　日本側の招へい人や招へい機関等が準備する書類

・招聘理由書

・滞在予定表

・招へい人の場合は身分を証する書類、招へい機関の場合は機関を証する書類

③　身元保証人が準備する書類（招へい人が兼ねることも可能です）

・身元保証書

・職業を証する書類

・身分を証する書類

　詳しくは、外務省ウェブサイト〈https://www.mofa.go.jp/mofaj/toko/visa/nagare/tanki.html〉や在外公館ウェブサイトに記載がありますので、ご確認ください。

　なお、上陸許可基準への適合性は求められません。

(2)　査証取得の手続が不要な場合

　査証免除国の場合には、「短期滞在」の査証が不要であるため出入国港において入国審査官に直接入国目的を説明し上陸許可を受けるのみで入国が可能です。現状日本は68の国・地域に対して査証免除措置を実施しています。ただし、その時点での情勢や感染症対策等により、随時査証免除国の対象や査証免除期間等については変更があり得ます。その都度外務省ウェブサイト等により対象の外国人が査証免除国の者か否か確認すべきでしょう（令和3（2021）年6月時点で、新型コロナウイルス感染症対策のため多くの国について、

査証免除は停止されています）。

(3)　査証不発給となった場合の注意点

　なお、査証が不発給となった場合には、原則として6カ月の間、同一目的
での再度の申請ができなくなる点に注意が必要です¹。また、個々の案件につ
いて不発給の具体的な理由を教えてもらうことはできません。したがって、
慎重な申請が求められます。

1　外務省ウェブサイト　「ビザ」、「よくある質問」の「申請まで」Q6および「ビザ発給・拒
　否」Q3参照〈https://www.mofa.go.jp/mofaj/toko/visa/faq.html〉。

Q45　在留資格「短期滞在」から他の在留資格への変更

> 　短期滞在の在留期間を更新するか、他の在留資格に変更したいのですが、可能ですか。どのような場合であれば可能ですか。

ここがポイント

① 　「短期滞在」の在留資格では、原則として在留期間の更新や他の在留資格への変更は認められていない。
② 　在留期間更新許可を得るためには、人道上真にやむを得ない事情またはこれに相当する特別な事情があることが必要とされる。
③ 　在留資格変更許可を得るためには、「やむを得ない特別の事情」が必要とされる。

1　「短期滞在」の在留資格からの在留期間更新許可、在留資格変更許可の取扱い

　「短期滞在」の在留資格は、日本への短期間の滞在を前提としたものです。したがって、在留期間の更新や他の在留資格への変更の許可は本来予定していません。

　そのため、実務上、申請を行う際に入国管理局の審査担当部門の入国審査官との事前相談を経たうえで「受理確認」を得ることが必要とされます。その際に、一度出国したうえで在留資格認定証明書交付申請を行うよう行政指導され、申請自体の「受理」を拒否されることもあり得ます。法的には、当該行政指導に従わない旨明確に示して申請を行った場合、これを拒否することは違法となり得るのですが、申請自体を強行しても結果としては不許可処分がなされる可能性が非常に高くなるため、実際には、「受理確認」は相当程度重要となります。

2　在留期間更新許可

　「短期滞在」の在留資格は、申告した入国目的を達成するための短期間の在留について許可されるものです。したがって、在留期間更新許可を得るた

めには、人道上真にやむを得ない事情またはこれに相当する特別な事情があることを必要としています（審査要領）。

「人道上真にやむを得ない事情又はこれに相当する特別な事情があること」とは、在留の継続を認めることが真にやむを得ないことをいいます。実務上は、来日後事情が変化し当初の入国目的が達成できないこと（在留継続の必要性）、帰国費用を含む滞在中の経費支弁が可能であること（在留継続の許容性）を提出資料により立証することとなります。予定した滞在期間内に申告した入国目的を達成することを前提として許可が出されているため、事情変更と確実に帰国が見込まれることが要求されるのです。

なお、「短期滞在」の在留資格の在留期間更新許可のハードルが高いことは以上のとおりですが、「本邦に短期間滞在して行う」とは、生活の基盤を本邦に移す意思がなく、一時的な滞在であり、査証免除国の最長期間である「180日」以内に、予定された活動を終えることとされています（Q44参照）、更新申請における帰国予定日が入国日から起算して180日を超える場合には、特に慎重に審査されることとなり許可のハードルはより一層高いものとなります。したがって、その場合には、そもそも他の在留資格への変更や一度出国したうえで在留資格認定証明書交付申請を行う可能性を視野に入れて検討すべきでしょう。

3　在留資格変更許可

「短期滞在」の在留資格は、短期間の滞在を前提とすることから比較的簡易な審査で査証が発給され得ますし、査証免除国に至っては査証が要求されず、入国審査のみで入国が可能です。そのため、法律上、「短期滞在」の在留資格で入国した外国人に対して安易に在留資格変更許可を認めると日本の在留資格制度自体が形骸化しかねません（「入管法の実務」139頁参照）。したがって、他の在留資格への在留資格変更許可を得るためには、通常の許可要件たる在留資格の該当性と相当性（Q2参照）に加えて、さらに「やむを得ない特別の事情」を必要としています（法20条3項ただし書）。

「やむを得ない特別の事情」について、実務上、類型的に認められる主なものを以下にあげます（「入管法の実務」139頁以下参照）。

⑴　「定住者」（告示外）、「特定活動」（告示外）の在留資格への変更をするとき

　当該在留資格は、在留資格認定証明書交付の対象とならないため、一般的に「短期滞在」の在留資格で上陸許可を受けた後に「定住者」や「特定活動」の在留資格に変更することが認められます。これらの在留資格は法律上そもそも在留資格認定証明書の交付を受けることができないため、在留資格変更許可を認めざるを得ず、類型的に「やむを得ない特別の事情」があるものと解されるのです。

⑵　身分系の在留資格（永住者を除く法別表第 2 の在留資格）への変更をするとき

　「日本人の配偶者等」、「永住者の配偶者等」、「定住者」（告示内）の在留資格への変更、「高度専門職として認定された外国人の配偶者、子、実親または高度専門職と認定された外国人の配偶者の実親」の場合は、人道上の利益を考慮して（憲24条、市民的及び政治的権利に関する国際規約（B 規約）参照）、一般的に「やむを得ない特別の事情」があるものと解されます。

⑶　在留資格認定証明書が交付されたとき

　「短期滞在」の在留資格に基づき日本に滞在している最中にも当該外国人本人は在留資格認定証明書交付許可申請が可能です。そして、滞在中に当該申請が許可された場合には、在留資格認定証明書を付して変更許可申請をすることとなります。

⑷　難民認定申請や不服申立ての手続が継続中であるとき

　詳しくは、後述 Q50を参照してください。

Q46　在留資格「特定活動」の概要

「特定活動」とはどのような資格ですか。告示特定活動と告示外特定活動との間にはどのような違いがありますか。また、具体的にどのような内容のものがありますか。

ここがポイント

① 「特定活動」は、あらかじめ類型化されていない活動等に与えられる在留資格である。
② 告示特定活動は通常の上陸許可の対象となっているのに対し、告示外特定活動は上陸の許可の対象となっておらず、日本に入国後に在留資格変更許可により取得する在留資格である。
③ 告示特定活動として、54件が定められている。
④ 告示外特定活動の主な具体例を本文にて紹介する。

1　「特定活動」の概要

「特定活動」とは、「法務大臣が個々の外国人について特に指定する活動」（法別表第1の5の表）をいいますが、この在留資格は法別表第1の1の表～4の表に掲げる活動以外の活動を行おうとする外国人を受け入れるために創設されたものです。すなわち、現実の社会において人の行う活動は多種多様であり、上陸または在留を認めることが必要となる外国人のすべての活動について、あらかじめ在留資格決定の判断基準となる活動として類型化することは不可能です。そこで、このようなあらかじめ類型化されていない活動や類型化することになじまない活動を行おうとする場合に与えられる在留資格として、「特定活動」が設けられました（逐条解説143頁）。

2　告示特定活動と告示外特定活動の異同

「特定活動」は、法務大臣があらかじめ特定活動告示をもって定めているか否かにより、告示特定活動と告示外特定活動に分類することができます。
告示特定活動は、通常の上陸許可の対象となっています（法7条1項2号

カッコ書）ので、在留資格認定証明書交付の対象となります（法7条の2第1項）。よって、告示特定活動については、日本に入国する前に在留資格を取得することが可能です。

　他方、告示外特定活動は、法務大臣が人道上その他の特別の事情により特に在留を認めるものであり（「入管法の実務」538頁）、通常の上陸許可の対象となっていませんので、在留資格認定証明書交付の対象とならず（法7条の2第1項、7条1項2号カッコ書）、よって、日本に入国する前に在留資格を取得することはできません。告示外特定活動は、「短期滞在」等他の在留資格からの変更許可（法20条1項）を受けることにより取得できる在留資格です。

　「特定活動」は、法務大臣が、個々の外国人に対して個別に活動を指定して創設する在留資格です。告示特定活動、告示外特定活動のいずれであっても、この取扱いは同じです。したがって、同じ「特定活動」の在留資格でも、指定される活動を変更する場合は在留資格の変更となります（法20条1項カッコ書、「入管法大全Ⅱ」289頁）。

3　告示特定活動の内容

　告示特定活動の内容は、【表46-1】の通りになります（特定活動告示1号〜49号、国家戦略特区法16条の4〜16条の7）。なお、国家戦略特区法16条の4第1項においては、「（特定活動）告示をもって定めるものに該当するものとみな」すと規定しているので、同法に規定する活動も告示特定活動の一類型と考えます（「入管法の実務」577頁）。令和3（2021）年7月30日現在で、54件（特定活動告示50件、国家戦略特区法4件）の告示特定活動が定められています。本書においては、ワーキング・ホリデーに関してQ47において、医療関連の活動に関してQ48において解説します。それ以外の告示特定活動については、「入管法の実務」543頁以下、「入管法大全Ⅱ」284頁以下を参照してください。

【表46－1】　告示特定活動の内容

規定（号数）	略称	本書参照Q
①	家事使用人（外交・公用）	
②	家事使用人（家庭事情型）	
②の2	家事使用人（入国帯同型）	
②の3	家事使用人（高度専門職）	
③	台湾日本関係協会職員及びその家族	
④	駐日パレスチナ総代表部職員及びその家族	
⑤	ワーキング・ホリデー	Q47
⑤の2	ワーキング・ホリデー（台湾）	Q47
⑥	アマチュアスポーツ選手	
⑦	アマチュアスポーツ選手の家族	
⑧	国際仲裁代理	
⑨	インターンシップ（就労）	
⑩	英国人ボランティア	
⑪	（削除）	
⑫	サマージョブ	
⑬	（削除）	
⑭	（削除）	
⑮	国際文化交流	
⑯	EPAインドネシア看護師候補者	Q48
⑰	EPAインドネシア介護福祉士候補者	Q48
⑱	EPAインドネシア看護師家族	Q48
⑲	EPAインドネシア介護福祉士家族	Q48
⑳	EPAフィリピン看護師候補者	Q48
㉑	EPAフィリピン就労介護福祉士候補者	Q48
㉒	EPAフィリピン就学介護福祉士候補者	Q48
㉓	EPAフィリピン看護師家族	Q48
㉔	EPAフィリピン介護福祉士家族	Q48
㉕	医療滞在	Q48
㉖	医療滞在同伴者	Q48
㉗	EPAベトナム看護師候補者	Q48
㉘	EPAベトナム就労介護福祉士候補者	Q48
㉙	EPAベトナム就学介護福祉士候補者	Q48

㉚	EPA ベトナム看護師家族	Q48
㉛	EPA ベトナム介護福祉士家族	Q48
㉜	外国人建設就労者	
㉝	高度専門職外国人の就労する配偶者	Q30
㉞	高度専門職外国人又はその配偶者の親	Q30
㉟	外国人造船就労者	
㊱	特定研究等活動	
㊲	特定情報処理活動	
㊳	特定研究等活動等家族滞在活動	
㊴	特定研究等活動等の親	
㊵	観光，保養等を目的とする長期滞在者（ロングステイ）	
㊶	観光等目的長期滞在者に同行する配偶者	
㊷	製造業外国従業員受入事業における特定外国従業員	
㊸	日系四世	
㊹	外国人起業家	
㊺	外国人起業家の配偶者等	
㊻	本邦大学卒業者	Q33
㊼	本邦大学卒業者の配偶者等	
㊽	東京オリンピック競技大会等関係者	
㊾	東京オリンピック競技大会等関係者の配偶者等	
㊿	スキーインストラクター	
特区16条の4	家事支援外国人	
特区16条の5	農業支援外国人	
特区16条の6	創業外国人	
特区16条の7	海外需要開拓支援等外国人	

※審査要領、国家戦略特別区域法より作図

4　告示外特定活動の内容

　告示外特定活動は、過去に法務大臣が個々の外国人について特に指定することを認めた活動であって、今後も同様の活動に対し指定することが適当と認められるもの（先例）になります。主な、具体的先例は、【表46-2】のとおりです（「入管法の実務」579頁）。本書においては、【表46-2】の「本書参照Q」において解説します。それ以外の告示外特定活動については、「入管法の実務」579頁を参照してください。

【表46-2】　告示外特定活動の具体的先例

	具体的先例	本書参照Q
1	継続就職活動大学生、継続就職活動専門学校生、就職内定者及びその家族の継続在留活動	Q33
2	企業活動外国人及びその家族の継続在留活動	
3	出国準備のための活動	Q51
4	人身取引等被害者の在留活動	
5	連れ親（日本人又は正規に在留する外国人の高齢の親扶養）	Q49
6	連れ子（「家族滞在」の母親の未成年の連れ子で、扶養者である継父との間に養子関係がなく「家族滞在」の在留資格に該当しない場合）	Q36
7	両親を失った孫で、日本国外に適当な扶養者がいないため、日本において祖父母による扶養を受ける場合	
8	疾病等による療養者	Q48
9	国籍の属する国又は常居所を有していた国において生じた特別な事情により在留を希望する者	
10	「教授」又は「報道」の在留資格で在留する者の家事使用人	
11	日米地位協定該当者、「永住者」等の家事使用人、日米地位協定該当者の扶養を受ける者	
12	正規在留者の介護者	
13	障害者教育を受ける者	
14	日本の教育機関に在籍する実子の監護・教育	
15	博覧会に参加する者	
16	難民とは認定されないものの、人道的配慮が必要な者として、在留特別許可された者	Q16、50
17	同性婚	
18	求職活動者、自宅待機者（雇用先から解雇、雇止め又は待機を通知された者）	
19	EPA看護師、EPA介護福祉士	Q48
20	難民認定申請者	Q16、50
21	特定日本料理調理活動	
22	ハラール牛肉生産活動	

出典：「入管法の実務」579頁を改変

Q47 告示内の特定活動：ワーキング・ホリデー

「特定活動（ワーキング・ホリデー）」とはどのような資格ですか。特に注意すべき点はどのような点ですか。

ここがポイント

① 「特定活動（ワーキング・ホリデー）」は、旅行、就学をしながら就労をすることができる在留資格であり、対象は二国間協定が締結されている国の外国人である。

② 「特定活動（ワーキング・ホリデー）」においては、風俗営業等を除き、「当該活動を行うために必要な旅行資金を補うため必要な範囲内の報酬を受ける活動」を行うことができる。

③ 「特定活動（ワーキング・ホリデー）」の在留資格の要件は、国・地域によって多少違いがあるが、ほとんどの国において、年齢は「18歳以上30歳以下」、在留期間は「1年」または「6月」となっている。

1 「特定活動（ワーキング・ホリデー）」の概要

「特定活動（ワーキング・ホリデー）」（特定活動告示5号・5号の2。以下、「ワーキング・ホリデー」という）は、旅行、就学をしながら就労をすることができる在留資格です。旅行をする際の在留資格である「短期滞在」は就労が認められていませんし（Q44参照）、就学をするための在留資格である「留学」も就労時間が限定的です（Q32参照）。そのように考えると、働きながら旅行をしたり、語学の勉強をしながら働いたりすることができるのは、「ワーキング・ホリデー」のみとなります。

「ワーキング・ホリデー」は二国間協定が締結されている国の外国人が対象です。昭和55（1980）年12月より、日本とオーストラリア間で協定が開始され、その後協定締結国が増加し、令和元（2019）年12月末には25カ国となりました。[1] そのほか台湾との間では、口上書の交換や協定の締結が行われて

1　外務省ウェブサイト〈https://www.mofa.go.jp/mofaj/toko/visa/working_h.html〉。

おらず、台湾からの入国者に対しては外務省文書により実施されており、この「ワーキング・ホリデー」の要件は特定活動告示5号の2、別表第3において規定されています（審査要領）。

　現在では、約1万9000人の外国人（令和元（2019）年）が「ワーキング・ホリデー」の在留資格で日本に来日し、日本語を学びながら働いたり、働きながら日本の文化を楽しんだりするために滞在しています（ビザ（査証）発給統計〈https://www.e-stat.go.jp/stat-search/files?page=1&toukei=00300500〉）。職業としては、飲食店、販売店、ホテルやイベントのスタッフ、外国語教師、翻訳等がありますが、下記の風俗業を除けば、特に制限はありません。

2　「ワーキング・ホリデー」の取得要件、内容

　「ワーキング・ホリデー」の在留資格を取得した者が日本において行うことができる活動は、「日本文化及び日本国における一般的な生活様式を理解するため本邦において一定期間の休暇を過ごす活動」および「当該活動を行うために必要な旅行資金を補うため必要な範囲内の報酬を受ける活動」です（特定活動告示5号）。ただし、次の活動は除くとされています（同5号カッコ書）。

　①　風俗営業、店舗型性風俗特殊営業もしくは特定遊興飲食店営業が営まれている営業所において行うもの

　②　無店舗型性風俗特殊営業、映像送信型性風俗特殊営業、店舗型電話異性紹介営業もしくは無店舗型電話異性紹介営業に従事する活動

　①については、当該営業に従事することのみならず、当該報酬を受ける活動がどのような活動であっても、①の営業所の管理権の範囲内において行う活動はすべて含まれることになります（「入管法大全II」311頁。風俗営業等に関する詳細はQ4も参照）。

　その他の要件は、国・地域によって査証発給要件に多少の違いがありますが概ね以下の通りです（外務省ウェブサイト・前掲脚注1）。

・相手国・地域に居住する相手国・地域の国民・住民であること。
・一定期間相手国・地域において主として休暇を過ごす意図を有すること。
・子又は被扶養者を同伴しないこと。

・有効な旅券と帰りの切符（又は切符を購入するための資金）を所持すること。
・滞在の当初の期間に生計を維持するために必要な資金を所持すること。
・健康であること。
・以前にワーキング・ホリデー査証を発給されたことがないこと。

　年齢は国によって異なりますが、ほとんどの国が申請時に「18歳以上30歳以下であること」を要件としています。在留期間は、ワーキング・ホリデーに関する二国間協定の内容に従い、「1年」または「6月」です。「ワーキング・ホリデー」は、相手国に所在する日本大使館で発給された査証を前提として許可されるものですので、すでに日本に在留する者からのワーキング・ホリデーを目的とする「特定活動」への在留資格変更許可申請は許可されません（審査要領）。また、「ワーキング・ホリデー」から「技術・人文知識・国際業務」等の就労系在留資格への在留資格変更許可申請については、申請者の国籍によって認められる国と認められない国（いったん帰国して在留資格認定証明書交付申請による必要がある国）があります（「入管法の実務」557頁）。各国の在留資格の要件等は【表47－1】を参照。

【表47－1】　各国の在留資格の要件等

	国・地域名	年間発給枠	年齢 以上～以下	在留期間	制度 開始年
1	オーストラリア	無	18～25²	6カ月（最大1年まで更新可能性あり）	1980
2	ニュージーランド	無	18～30	1年	1985
3	カナダ	6,500	18～25²	6カ月（最大1年まで更新可能性あり）	1986
4	韓国	10,000	18～25²	1年	1999
5	フランス	1,500	18～30	1年	2000
6	ドイツ	無	18～30	1年	2000

2　政府当局が認める場合には30歳以下まで申請可能。

7	英国	1,000	18〜30	1年	2001
8	アイルランド	800	18〜30	1年	2007
9	デンマーク	無	18〜30	1年	2007
10	台湾	10,000	18〜30	1年	2009
11	香港	1,500	18〜30	1年	2010
12	ノルウェー	無	18〜30	1年	2013
13	ポルトガル	無	18〜30	1年	2015
14	ポーランド	500	18〜30	1年	2015
15	スロバキア	400	18〜30	1年	2016
16	オーストリア	200	18〜30	6月	2016
17	ハンガリー	200	18〜30	1年	2017
18	スペイン	500	18〜30	1年	2017
19	アルゼンチン	日から亜：400 亜から日：200	18〜30	1年	2017
20	チリ	200	18〜30	1年	2018
21	アイスランド	30	18〜26	1年	2018
22	チェコ	400	18〜30	1年	2018
23	リトアニア	100	18〜30	1年	2019
24	スウェーデン	無	18〜30	1年	2020
25	エストニア	日本から エストニア：無 エストニアから 日本：100	18〜30	1年	2020
26	オランダ	200	18〜30	1年	2020

出典：外務省ウェブサイト・前掲脚注1、審査要領より作成

Q48　告示内の特定活動：医療を受ける場合・医療活動に従事する場合

　日本で医療を受ける場合の資格としてどのようなものがありますか。他方、日本の医療に従事する場合の資格としてどのようなものがありますか。それぞれ相談を受ける場合に注意すべき点はどのようなものがありますか。

ここがポイント

① 　日本で医療を受ける場合、告示特定活動として「特定活動（医療滞在）」、「特定活動（医療滞在同伴者）」が定められている。また、人道的見地から、告示外特定活動として「特定活動（療養する活動目的）」が認定されている。両者は、旅券に添付される指定書の記載内容が異なるだけでなく、国民健康保険の加入の可否が異なる。

② 　日本の医療に従事する場合、告示特定活動としてEPA看護師候補者等、告示外特定活動としてEPA看護師等が認定されている。その他の資格として、「医療」、「介護」、「技能実習（介護）」、「特定技能（介護）」が定められている。それぞれの資格につき、制度目的、在留資格要件としての日本語能力の必要性、在留期間、家族帯同の可否等が異なる。

1　日本で医療を受けることができる在留資格

(1) 「特定活動（医療滞在）」「特定活動（医療滞在同伴者）」

　「特定活動（医療滞在）」（以下、「医療滞在」といいます）は、「本邦に相当期間滞在して、病院又は診療所に入院し疾病又は傷害について医療を受ける活動及び当該入院の前後に当該疾病又は傷害について継続して医療を受ける活動」（特定活動告示25号）をいいます。「相当期間」とは、90日以上であることを要します（審査要領）。「疾病又は傷害について医療を受ける活動」には出産も含まれます（審査要領）。「継続して医療を受ける活動」とは、入院前・入院中・退院後の一連の医療が連続的・継続的に行われることを意味し、医師の診断書により個別に判断されます（審査要領）。医療滞在の在留資格が

取得できた場合には旅券（パスポート）に添付された指定書に、特定活動告示の規定「病院又は……医療を受ける活動」（同告示25号）がそのまま記載されることとなります。

「特定活動（医療滞在同伴者）」（以下、「医療滞在同伴者」といいます）は、医療滞在者の「日常生活上の世話をする活動（収入を伴う事業を運営する活動又は報酬を受ける活動を除く。）」（特定活動告示26号）をいいます。たとえば、入院中の身の回りの世話や、入院の前後における病院への送迎、付添い等です。付添人は親族に限定されず、医療滞在者の友人も付添人になり得ますが、当該患者が使用する言語により日常会話ができるか否か等について慎重に判断されます（審査要領）。また、日常生活上の世話をする活動の対価として給付を受ける場合には、「報酬を受ける活動」に該当し資格外活動となります（同告示26号カッコ書）。

医療滞在、医療滞在同伴者の在留資格を有する者は、国民健康保険に加入することはできません（国民健康保険法6条11号、同施行規則1条2号）。

(2)　「特定活動（療養する活動目的）」

告示特定活動としての「医療滞在」とは異なり、告示「外」特定活動として医療を受けることができる在留資格が許可される場合があります。たとえば、外国人が出入国在留管理局において収容中に重い病気となり、人道的見地から療養目的の「特定活動」の在留資格を与えて収容を解く場合等です。「特定活動（療養する活動目的）」の在留資格が取得できた場合には、旅券に添付された指定書に「本邦の医療機関において医療を受けることを必要とする特別な事情を有する者が疾病（又は負傷）のため療養する活動及び日常的な活動（収入を伴う事業を運営する活動又は報酬を受ける活動を除く。）」と記載されることとなります。そしてこの場合には、当該外国人は国民健康保険に加入することができるとされています（移住者と連帯する全国ネットワーク編『外国人の医療・福祉・社会保障相談ハンドブック』（明石書店・2019年）173頁）。

(3)　相談を受ける際に注意すべき点

以上のように、医療を受けることができる活動としては同じであっても、取扱いが異なる2つの在留資格が存在します。しかし、当該外国人が国民健康保険に加入できる場合であっても、類似する制度であるがゆえに誤解によ

り適切な対応がなされない可能性があります。しかも、国民健康保険に加入できるか否かによって本人の負担額が大きく異なる（1〜3割負担（国民健康保険法42条1項）か、全額負担か）ため、いずれの在留資格に該当するのかは、当該外国人の経済生活に大きく影響します。そこで、医療を受けることができる在留資格について相談を受ける弁護士としては、相談者が日本で治療を受けることとなった経緯や在留資格取得の経緯、旅券に添付された指定書の内容等について丁寧な聞取りおよび確認を行い、慎重に対応をする必要があります。

2　日本の医療に従事する場合の在留資格

(1)　二国間の経済連携協定の適用を受ける看護師等としての活動

インドネシア（尼）、フィリピン（比）、ベトナム（越）のそれぞれの国と日本との二国間協定（以下、「EPA」といいます）により、それぞれ「EPA看護師候補者」、「EPA介護福祉士候補者」、「EPA看護師家族」、「EPA介護福祉士家族」という「特定活動」（特定活動告示16号〜24号、27号〜31号：以下、まとめて「EPA看護師候補者等」といいます）の取得が認められています。EPAは、両国間の貿易投資自由化・拡大、相互依存関係深化を目的に締結されたものであり、貿易、サービス、投資、教育、自然人の移動など多数の協力推進項目が定められています。そして、「EPA看護師候補者等」は、「自然人の移動」の推進の枠組みの中で定められました（外務省ウェブサイト〈https://www.mofa.go.jp/mofaj/gaiko/fta/index.html〉）。審査要領によれば、「EPA看護師候補者等」は、看護・介護分野における労働力不足の対応のために設けられたのではなく、公的枠組みの中で特例的に設けられたものとされています。

「EPA看護師候補者等」の在留資格の目的は、一定の要件を満たす者が、一定の要件を満たす日本の病院・施設等で看護師候補者、介護福祉士候補者として就労または就学しながら、日本の看護師または介護福祉士の国家資格を取得するための研修を受け、国家資格取得後は、引き続き日本で就労することです（各国EPAおよび同附属書）。そして、これらの外国人が日本の看護師または介護福祉士の国家資格を取得し引き続き日本に在留して当該業務

に従事する場合には、在留資格変更申請により、それぞれ告示外「特定活動（EPA看護師）」または「特定活動（EPA介護福祉士）」の在留資格を取得することができます（各国EPA指針）。

　フィリピンとベトナムの「EPA介護福祉士候補者」については、就労コースと就学コースがあります。各在留資格における患者および利用者の居宅における業務（在宅看護サービス、訪問看護サービス等）への従事の可否、資格外活動の可否については【表48-1】を参照。なお、「EPA看護師」と、「EPA介護福祉士」の資格外活動については、原則として許可されません

【表48-1】 「EPA看護師候補者等」の活動の可否

	日尼EPA	日比EPA	日越EPA	活動範囲（審査要領）	資格外活動（審査要領）
看護師候補者	⑯	⑳	㉗	在宅看護サービス従事不可	原則不許可
看護師	告示外（日尼EPA指針第5③2）	告示外（日比EPA指針第5④2）	告示外（日越EPA指針第5④2）		原則不許可ただし個別許可の対象
看護師家族	⑱	㉓	㉚		28時間以内／週等の場合は個別許可
介護福祉士候補者	⑰	就労コース㉑	就労コース㉗	訪問系看護サービス従事不可	原則不許可
		就学コース㉒	就学コース㉙		28時間以内／週等の場合は個別許可
介護福祉士	告示外（日尼EPA指針第5④2）	告示外（日比EPA指針第5⑤2）	告示外（日越EPA指針第5⑤2）	訪問系看護サービス従事可	原則不許可ただし個別許可の対象
介護福祉士家族	⑲	㉔	㉛		28時間以内／週等の場合は個別許可

（注）　○数字は特定活動告示の号数

が、臨時的に指定活動に含まれているもの以外の病院等において行う活動について個別許可の対象とされます。

⑵　日本の医療に従事するための「特定活動」以外の在留資格

「特定活動」以外にも、日本の医療に従事するための在留資格が存在します。すなわち、「医療」、「介護」、「技能実習」、「特定技能」（法別表第1の2の表、基準省令の各在留資格の下欄）等です。以下、簡単に説明いたします。

① 「医療」：医療関係の業務に従事する専門家（医師、薬剤師、看護師等）を受け入れるために設けられた在留資格です（審査要領）。

② 「介護」：日本に「留学」の後に、日本の介護福祉士の資格を取得して、在留資格変更により日本の医療に従事することが予定された在留資格です。平成28（2016）年法改正により、新たに創設されました（審査要領）。技能実習、特定技能1号と異なり、通算在留期間に制限がなく（特定技能1号の通算在留期間制限につき基準省令「特定技能1号」下欄1号へ参照）、「家族滞在」による家族の帯同も可能です（法7条1項2号、別表第1の4の表「家族滞在」下欄）。

③ 「技能実習（介護）」：技能等の移転を通じた国際貢献を目的とした在留資格です。介護固有の要件として、他の職種と異なり、当該外国人が一定の日本語能力を有すること、または日本語を継続的に学ぶ意思を表明していること（「技能実習2号」の場合）等が必要とされています（介護告示1条1号イ・ロ、附則）。その他Q35参照。

④ 「特定技能（介護）」：日本の人手不足対応のために、一定の専門性・技能を有する外国人に認められる在留資格です。「特定技能」の在留資格の概要についてはQ34参照。

⑶　相談を受ける際に注意すべき点

在留資格によって、在留資格が設けられた趣旨・経緯、在留資格該当性の要件、可能とされる活動範囲等が異なります。当該外国人の現在の在留資格の状況、専門性、日本語能力の程度およびキャリアプラン等を丁寧に聞き取り、当該外国人または雇用主・受入団体にとって最適な選択ができるように、慎重に対応することが重要です。

Q49　告示外の特定活動：連れ親の要件・基準

> 海外にいる両親を呼び寄せてともに日本で生活したいと考えていますが、どのような方法がありますか。どのような要件・基準を満たすことが必要かも合わせて教えてください。

ここがポイント

① 告示外特定活動「特定活動（連れ親）」として、在留資格が許可される場合がある。

② 「特定活動（連れ親）」の在留資格は、人道上その他の特別の事情があると認められる場合にのみ許可がされるため、個別の事例判断がされ、要件は厳しいものとなる。

1　「特定活動（連れ親）」（特定活動告示外）とは

　告示外特定活動として、日本で生活する（帰化）日本人や外国人の両親（以下、「連れ親」といいます）が日本に在留できる在留資格が許可される場合があります。帰化して日本国籍を取得した者や適法に日本に在留する外国人の実親は「家族滞在」の在留資格の対象とならず（Q36参照）、日本でともに生活したい場合は、他の在留資格の取得を検討する必要があります。その選択肢の1つとして検討対象となり得るのが、「特定活動（連れ親）」（特定活動告示外）です。なお、「特定活動（連れ親）」の在留資格においては、連れ親は、子や当該子の配偶者に扶養を受ける（以下、「扶養予定親族」といいます）ことが前提となるため、収入や報酬を伴う活動はできません。

　「特定活動（連れ親）」の在留資格で在留する場合、「特定活動（医療活動）」の在留資格とは異なり、国民健康保険に加入することができます（Q48参照）。高齢の連れ親の場合、通院治療が必要となる場合も多くありますが、在留資格の選択により費用負担の割合が大きく変化するので注意が必要です。

　「特定活動（連れ親）」の在留資格は、告示外の特定活動ですので、人道上その他の特別の事情があると認められる場合にのみ許可がされます（Q46参

照）。また、在留資格認定証明書交付の対象とならず、「短期滞在」等他の在留資格から変更許可を得ることとなります（Q46参照）。したがって、海外にいる両親を呼び寄せてともに日本で生活したいと考えた場合には、まず、「短期滞在」の在留資格により当該両親を日本に上陸させ、その後、在留期間内に「特定活動（連れ親）」の在留資格への在留資格変更許可申請を行い許可を得ることとなります。

　なお、「高度専門職」の在留資格（Q28参照）については、優遇措置（Q30参照）の1つとして、当該高度専門職外国人やその配偶者が妊娠中である場合、これを支援するためもしくは7歳未満の子を養育するために一定の要件を満たせば、連れ親の在留が認められます。この場合の「特定活動」の在留資格は告示に基づくものとなります（特定活動告示34号）。

2　満たすべき要件・基準

　上記の通り、「特定活動（連れ親）」の在留資格は、人道上その他の特別の事情があると認められる場合にのみ許可がされるため、個別の事例判断となり、また要件は厳しいものとなります。従前は以下のような要件のもと許可されてきたようです（「入管法の実務」580頁）が、上記の通り個別の事例判断であり、以下の要件を満たせば必ず許可されるというわけではありません。

(1)　連れ親が高齢であること

65歳以上であることが求められます（近時は70歳が基準となっている可能性もあります）。

(2)　連れ親が自らの配偶者と死別、もしくは別居していること

　配偶者と死別している場合には、死亡証明書や戸籍等を提出して立証することになります。

　配偶者と別居している場合、同居が見込まれるときには要件を満たさないため、別居経緯や理由、別居後の生活状況等を理由書にて説明し、同居が見込めないことを立証する必要があります。

⑶　日本に在留する扶養予定親族以外に連れ親を扶養できる人がいないこと

　本国に親族がいない、もしくは遠方に居住している場合には、戸籍や住民登録により、これを立証していくことになるでしょう。本国に親族がいて比較的近くに居住している場合には、当該親族の生活状況から扶養能力がないことを立証する必要があります。

⑷　日本に在留する扶養予定親族が一定の収入を得ていること

　一定の収入とは、直近1年間の収入が、被扶養者に本人を含めた人数に78万円を乗じた金額以上が目安となります。

　上記のとおり、結局は個別判断であり、⑴から⑷までの要件を満たしていても許可されない可能性もあれば、逆に満たさない場合にも、人道上その他の特別の事情があると認められるときには、「特定活動（連れ親）」の在留資格が許可されることもあり得ます。たとえば、両親が存命で同居しているが、双方ともに病気等であることにより互いの介護療養が行えない場合などがあげられます。

Q50　告示外の特定活動：難民申請の要件・基準

難民認定申請すれば在留資格を得て日本で就労できると聞きました。本当でしょうか。

ここがポイント

① 難民認定申請では、案件振り分け制度が導入されており、明らかに難民に該当しないと思われる案件（Ｂ案件）や複数回申請案件（Ｃ案件）では、在留自体が制限されている。

② 「特定活動」の在留資格が付与され、就労が認められるのは、難民である可能性が高い案件（Ａ案件）およびＡ案件、Ｂ案件、Ｃ案件以外の案件（Ｄ案件）の一部（Ｄ２案件）だけである。

③ 「特定活動」（難民認定申請者用）から他の就労系在留資格や身分系在留資格への変更は、一般的にハードルが高いことに留意すべきである。

1　はじめに

(1)　案件の「振り分け」制度

Q16でもご説明した通り、入管当局は、平成27（2015）年、「難民認定制度の運用の見直し」を行い、難民認定申請者を４つのカテゴリーに振り分け、それぞれのカテゴリーに応じた対応をすることで難民認定の迅速化を図るとともに、在留制限や就労制限を課すなどして濫用的な難民認定申請を防止することにしました[1]。そして、平成30（2018）年には、「更なる運用の見直し」を行い、在留制限や就労制限の範囲を拡大しています[2]。

(2)　４つのカテゴリー

４つのカテゴリーは以下のとおりです[3]。なお、Ｂ案件、Ｃ案件でも、「人

1　出入国在留管理庁ウェブサイト〈https://www.moj.go.jp/isa/publications/press/nyuukoku kanri03_00110.html〉。

2　出入国在留管理庁ウェブサイト〈https://www.moj.go.jp/isa/publications/press/nyuukoku kanri03_00555.html〉。

3　出入国在留管理庁ウェブサイト〈https://www.moj.go.jp/isa/content/930002330.pdf〉。

道配慮の必要性を慎重に検討すべきと思われるときは、本国情勢や個別事情に応じ、Ａ案件又はＤ案件とする」とされています（難民認定事務取扱要領）。

【表50－1】　難民認定申請における案件振り分け

分　類[4]		令和元年の振分け状況[5]	
		振分け数（人）	総数に占める割合
Ａ案件	難民条約上の難民である可能性が高いと思われる案件、または、本国情勢等により人道上の配慮を要する可能性が高いと思われる案件	83	0.8%
Ｂ案件	難民条約上の迫害事由に明らかに該当しない事情を主張している案件[6]	281	2.7%
Ｃ案件	再申請である場合に、正当な理由なく前回と同様の主張を繰り返している案件	409	3.9%
Ｄ案件	上記以外の案件	9602	92.5%
		10,375	100.0%

2　告示外「特定活動」が付与される場合

　難民認定申請者（審査請求を行っている者を含みます）で「特定活動」（難民認定申請者）の在留資格を付与されるのは、以下に引用した条件をすべて満たす場合に限られます（審査要領）。したがって、難民認定申請すれば全員が「特定活動」の在留資格を与えられるわけではありません。具体的には、初回申請の場合、Ａ案件およびＤ案件に対して「特定活動」の在留資格が付与されますが、Ｂ案件には付与されません。再申請の場合、Ａ案件に対しては、初回申請同様、「特定活動」の在留資格が付与されますが、Ｂ案件、Ｃ案件、Ｄ案件に振り分けられた場合には、原則として「特定活動」の在留資格は付与されません。

4　前掲脚注3。

5　出入国在留管理庁ウェブサイト〈https://www.moj.go.jp/isa/content/930005069.pdf〉。

6　たとえば、借金問題、就労目的、地域住民との暴力事件等を主張する案件。

〔参考資料〕　特定活動（難民認定申請者）付与の条件（審査要領より抜粋）

3　告示外特定活動（難民認定申請者用）

　難民認定申請又は審査請求を行っている者で、在留資格変更許可申請又は在留期間更新許可申請（以下「在留資格変更許可申請等」という。）に係る活動が法別表第1（特定活動の在留資格については告示をもって定める活動）又は同第二（定住者の在留資格については告示をもって定める地位を有する者としての活動）に掲げる在留資格該当性を有していないもの。

(1)　条件

以下を全て満たす場合

ア　在留資格変更許可申請等の申請時に法別表第1若しくは同第2に掲げる在留資格をもって本邦に在留、又は第22条の2第1項の規定により本邦に在留していること。ただし、後者の「第22条の2第1項の規定により本邦に在留していること」に関し、以下の全てに該当する場合には、許可の対象としないこととする。

　(ア)　出生した子（「特定活動」の申請者）を監護する父母がいずれも、法別表第1又は同表第2に掲げる在留資格をもって本邦に在留していない。

　(イ)　出生した子（「特定活動」の申請者）を監護する父母がいずれも、第22条の2第1項の規定により本邦に在留していない。

イ　在留資格変更許可申請等に係る活動が法別表第1（特定活動の在留資格については告示をもって定める活動）又は同第2（定住者の在留資格については告示をもって定める地位を有する者としての活動）に掲げる在留資格に該当しないこと。

ウ　以下のいずれかに該当すること。

　(ア)　初回の難民認定申請の場合

　　難民認定申請に係る処分の告知（当該処分に対する審査請求を行っている場合は、裁決の告知）がなされておらず、かつ、難民条約上の迫害事由に明らかに該当しない事情のみを主張していないこと。

　(イ)　再度の難民認定申請の場合

　　今次の難民認定申請に係る処分の告知（当該処分に対する審査請求を行っている場合は、裁決の告知）がなされておらず、かつ、難民条約上の難民である可能性が高いと思われる又は本国情勢等により人道上の配慮を要する可能性が高いと思われること。

3　在留期間

　上記のとおり、「特定活動」の在留資格を付与されたとしても、難民認定申請者は在留期間が経過する前にその更新許可申請をしなければならないため、在留期間がどれくらいなのかが、問題となります。

(1)　初回申請者の場合

(A)　振分け期間

　難民認定申請を行った場合、各案件は先述の4つのカテゴリーに振り分けられますが、その振り分けのための期間が必要な場合には、まず2カ月以下の在留期間が認められます。

(B)　振り分け後の期間

　振り分けがなされた後の期間については、後掲の【表50-2】の通り、案件ごとに6カ月または3カ月の在留期間が付与されます[7]。もっとも、B案件はそもそも在留資格が付与されないので、在留期間はありません。

(2)　再申請者の場合

　再申請者は、A案件は6カ月の在留期間が付与されますが、A案件以外は原則として在留自体が制限されています。

(3)　在留期間の更新不許可

　なお、初回の難民認定申請中でまだ処分結果が出ていないにもかかわらず、「特定活動」の在留資格が数回更新された後、突然更新が不許可となり、そのまま収容されてしまう事例も報告されておりますので、注意が必要です。

4　「特定活動」の在留資格で就労が認められる場合

(1)　3つの条件

　難民認定申請者が「特定活動」の在留資格と一定の在留期間を付与されたとしても、就労するためには別途「本邦において報酬を受ける活動（風俗営

7　出入国在留管理庁ウェブサイト〈https://www.moj.go.jp/isa/content/930002330.pdf〉、〈http://www.moj.go.jp/isa/content/930003743.pdf〉を参照。

業等を除く。）」の指定を受ける必要があります。そのためには、以下に記載
された３つの条件（㋐本人の希望、㋑難民認定申請後６カ月の経過、㋒生計困難）
を満たすことが必要です（審査要領）。

〔**参考資料**〕　**報酬を受ける活動の指定の条件**（審査要領より抜粋）

(2)　指定する活動

イ　本邦において報酬を受ける活動の指定を行う場合

> 本邦に在留し難民認定申請又は審査請求を行っている者が行う、本邦の公私
> の機関に雇用されて行う報酬を受ける活動（風俗営業等の規制及び業務の適
> 正化等に関する法律（昭和23年法律第122号）第２条第１項に規定する風俗営
> 業、同条第６項に規定する店舗型性風俗特殊営業若しくは同条第11項に規定
> する特定遊興飲食店営業が営まれている営業所において行う報酬を受ける活
> 動又は同条第７項に規定する無店舗型性風俗特殊営業、同条第８項に規定す
> る映像送信型性風俗特殊営業、同条第９項に規定する店舗型電話異性紹介営
> 業若しくは同条第10項に規定する無店舗型電話異性紹介営業に従事して行う
> 報酬を受ける活動を除く。）

　以下のいずれも満たす場合は、指定する活動は報酬を受ける活動とする。た
だし、上記ア㋒又は㋓に該当する者については、報酬を受ける活動の指定は行
わない。

㋐　報酬を受ける活動を行うことを希望していること。

㋑　難民認定申請を行った日（後記(3)アのとおり、今次の難民認定申請後の初
　　回の在留資格変更許可申請等に対して振分けに必要な期間として在留期間を
　　決定した場合は、当該在留期間の満了日）から６月を超えていること。

　　（注）難民条約上の難民である可能性が高いと思われる者又は本国情勢等に
　　　　より人道上の配慮を要する可能性が高いと思われる者については、６月
　　　　を超えていなくても報酬を受ける活動を許可する。

㋒　本邦において利用可能な自己資産額に鑑みて、生計を立てることが困難で
　　あり（家族がいる場合には家族の資産額、家族の生活支援、扶養人数を考
　　慮）、かつ、本邦又は海外の申請人の親類、友人、組織、身元保証人等から
　　生活支援を受けることができないこと。

8　後述の(2)で説明する、「現に有する在留資格に該当する活動を行わなくなった後に難民認定
　申請を行った者」や「出国準備のために在留を認められた期間に難民認定申請を行った者」を
　指します。

> （注）本邦において生計を立てることができる月額については、一律に金額
> に基準を設けることは困難であるが、申請者の居住地における世帯の生
> 活保護給付額（生活扶助、住宅扶助及び教育扶助の合計額）を一応の目
> 安とする。

(2) 就労が認められない場合

　一方、たとえば、技能実習生が技能実習先から失踪し、または技能実習計画を終了した後など、「現に有する在留資格に該当する活動を行わなくなった後に難民認定申請を行った者」や、「出国準備のために在留を認められた期間に難民認定申請を行った者」（D1案件）は、在留は認められても、就労が認められません。

　以上をまとめると、【表50－2】のようになります。

【表50－2】　難民認定案件の振り分けと在留資格・在留期間・就労可否の関係

	A案件		B案件		C案件	D案件			
	初回申請	再申請	初回申請	再申請	再申請のみ	初回申請			再申請
在留資格	特定活動付与		在留制限		在留制限	本来の在留活動を行わなくなった後に難民認定申請した人、又は出国準備期間中に難民認定申請した人（D1）	D1以外の人（D2）		在留制限
							申請等から6カ月以内	申請等から6カ月経過後	
						特定活動付与	特定活動付与	特定活動付与	
在留期間	6カ月					3カ月	3カ月※2回まで	6カ月	
就労可否	就労可					就労不可	就労不可	就労可	

5　「特定活動」から他の在留資格への変更の可否

　難民認定申請中で「特定活動」の在留資格を保有している人から、「他の在留資格への変更が可能か」という質問をよく受けます。理屈のうえでは、たとえば、「技術・人文知識・国際業務」や、「経営・管理」などの就労系在留資格の申請要件を満たしているのであれば、それらの在留資格への変更申

請が可能ともいえます。しかし、難民認定申請をしている以上、難民申請した経緯なども審査されるため、なぜ難民認定申請したのかなどについて厳しく審査されます。現実的には、かかる変更はハードルが高く、帰国することに問題がない場合には、いったん帰国したうえで、改めて在留資格認定証明書交付申請を行うことも一案です。

　また、たとえば、日本滞在中に日本人と婚姻した等の事情がある場合には、「日本人の配偶者等」への在留資格変更申請が理論上可能です。この場合も、難民申請をした経緯等が審査の対象になることから、審査は厳しいものとなります。しかし、身分系在留資格への変更は、婚姻といった「人道的な事情」も考慮されることが多いことから、就労系在留資格への変更と比べるとハードルは低いといえるでしょう。もっとも、いわゆる「偽装結婚」などではなく、真摯かつ成熟した婚姻関係であることを証明する資料の提出が必要となります（Q38参照）（また、このような場合には難民認定申請手続の中で在留特別許可（Q16参照）が付与される可能性もあります）。

9　難民認定申請者の中には在留資格を得るという目的のため日本人と結婚し、また、「お金目当て」にかかる外国人と名目上の婚姻をする日本人もいます。しかし、このような「偽装結婚」は容易に見破られ在留資格は認められません。厳に慎むべきです。

Q51 告示外の特定活動：帰国準備と在留を延長する方法

> 「特定活動（出国準備のための活動）」に変更となった場合、どのような状況となりますか。この資格の在留期間満了後に日本にさらに在留する方法はありますか。

ここがポイント

① 「特定活動（出国準備のための活動）」は、通常30日以内に出国することが予定された在留資格であり、この在留期間を経過すると、当該外国人は不法残留状態となる。

② 「特定活動（出国準備のための活動）」に関連する在留資格変更申請や在留期間更新申請等の一連の手続を行政訴訟で争うことは、処分性、訴えの利益がないものとして認められないとされている。

③ 当該外国人が刑事手続中または刑事施設収容中の場合には、審査要領において「特定活動（出国準備のための活動）」への変更手続の運用が定められている。

④ 日本に引き続き在留するために在留期間満了前に講ずることが可能な手段はいくつか考えられるが、どれも実効性が高いとはいいがたい。

1 「特定活動（出国準備のための活動）」の在留資格となる場面

　「特定活動（出国準備のための活動）」の在留資格となった場合、通常30日以内に出国しなければなりません。もし、30日を経過しても日本に在留していた場合、当該外国人は不法残留状態となります（法24条4号ロ）。不法残留についてはQ12、Q17を参照。このような在留資格が、外国人から積極的に申請されるケースは少ないと思いますが、在留期間更新申請や在留資格変更申請が不許可となり、その時点で従前有していた在留資格の在留期間が満了になることが予想される場合には、不法残留を避けるために「特定活動（出国準備のための活動）」への在留資格変更申請をせざるを得ない状況が生じ得ます。

　仮に30日を超える在留期間を決定されている外国人が、在留期間満了日ま

でに在留期間更新または在留資格変更を申請した場合において、当該申請に対する処分が在留期間満了までに終了しない場合を考えてみましょう（〈図51－1〉）。その場合、当該外国人は、その在留期間満了後も処分がされる時または従前の在留期間の満了日から2カ月を経過する日のいずれか早い時点まで、引き続き当該在留資格をもって日本に在留することができます（法21条4項、20条6項。これを特例期間といいます）。しかし、在留期間経過後（特例期間中）に正式な不許可処分がなされた場合には、不許可処分時から不法残留状態となってしまいます。

【図51－1】　申請に対する処分が在留期間満了までに終了しない場合

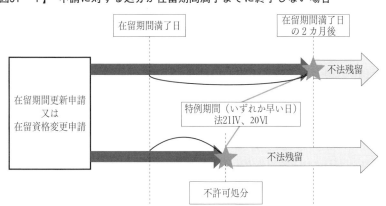

この点、審査にどれだけの時間を要するのかについて当該外国人が正確に判断することはできませんし、入管法施行規則も「在留期間の満了する日までに」更新申請書を提出することを定めているのみであり（規21条1項）、審査期間について特段の規定をしていません。にもかかわらず、審査の結果、不許可の判断だったからといって、正式に不許可処分を行い、不法残留状態として直ちに刑事罰および退去強制手続の対象とするのは外国人の人権への配慮を欠き妥当ではありません。そこで、このような状況を回避するための制度として、出入国在留管理局の職員が申請に対する不許可理由を説明する場で、本人に対して申請内容変更申出書（規21条1項、21条の3第1項）を提出させ、「特定活動（出国準備のための活動）」への在留資格変更許可を行うという取扱いとなっています。このように当該外国人としては、不法残留者

として退去強制手続（法27条以下）をとられることを避けるために、やむを得ず「特定活動（出国準備のための活動）」への申請内容変更申出書を提出することになるわけです。この場合、当初の在留期間更新申請または在留資格変更申請については、原申請内容では許可できない旨が「通知書」によって告知されます（「入管法の実務」131頁）。この通知（告知）の法的性質については争いがあるところ、裁判所は、在留期間更新申請について確定的な申請棄却の法的効果を発生させる行政処分としての不許可処分またはその告知がされたものとは認められないと判示しています（東京地判平23・11・29WLJP、東京地判平26・4・25WLJP）。さらに、当初の在留期間更新申請または在留資格変更申請の不許可については、実務上、訴えの利益なしとして取消訴訟等で争うことができないとされています。なぜなら、「特定活動（出国準備のための活動）」への変更許可処分が存在する以上、一在留一在留資格の原則によりこれと両立する処分が許されないからです（名古屋高判平15・8・7裁判所ウェブサイト、東京高判平4・9・16行集43巻8＝9号1165頁）。

　なお、在留期間更新または在留資格変更の申請人が、刑事手続中または刑事施設に収容中の場合には、手続の状況に応じて、おおむね次のような運用がなされています（審査要領）。

①　可能な限り在留期間内に処理することとする。

②　やむを得ず特例期間内に処理を行う場合で、ⓐ刑事裁判の進行状況から、おおむね1カ月以内に出国することが見込めないとき、または、ⓑ刑が確定し刑事施設に収容中で、おおむね1カ月以内に出国することが見込めず、かつ当該刑が退去強制事由に当たらない場合は、当初の申請に対し不許可の処分をし不許可通知を行う。この場合、当該外国人に係る身分事項等を警備部門に通報する。

③　上記②に該当しない場合、郵送により、または親族もしくは入国審査官を通じて申請内容変更申出書提出の手続について説明し、同申出書の提出がないときは、速やかに当初の申請に対し不許可の処分をし不許可通知書を送付する。他方、同申出書の提出があったときは、速やかに「特定活動（出国準備のための活動）」の在留資格を許可する。当該在留資格変更許可は、必ず刑の言渡し前または言渡し後1週間を経過する日

までに行い、この場合、出国準備期間は上訴期間の満了の日までとする。

2 「特定活動（出国準備のための活動）」による在留期間満了前に考えねばならないこと

　先述のように、在留資格について何も手続をしないまま在留期間が満了し、日本に滞在した場合、当該外国人は不法残留状態となり、さまざまな不利益を被り、結局退去強制させられることになります（Q12、Q13、Q17参照）。したがって、当該在留期間が満了する前に、何らかの手立てを講じなければなりません。手段としては、①在留期間更新申請を行う、②在留資格変更申請を行う、③行政訴訟（在留資格変更不許可の取消訴訟等）を提起する、④難民認定申請を行う、⑤在留期間満了前に帰国する等が考えられます。しかし、現在の入管法の運用や裁判実務に鑑みると、①〜④の手段は、日本に継続的に在留する手段として非常に難易度の高いものとなっています。すなわち、「特定活動（出国準備のための活動）」は特段の事由がない限り30日以内の在留期間が決定され、以後の申請に関し、特例期間の適用が受けられなくなります（法20条4号カッコ書、21条4項）。特段の事由があったとしても3カ月を超える在留期間は許可されません（審査要領）。そして、申請内容変更申出書を提出する際に在留期間内の出国を誓約していることも多く、「特定活動（出国準備のための活動）」の在留期間更新申請は容易には認められません（「入管法の実務」132頁）。

　また、①申請人の情状が悪くなく、かつ、②立証資料を補強する等すれば、原申請の不許可理由聴取時または再申請時における入国審査官との協議により、「再申請を受理する旨の了承」が得られ、再申請が入国審査官による「受理確認」を経て受理されることもありますが、この受理確認がなされる保証はありません（「入管法の実務」132頁）。行政訴訟についても、前述のごとく原申請の取消訴訟等が認められる可能性は低いといえますし、難民認定申請についても認定がなされることは容易ではありません（Q16参照）。さらに、難民認定申請により「特定活動（難民認定申請中）」の在留資格が得られたとしても、カテゴリーによっては就労資格が得られず、生活そのものが

成り立たない可能性があります（Q50参照）。このように考えると、一度帰国した後に日本国内への上陸が認められる見込みや上陸が認められるまでの期間等も考慮しながら当該外国人の採るべき行動を適切に決定すべき、ということになります。

Q52　令和3（2021）年入管法改正案の提出・審議経過

> 令和3（2021）年の通常国会に政府が提出した入管法改正案の概要はどのようなものですか。なぜそのような法案が提出され、また多くの批判にさらされたのでしょうか。

ここがポイント

①　令和元（2019）年6月の大村入国管理センターでの収容者死亡事件を契機として、法務省は、送還忌避者の増加・収容の長期化防止の方策を議論する専門部会（「収容・送還に関する専門部会」）を設置した。令和3年改正案は、この専門部会が令和2（2020）年6月にとりまとめた提言に基づくものである。

②　改正案では、退去強制手続に関して、仮放免の範囲の限定、収容の代替措置としての監理措置の導入のほか、退去命令制度を新設しこの命令を拒否する者への刑事罰を導入しているが、在留特別許可の許否等をめぐって行政訴訟を提起中の者までもが刑事責任を問われうる制度であり、裁判を受ける権利との関係で重大な問題があると批判されている。

③　改正案にはまた、難民認定申請中の者の送還停止効を、3回目以降の申請者については解除する制度が盛り込まれている。複数回の申請後に難民として認定されるケースがある中、このような制度は難民の可能性がある者を本国に送還する危険を生じさせると批判されている。

1　令和3（2021）年入管法改正案・提出の経緯

(1)　法案提出までの経緯

　令和3（2021）年2月19日、退去強制手続と難民認定申請手続の変更を主な内容とする入管法改正案¹（以下、単に「改正案」または「法案」ともいう）が閣議決定され、同日、開催中の通常国会に提出されました。

1　「出入国管理及び難民認定法及び日本国との平和条約に基づき日本の国籍を離脱した者等の出入国管理に関する特例法の一部を改正する法律案」法案の詳細については、出入国在留管理庁ウェブサイト〈https://www.moj.go.jp/isa/laws/bill/index.html〉を参照のこと。

　同法案のきっかけとなったのは、令和元（2019）年6月24日、大村入国管理センターで長期収容中のナイジェリア人男性が、ハンガーストライキの末餓死するという事件でした。当該事件を契機として、従来から批判されてきた入管における長期収容の問題が、改めて注目を集めたこともあり、法務省は、送還忌避者の増加や収容の長期化を防止する方策やその間の収容のあり方を議論・検討するため、同年10月、法務大臣の私的懇談会である第7次出入国管理政策懇談会の下に、「収容・送還に関する専門部会」を設置しました。

　この専門部会が令和2（2020）年6月にとりまとめた報告書「送還忌避・長期収容問題の解決に向けた提言[3]」では、主に以下の提言がなされました。

①　退去強制令書の発付を受けたにもかかわらず退去しない者への罰則の創設

②　（特に複数回申請者を念頭に）難民認定申請中の送還停止効（法61条の2の6第3項）に一定の例外を設けること

③　仮放免の条件に違反し逃亡する等した者に対する罰則の創設

④　収容代替措置（第三者の支援・補助等のもと逃亡防止や出頭確保を図ったうえで収容施設外での起居を認めること）

　これらの提言に対しては、在留特別許可の許否等について司法判断を経ていない者に刑事罰をもって帰国を強制することになりかねない（上記①に対して）、難民認定の質の向上のための具体的措置がとられない限り難民認定申請中の者への送還停止効の例外を設けるべきでない（上記②に対して）など、日本弁護士連合会や当会（第二東京弁護士会）を含む各地の弁護士会から多くの批判的な声明や意見書が出されました[4]。

2　2019年8月21日付朝日新聞デジタル〈https://www.asahi.com/articles/ASM7Z7DGNM7ZUQIP032.html〉。

3　出入国在留管理庁ウェブサイト〈https://www.moj.go.jp/isa/content/930005829.pdf〉。

4　日本弁護士連合会「送還忌避・長期収容問題の解決に向けた提言」に対する会長声明（令和2（2020）年7月3日）〈https://www.nichibenren.or.jp/document/statement/year/2020/200703_2.html〉。

　第二東京弁護士会「送還忌避・長期収容問題の解決に向けた提言」に反対する意見書（令和2（2020）年11月16日）〈https://niben.jp/news/opinion/2020/202011162770.html〉。

⑵　令和3（2021）年通常国会での入管法改正案の成立見送り

　専門部会提言への多くの批判にもかかわらず、政府が令和3（2021）年2月19日に国会提出した入管法改正案は、おおむねこれらの提言に沿った内容のものとなりました（改正案の概要は下記2および【表52-1】をご参照ください）。

　しかし、法案の内容自体への批判に加え、同年3月6日に名古屋出入国在留管理局に収容中のスリランカ人女性が死亡した事件[5]をきっかけに入管の収容者に対する処遇が注目と批判を集めたこともあり[6]、同年5月19日、政府は同年の通常国会での成立を見送りました[7]。

2　令和3（2021）年入管法改正案の概要

⑴　改正案の主な問題点

　改正案にはさまざまな問題がありますが、以下、特に批判を集めた内容について説明します。今後、同内容の改正案が国会に再提出される可能性もあることから、実務家としては、政府の動きを注視するとともに、相談者に対し、必要に応じて今後の法改正の可能性についても説明しておく必要があります。

⒜　退去拒否者への罰則（退去命令拒否罪）

　改正案では、送還忌避者の増加に対処するため、退去強制令書の発付を受けたが収容の長期化防止を目的として、退去強制令書の発付を受けたにもかかわらず自ら本邦を退去する意思がない旨を表明している等一定の要件を満たす場合に、相当の期間を定めて本邦からの退去を命じることができ（退去命令。法案55条の2第1項）、これに違反した場合には刑事罰の対象となります（1年以下の懲役もしくは20万円以下の罰金またはこれらの併科。法案72条8

5　日本弁護士連合会「出入国管理及び難民認定法改正案に関する意見書」（令和3（2021）年3月18日）〈https://www.nichibenren.or.jp/document/opinion/year/2021/210318_7.html〉。
　　第二東京弁護士会「出入国管理及び難民認定法改正法案に反対する会長声明」（令和3（2021）年5月6日）〈https://niben.jp/news/opinion/2021/202105062923.html〉。
6　2021年4月23日毎日新聞〈https://mainichi.jp/articles/20210423/k00/00m/040/241000c〉。
7　2021年5月19日　NHK〈https://www3.nhk.or.jp/news/html/20210519/k10013038861000.html〉。

号）。

　しかし、この制度によれば、在留特別許可の許否等をめぐって行政訴訟を提起した場合でも、退去命令の執行停止（法案55条の2第2項）がなされるまでに退去命令の期限が経過してしまえば、退去命令違反により刑罰に処せられ得ることとなってしまいます。このような制度は、裁判を受ける権利を実質的に侵害するものであるとの批判がなされています。

(B)　仮放免の範囲の限定と監理制度

　改正案では、収容の長期化防止を目的として、収容令書・退去強制令書の発付を受けた者が、第三者（監理人）の監理のもと、収容所外で生活できる制度が設けられています（監理措置制度）（法案44条の2以下、52条の2以下）。しかし、反面、仮放免の理由が、従来の諸要素考慮（Q14参照）から「健康上、人道上その他これらに準ずる理由」に限定されています（法案54条1項）。

　監理措置制度は、収容所外での生活を許容することから、一見収容者の利益に資するようにも思えます。しかし、実際には、監理人の責任が重く、なり手がいないおそれがあるといわれています。これに加えて仮放免の範囲が限定されてしまえば、監理措置が活用されず、仮放免も不許可事例が増え、かえって被収容者の増加・収容の長期化を招きかねないと批判されています。

(C)　難民認定申請者への送還停止効の例外

　現行法の下では、難民認定申請中の者に対しては、送還停止効（法61条の2の6第3項）が適用され、難民認定申請中は強制送還が停止されます。

　しかし、法務省は「難民認定申請を繰り返すことによって、日本からの退去を回避しようとする外国人が存在」するなどと主張し[8]、難民認定申請中の者であっても、3回目以降の申請者に対しては、送還停止効を適用しないことを提案しています（法案6条の2の9第4項）。

　これに対しては、現状でも複数回の申請後に難民として認定されるケースがある中、3回目以降の申請であることを理由に送還停止効を解除すること

8　出入国在留管理庁ウェブサイト〈https://www.moj.go.jp/isa/laws/bill/05_00006.html#midashi08〉。

には、難民の可能性がある者を本国に送還する危険がある、そもそも日本における難民認定率が極めて低い中、まずは難民認定の質を向上させるための具体的措置が先行すべきである、といった批判があります。

　⑵　**改正案のその他のポイントと批判**

　上記⑴を含め改正案のポイントとそれに対する批判は、下掲の【表52－1】のとおりです。

【表52－1】　令和3年入管法改正案の概要と批判

分野	改正事項	条文	概要	批判
退去強制手続	退去拒否者への罰則	法案55条の2条1項、72条8号	・退去命令制度の創設 ・退去命令を拒否した者への罰則	行政訴訟を提起したとしても、執行停止がなされるまでに退去命令の期限が経過してしまえば、退去命令違反が成立するから、裁判を受ける権利を実質的に侵害するものである
	仮放免中・監理措置中の逃亡等への罰則	法案72条4号・7号	仮放免・監理措置の条件に違反し逃亡する等した者への罰則	監理措置制度における監理人の責任が重く、監理人のなり手がいないおそれがある。その結果、収容代替措置が活用されず、仮放免の範囲の限定と相まって、かえって被収容者の増加・収容の長期化を招きかねない
	仮放免の範囲の限定	法案54条1項	・仮放免の要件を、従来の諸要素考慮から「健康上、人道上その他これらに準ずる理由」に限定 ・収容令書・退去強制令書の発付を受けた者が第三者（監理人）のもと収容所外で生活する制度を創設	
	収容に代わる監理措置制度（収容代替措置）	法案44条の2以下、52条の2以下		

退去強制手続	在留特別許可	法案50条以下	・在留特別許可の申請手続の創設 ・許可要件の明確化（特に原則不許可事由の列記）（法50条1項ただし書）	一定の前科等の存在が原則として在留特別許可をしない事由としてあげられているが、前科等を消極的な考慮事情の1つと位置付けることはやむを得ないとしても、あくまで積極要素と比較衡量して判断されるべきで、その具体的な事情、量刑、更生などを問わず、一律に原則として不許可とすることは相当でない
難民認定申請手続	送還停止効の一部解除	法案61条の2の9第4項	3回目以降の難民認定申請の場合、難民認定申請者への送還停止効（法61条の2の6第3項）が適用されない	複数回の申請後に難民として認定されるケースがある中、複数回申請を理由に送還停止効が解除されると難民の可能性がある者まで本国に送還してしまう危険がある
	補完的保護対象者	法案6条1の2号、2条3号の2	難民にはあたらないが難民に準じた状況にある者を補完的保護対象者として保護する制度	対象が難民条約上の難民に準じた者のみであり、紛争地から逃れてきた者が保護されない等対象が狭すぎる

●参考資料1●　　参考文献一覧

・坂中英德＝齋藤利男『出入国管理及び難民認定法逐条解説〔改訂第4版〕』（日本加除出版、2012年）

・児玉晃一＝関聡介＝難波満編『コンメンタール出入国在留管理及び難民認定法2012』（現代人文社、2012年）

・多賀谷一照＝髙宅茂『入管法大全——立法経緯・判例・実務運用——Ⅰ逐条解説』（日本加除出版、2015年）

・多賀谷一照＝髙宅茂『入管法大全——立法経緯・判例・実務運用——Ⅱ在留資格』（日本加除出版、2015年）

・山脇康嗣『〔新版〕詳細　入管法の実務——入管法令・内部審査基準・実務運用・裁判例——』（新日本法規、2017年）

・山脇康嗣『特定技能制度の実務——入管・労働法令、基本方針、分野別運用方針・要領、上乗せ告示、特定技能運用要領、審査要領——』（日本加除出版、2020年）

・出入国管理法令研究会編『注解・判例　出入国管理実務六法〔令和2年版〕』（日本加除出版、2019年）

・第一東京弁護士会人権擁護委員会国際人権部会編『外国人の法律相談Q&A—法的ポイントから実務対応まで〔第四次改訂版〕』（ぎょうせい、2019年）

・外国人ローヤリングネットワーク編『外国人事件 Beginners ver.2』（現代人文社、2020年）

・東京弁護士会外国人の権利に関する委員会行政訴訟研究部会編著『入管訴訟マニュアル〔第2版〕』（現代人文社、2017年）

・日本弁護士連合会人権擁護委員会編『難民認定実務マニュアル〔第2版〕』（現代人文社、2017年）

・佐野秀雄＝佐野誠『第5版　よくわかる入管手続——基礎知識・申請実務と相談事例』（日本加除出版、2017年）

・佐野誠『改訂　外国人のための起業・会社設立支援マニュアル』（日本加除出版、2015年）

・山脇康嗣『技能実習法の実務』（日本加除出版、2017年）
・国際研修協力機構『〔第3版〕入門解説　技能実習制度』（公益財団法人国際研修協力機構教材センター、2019年）

●参考資料2●　　入管関連団体リスト

1　入管・難民手続関連の情報をもっと知りたい

◆　出入国在留管理庁

ウェブサイト URL：https://www.moj.go.jp/isa/index.html

ウェブサイトの「各種手続＞出入国管理及び難民認定法関係手続」のページでは、在留資格認定証明書交付申請、在留資格変更許可申請、在留期間更新許可申請、難民認定申請などの各種申請書式及び提出書類の情報を提供。

◆　外国人技能実習機構

ウェブサイト URL：https://www.otit.go.jp

外国人の技能実習の適正な実施及び技能実習生の保護に関する法律（平成28年法律第89号）に基づき設立された認可法人。技能実習計画の認定、実習実施者・監理団体へ報告を求め実地に検査する事務、実習実施者の届出の受理、監理団体の許可に関する調査、技能実習生に対する保護や支援を強化するための母国語相談や援助等の業務などを行う。ウェブサイトでは、技能実習計画認定申請書、監理団体許可申請書など、技能実習関係の各種書式を提供。

◆　LNF（外国人ローヤリングネットワーク）

ウェブサイト URL：https://www.lnf.jp

外国人事件に取り組む弁護士を支援する情報交換ネットワーク。弁護士のほか、法律を専門とする研究者、司法修習生等弁護士に準じる方で、目的に賛同し、代表の承認を得た方も入会可能。会員向けサービスとして、ゼミ（研修会）、外国人事件に関する相談用のメーリングリスト、審査要領などの外国人事件関連データベースの提供など。

◆　UNHCR（国連難民高等弁務官事務所）

ウェブサイト URL：https://www.unhcr.org/

UNHCR は1950年に設立された、難民に対する国際保護を保障することを任務とする国連機関である。ウェブサイトでは、難民に関する統計資料をはじめ、締約国が難民条約の解釈や難民の認定を行ううえで指針となる手引、難民の出身国の状況に対する URHCR の見解等を入手できる。

◆ **JLNR（全国難民弁護団連絡会議）**

ウェブサイト URL：http://www.jlnr.jp/index.html

1997年7月18日に設立された弁護士のネットワーク団体。適正かつ迅速な難民認定、申請者の地位の保障並びに難民認定者および人道配慮者の地位の保障のため、個別の難民支援および政策に対する提言等の必要な諸活動を行うことを目的とし、各弁護団や各弁護士の事件についての情報交換（出身国情報の共有を含む）、難民認定制度や入管行政の運用に係る情報開示の実施、難民法の世界的な水準についての勉強会開催、入管の難民認定実務において問題が起きたときの声明、難民政策についての提言等の発表を行っている。ウェブサイトには、難民に関する政策・提言のほか、難民関連の判決、難民の出身国情報、各種統計などのデータベースも掲載。

◆ **認定NPO法人 難民支援協会**

ウェブサイト URL：https://www.refugee.or.jp/about/

日本で生活している難民への法的・生活支援活動、就労・コミュニティ支援活動、難民についての政策提言、調査・研究活動、広報活動を行うNPO法人。ウェブサイトでは難民に関する解説、意見、声明等を随時公開。

2　外国人対応の可能な公的窓口を紹介したい

◆ **FRESC（外国人在留支援センター）**

ウェブサイト URL：https://www.moj.go.jp/isa/support/fresc/fresc_2.html

日本で暮らす外国人の在留を支援する政府の窓口（出入国在留管理庁、東京出入国在留管理局、東京法務局人権擁護部、日本司法支援センター（法テラス）、東京労働局外国人特別相談・支援室、東京外国人雇用サービスセンター、外務省ビザ・インフォメーション、日本貿易振興機構（ジェトロ））を、新宿区のJR四ツ谷駅前のコモレ四谷ビルの1フロア（会議室を含めると2フロア）に集約し、外国人からの相談対応、外国人を雇用したい企業の支援、外国人支援に取り組む地方公共団体の支援などの取組みを行っている。

●事項索引●

【さ行】

●判例索引●（年月日順）

●執筆者一覧●

（50音順）

赤羽根　大輝（あかはね・だいき）2008年弁護士登録
〔事務所〕赤羽根・伊関・本田法律事務所　https://aih-law.com/
〈本書担当箇所〉Q 3 〜Q 5 、Q34、Q52　［編集委員］

伊藤　康太（いとう・こうた）2012年弁護士登録
〔所属〕2016年10月〜2018年12月　証券取引等監視委員会　証券検査課　専門検査官（金融庁監督局銀行第一課課付、総合政策局リスク分析総括課課付、総合政策局マネーローンダリング・テロ資金供与対策企画室併任）
〈本書担当箇所〉Q 8 、Q 9 、Q25〜Q27

小野　淳也（おの・じゅんや）2016年弁護士登録
〔事務所〕小野法律特許事務所
〈本書担当箇所〉Q18〜Q21、Q24、Q36〜37

島村　洋介（しまむら・ようすけ）2010年弁護士登録
日本弁護士連合会多文化共生社会の実現に関するワーキンググループ委員
関東弁護士会連合会外国人の人権救済委員会委員
〔事務所〕島村法律事務所　https://www.shimamu-law.com/
〈本書担当箇所〉Q11〜Q16、Q50　［編集委員］

中丸　勘太郎（なかまる・かんたろう）2011年弁護士登録
〔所属〕UBS 証券株式会社法務部
〈本書担当箇所〉Q 1 、Q 2 、Q 7 、Q31〜33

永田　洋子（ながた・ようこ）2015年弁護士登録
〔事務所〕日本東京国際法律事務所
〈本書担当箇所〉Q28、Q29、Q44、Q45、Q49

武藤　敦丈（むとう・あつたけ）2017年弁護士登録

フリーランス・トラブル110番相談員（第二東京弁護士会）

共著『Q&A でわかる業種別法務　医薬品・医療機器』（中央経済社・2019年）

〔所属〕日本ベーリンガーインゲルハイム株式会社コンプライアンスマネジメント部

〈本書担当箇所〉Q35、Q46〜Q48、Q51

宗像　洸（むなかた・こう）2014年弁護士登録

共著『建築紛争判例ハンドブック』（青林書院・2016年）

共著『マンション判例ハンドブック』（青林書院・2018年）

共著『民法改正対応　契約書式の実務　上・下』（創耕舎・2019年）

〔事務所〕東京赤坂法律事務所・外国法共同事業

〈本書担当箇所〉Q17、Q22 〜 Q23、Q28 〜 Q30

李　桂香（り・けひゃん）2006年弁護士登録

関東弁護士会連合会外国人の人権救済委員会委員

〔事務所〕弁護士法人空と海　そらうみ法律事務所

〈本書担当箇所〉Q 6 、Q10、Q40〜Q43　［編集委員］

〔編者所在地〕

第二東京弁護士会

〒100-0013　東京都千代田区霞が関1-1-3
弁護士会館9F
TEL03-3581-2255
https://niben.jp

〔実務必携Q&Aシリーズ〕
わかりやすい出入国在留管理の実務必携Q&A

2021年11月6日　第1刷発行
2023年5月16日　第2刷発行

定価　本体3,100円＋税

編　　者　第二東京弁護士会国際委員会
発　　行　株式会社　民事法研究会
印　　刷　文唱堂印刷株式会社

- -

発行所　株式会社　**民事法研究会**
　　　　〒150-0013　東京都渋谷区恵比寿3-7-16
　　　〔営業〕TEL 03(5798)7257　FAX 03(5798)7258
　　　〔編集〕TEL 03(5798)7277　FAX 03(5798)7278
　　　http://www.minjiho.com/　info@minjiho.com

落丁・乱丁はおとりかえします。　ISBN978-4-86556-463-1 C2032 ￥3100E
表紙デザイン：袴田峯男

外国人の雇用に関する基礎知識から実務対応まで網羅！

▶深刻な人手不足に対応するため、外国人労働者の受入れを大幅に緩和した改正入国管理法に完全対応し、大幅改訂！

▶「働き方改革」による各種関連法の改正にも対応！

▶専門分野が異なる各士業が連携し、横断的な視点から見えてくるさまざまな問題をわかりやすく解説し、問題解決への指針を明示！

▶外国人労働者の雇用をスムーズに行いたい企業担当者をはじめ、企業から相談を受ける社労士・弁護士・行政書士・税理士などの実務家、行政担当者必携！

本書の主要内容

HPの商品紹介は
こちらから→

発行  民事法研究会

〒150-0013　東京都渋谷区恵比寿3-7-16
（営業）TEL. 03-5798-7257　FAX. 03-5798-7258
http://www.minjiho.com/　info@minjiho.com

雇用契約変更について、具体的な事例に基づいたQ＆A形式で平易に解説！

〈実務必携Q＆Aシリーズ〉

雇用契約変更の 実務必携Q＆A
─雇用を維持する合理化策と新しい働き方─

三上安雄・増田陳彦・根本義尚・
萩原大吾・村田浩一・瀬戸賀司　著

A 5 判・323 頁・定価 3,630 円（本体 3,300 円＋税 10％）

▶働き方改革や新型コロナウイルスの感染拡大にともない、近年大きく変化した雇用環境に対応
　するために、新しい雇用形態をめぐる問題の考え方や対応策、実務上の留意点を、実務経験の
　豊富な弁護士が書式を織り込んでわかりやすく解説！

▶第１章「雇用を維持する合理化策」では、厳しい業績の下でも人員削減等をせず、配転・転勤、
　出向・雇用シェアなど労働条件や勤務内容の変更等で雇用維持を図る方策を提示！

▶第２章「社会変容、時代変化に伴う新しい働き方」では、テレワーク、フレックスタイム制、
　副業・兼業、限定正社員、ジョブ型雇用など時代に即した雇用形態を解説！

▶企業の人事・労務担当者はもとより実務家にとって必携！

本書の主要内容

第１章　雇用を維持する合理化策
1　総　論
2　配置転換・転勤
3　出向・雇用シェア契約
4　転　籍
5　労働者派遣の活用
6　休業・一時帰休・ワークシェアリング
7　労働条件の不利益変更

第２章　社会変容、時代変化に伴う新しい働き方
1　総　論
2　テレワーク（在宅勤務等）
3　フレックスタイム制
4　副業・兼業
5　限定正社員
6　成果主義型賃金制度
7　日本的ジョブ型雇用

8　妊産婦の保護や育児と就業の両立
9　高年齢者の活用
10　退職者の活用
11　業務委託契約への切替え

詳しい目次は
こちらから→

発行　 民事法研究会

〒150-0013　東京都渋谷区恵比寿 3-7-16
（営業）TEL. 03-5798-7257　FAX. 03-5798-7258
http://www.minjiho.com/　info@minjiho.com

長年の経験で得た実践的ノウハウを開示！

〈実務必携Q&Aシリーズ〉

職場のメンタルヘルス
対策の実務必携Q&A
―適正手続とトラブル防止の労務マニュアル―

弁護士　岡芹健夫　著

A5判・278頁・定価2,970円（本体2,700円＋税10%）

▶極めて慎重かつ丁寧・親身な対応が求められる職場のメンタルヘルス不調者に対し、回復に向けた適正な支援のあり方、治療中における会社の対応から回復後における復職の進め方など、あらゆる問題に対処できるようにまとめられた実践的手引書！

▶メンタル不調者に対して適宜・適切な対応をするために就業規則の改訂内容、メンタル不調者に対する休職命令の発令とその内容など、関連する文例を収録して、懇切・丁寧に解説した待望の書！

▶長年にわたりメンタルヘルス問題へのあるべき対策・対応のあり方や各種トラブル解決に取り組んできた著者が、知っておくべき基礎知識から多様な具体的場面における適正な手続・対処策を具体的に開示した、企業の人事・労務関係者や職場の管理・監督者のための必携の手引書！

本書の主要内容

第1章　メンタルヘルスの実情と法律（Q1～Q5）

第2章　採用とメンタルヘルスをめぐる諸問題（Q1～Q2）

第3章　メンタルヘルスに対する日常的な体制づくり（Q1～Q6）

第4章　メンタルヘルス不調者の早期発見と発見時の対応（Q1～Q9）

第5章　休職とその期間中の対応（Q1～Q10）

第6章　休職から復職または退職への対応（Q1～Q9）

第7章　復職に際しての留意点等（Q1～Q8）

第8章　精神障害が業務上疾病である場合（労働災害）（Q1～Q10）

第9章　メンタルヘルス問題に対応する就業規則の改訂文例

HPの商品紹介はこちらから→

発行　民事法研究会

〒150-0013　東京都渋谷区恵比寿3-7-16
（営業）TEL. 03-5798-7257　FAX. 03-5798-7258
http://www.minjiho.com/　info@minjiho.com

多様な働き方、同一労働同一賃金導入のための実践的手引書！

〈実務必携Q＆Aシリーズ〉

多様な働き方の 実務必携Q&A
―同一労働同一賃金など新時代の労務管理―

三上安雄・緒方彰人・増田陳彦・安倍嘉一・吉永大樹　著

A 5判・295頁・定価 3,520円（本体 3,200円＋税 10%）

▶テレワーク、フレックスタイム制、裁量労働制、高プロ制、限定正社員、副業促進、雇用類似の
　働き方など、多様で柔軟な働き方導入のための指南書！

▶最高裁判例（大阪医科薬科大事件、メトロコマース事件、日本郵便3事件）を踏まえた同一労働
　同一賃金への実務対応を経験豊富な弁護士が丁寧に解説！

▶企業人事・労務担当者をはじめ、弁護士、社労士などの実務家必携！

本書の主要内容

第1章　総論〜働き方の多様化・複雑化へ向けた動き〜
第2章　各論〜Q＆A〜
　Ⅰ　多様な働き方
　　1　afterコロナを見据えた働き方
　　2　フレックスタイム制度・裁量労働制・高度プロフェッショナル制度
　　3　限定正社員
　　4　副業促進
　　5　雇用類似の働き方
　Ⅱ　同一労働同一賃金
　　1　働き方改革関連法における同一労働同一賃金規制の概要
　　2　パート有期法要件論
　　3　パート有期法8条効果論
　　4　個別待遇論
　　5　パート有期法9条要件・効果論
　　6　定年後再雇用の特殊性
　　7　パートタイム労働者の特殊性
　　8　説明義務等

HPの商品紹介は
こちらから→

発行　民事法研究会

〒150-0013　東京都渋谷区恵比寿 3-7-16
（営業）TEL. 03-5798-7257　FAX. 03-5798-7258
http://www.minjiho.com/　info@minjiho.com

事例ごとの適正な懲戒処分が一目でわかる！

〈実務必携Q＆Aシリーズ〉

懲戒処分の実務必携Q＆A
―トラブルを防ぐ有効・適正な処分指針―

三上安雄・増田陳彦・内田靖人・荒川正嗣・吉永大樹　著

A5判・359頁・定価4,180円（本体3,800円＋税10％）

▶懲戒処分を行うにあたり、そもそも懲戒処分を行うことができるのか、また懲戒処分を行えるにしても、どの程度の処分が適正かつ妥当なのか、処分の際にはどのような点に注意しなければならないのか、といった疑問に対して、企業側の労働問題に精通した弁護士が豊富な経験と判例・実務の動向を踏まえてわかりやすく解説！

▶「弁護士からのアドバイス」では、懲戒処分でトラブルに発展しないための具体的なノウハウを開示！

▶巻末には関連書式・事例別判例一覧を掲載！

▶企業の人事・総務担当者はもちろん、企業顧問の弁護士や社会保険労務士にも必携となる1冊！

本書の主要内容

第1部　企業秩序維持と懲戒
第1章　懲戒処分の意義
第2章　懲戒処分の根拠
第3章　懲戒処分の種類
第4章　懲戒処分の有効性
第5章　懲戒処分の留意事項
第2部　事例からみる懲戒処分
第1章　職場内で起こりうる非違行為
第2章　職場外で起こりうる非違行為
　Ⅰ　刑事事犯（刑事全般）
　Ⅱ　破産・消費者ローン
　Ⅲ　兼業・競業
第3章　不服申立てへの対応
第3部　関連書式・懲戒処分判例一覧
【書式例1】厳重注意書・警告書
【書式例2】呼出し状
【書式例3】自宅待機命令書

【書式例4】懲戒処分通知書
【書式例5】予備的普通解雇通知書
【書式例6】解雇予告除外認定申請書
【書式例7】懲戒処分公表文
【懲戒処分判例一覧】

HPの商品紹介は
こちらから→

発行　民事法研究会

〒150-0013　東京都渋谷区恵比寿3-7-16
（営業）TEL. 03-5798-7257　FAX. 03-5798-7258
http://www.minjiho.com/　info@minjiho.com

わが国で統一的な法制度が整備されていない行政代執行について、改正案を提示！

行政の実効性確保法制の整備に向けて
──統一法典要綱案策定の試み──

高橋　滋　編著

A5判・498頁・定価6,380円（本体5,800円＋税10％）

▶制度の整備が立ち遅れてきた行政の実効性確保の領域に関し、通則的な法律である行政代執行法（昭和23年法律第43号）及び同法周辺に位置する個別法の仕組みについて改革の具体像を提示！

▶将来の法案作成作業に資する程度まで法制的な検討を加えた行政実効性確保法要綱案とその基本的な考え方の解説及び行政の実効性確保に関する諸論稿を収録！

〔執筆者〕
高橋　滋（法政大学法学部教授）／松永邦男（元内閣法制局第一部長）／濱西隆男（筑波学院大学経営情報学部教授）
田中良弘（立命館大学法学部教授）／須藤陽子（立命館大学法学部教授）／木藤　茂（獨協大学法学部教授）
野口貴公美（一橋大学大学院法学研究科教授）／服部麻理子（山口大学経済学部准教授）／
小舟　賢（甲南大学法学部准教授）／宮森征司（新潟大学法学部准教授）／周　蒨（久留米大学法学部教授）

HPの商品紹介は
こちらから→

発行　民事法研究会

〒150-0013　東京都渋谷区恵比寿3-7-16
（営業）TEL. 03-5798-7257　　FAX. 03-5798-7258
http://www.minjiho.com/　　info@minjiho.com